KB052307

여성주의철학 입문

우줄라 I. 마이어 지음
송 안 정 옮김

여성주의철학 입문

우줄라 I. 마이어 지음
송 안 정 옮김

철학과현실사

Einführung in die feministische Philosophie

by Ursula I. Meyer

옮긴이의 말

이 책은 우줄라 I. 마이어(Ursula I. Meyer)의『여성주의철학 입문』(*Einführung in die feministische Philosophie*, 1997[제2판])을 우리말로 옮긴 것이다.

여성주의철학이란 무엇인가? 소박하게 표현하면, 여성주의적 배경을 가진 철학적 관점이라고 할 수 있다. 책의 본문에서 인용해 본다면, 헤르타 나글-도체칼은 여성주의철학을 "여성해방이라는 이익관심을 길잡이로 하여 철학함"(26쪽)이라고 매우 간결하게 정의하고 있다. 한편, 브리기테 바이스하우프트는 여성주의철학을 "여성들의 사고와 행위의 관점에서 철학의 형식 및 내용을 강조하는 것"(27쪽)으로 정의하고 있고 있다. 원칙적으로 여성주의철학을 일원적으로 정의하기는 힘들다. 왜냐하면 여성주의철학은 다양한 출발점과 내용, 과제, 목표를 갖는, 열려 있는 구상으로 이해되기 때문이다. 따라서 여성주의적 사고 관점 내에서 여성주의철학의 통일적 개념은 존재하지 않으며, 부분적으로 상이한 일련의 정의들과 다양한 노선들이 존재한다고 하겠다.

여성주의철학은 철학적 연구의 맥락에서 출현한 것이 아니라, 현대 여성운동 및 이 운동과정에서 형성된 이론에서 탄생한 것이다. 요컨대, 현대 여성주의이론 구성이 정착되는 단계에 여성주의철학의 기원이 놓여 있다. 여성주의철학의 형성과 관련하여, 헤르타 나글-도체칼은 유럽의 여성주의철학의 전개과정을 세 단계로 구분한다: 첫 번째 단계는 여성해방에 대한 요구에 있으며 동등성[평등]의 원칙에 방향을 맞추고 있다. 이어서 두 번째 단계는 여성적인 것의 다름을 긍정적 의미로 ─ 즉 남성적인 것을 능가하는 혹은 최소한 대등한 가치로서 ─ 지각하게 되는 단계이다. 마지막으로 양성평등에 입각해서 사회변화를 목표로 하는 세 번째 단계가 있다. 여기서 이러한 단계 구분은 진보과정을 의미한다기보다는, 여성주의철학의 출발점과 목표설정의 상이성을 보여주는 것으로 이해해야 할 것이다.

내용적 측면에서 여성주의철학은 기본적으로 두 방향으로 구분될 수 있다: 한편으로, 여성주의철학은 전통철학에 내재된 관점들과 비판적으로 대결한다. 다른 한편, 여성주의철학은 대안적 철학이론의 발전을 핵심으로 삼는다. 첫 번째 연구방향과 관련해서, 여성주의철학은 새로운 철학 각론이 아니라, 전통철학의 전 영역과의 대결이다. 여성주의철학은 인식론과 형이상학 내의 가부장제적 이원론과 이분법을 비판하며, 윤리이론과 정치이론 분야들 및 인식론과 과학철학 분야들을 중점적으로 연구한다. 고전적 각론들과의 비판적 대결과 아울러 여성주의철학의 두 번째 연구방향은 대안적인 여성주의 관점들을 발전시키는 것이다. 이 분석의 중심에는 이성,

성차, 여성주의 윤리학 같은 주제들의 논의가 놓여 있다.

방법론적으로 여성주의철학은 무엇보다도 학제적 연구이다. 여성주의철학은 절충적 관점을 활용하는데, 이 절충적 관점은 다양한 학문분야에 뿌리박고 있으며 특정 노선을 고집하지 않는다.

저자 자신도 '서문'에서 밝히고 있듯이, 이 책은 여성주의철학의 모든 영역과 주제들을 빠짐없이 논의하는 것을 목표로 삼지는 않는다. 저자는 의식적으로 전통철학적 사고의 대안으로 기획되었던 관점들에 논의를 제한시켰다. 소개된 관점들은 주관적으로 선택된 것이긴 하지만, 저자는 이와 함께 여성주의철학의 핵심주제들— 이성비판, 가부장제 및 학문에 대한 비판, 성차, 여성주의 윤리학 등 — 에 대한 견실한 개관을 제공하고 있으며, 다양한 주제영역과 관점들을 대표하는 몇몇 중요한 여성철학자들의 이론을 분석하고 해설하는 방식을 취함으로써, 내용의 깊이를 더하고 있다.

한편, 저자는 이 책이 철학적으로 훈련받지 않은 독자들도 접근할 수 있도록 이해하기 쉽게 쓰고자 노력했다고 밝히고 있다. 옮긴이 또한 이 점을 염두에 두고, 부분적으로 어려운 이론들이 있기는 하지만, 독자들이 더욱 잘 이해하고 편하게 읽어나갈 수 있는 글이 되도록 나름대로 노력을 기울였다. 따라서 이 책은 여성주의철학에 대해 전혀 접하지 않았거나 혹은 약간의 지식을 갖고 있지만 좀더 명확한 이해를 원하는 독자들에게 좋은 길잡이가 될 수 있을 것이라 믿는다. 또한 여성주의철학 전체의 포괄적 조망을 목표로 하는 학부 강좌의 교재로도 유용할 것이라고 본다.

원서를 우리말로 옮기면서 직역을 원칙으로 삼았으며, 표현이 어색한 경우에만 문맥에 따라 의역하였다. 이와 관련하여 { } 모양의 기호는 옮긴이가 문장 이해를 돕기 위하여 보충해 넣은 부분임을 밝혀둔다. 혹 잘못 번역된 대목이나 어색한 부분에 대해서는 독자 여러분의 선처를 바라며, 지적해 주면 기회를 얻어 바로잡겠다.

이 책이 발간됨에 있어 감사드려야 할 분들이 있다. 먼저 이 책의 출판을 선뜻 응낙해 주신 철학과현실사에 깊은 감사의 뜻을 표한다. 또한 꼬부랑 글자를 읽고 그 뜻을 이해할 수 있으며, 이를 다시금 우리말로 옮기는 신기한 일을 할 수 있기까지 뒷바라지 해주신 부모님과 가족들에게도 감사드린다. 우리 집 냥이들과 텃밭의 식물들은 책을 잠시 덮고 휴식을 취할 때 좋은 벗이 되어 주었다. 한 번 더 쓰다듬어 주고, 칭찬해 주고 싶다. 이 책의 출판을 함께 기뻐해 줄 친구 미영의 한결같은 마음에도 감사의 마음을 전한다.

이 책의 번역은, 번역을 해야만 하는 현실적 압박감에 의해 상대적으로 짧은 기간에 이루어진 집약적 노동의 산물이다. "네가 만일 환난 날에 낙담하면 네 힘의 미약함을 보임이니라."(잠언, 24:10) 말씀으로 세워주신 여호와 하나님께 감사드리며 옮긴이의 말을 마치고자 한다. "네 입을 넓게 열라. 내가 채우리라."(시편, 81:10)

2005년 10월

옮긴이 송 안 정

8

제 2 판 서문

한 책의 제2판 서문을 쓰는 것은, 제1판이 호평받았다는 것을 실감하는 아주 기분 좋은 일이기에, 언제나 즐거운 작업이다. 『여성주의철학 입문』의 서문이 나에게 각별한 기쁨을 주는 이유는 이 책이 내게 매우 중요하기 때문이다. 내가 이 책에서 도달한 많은 긍정적 응답들 또한 나를 기쁘게 하였다. 나는 이 책이 여성주의철학의 주제들에 관한 견실한 개관을 제공해 주고 철학적으로 훈련받지 않은 독자들도 접근할 수 있도록 — 이 점도 나의 목표였다 — 이해하기 쉽게 쓰여졌는지 자문하면서 스스로 긍정적 답변이 나올 수 있도록 집필하였다.

내 자신에게 이 책은 매우 소중하다. 왜냐하면 나는, 대부분의 다른 여성철학자들과 마찬가지로, 대학에서 학문을 익히고 연구하는 과정에서 무엇보다도 전통철학적 규범의 추상적 내용들을 접해 왔기 때문이다. 여성주의철학을 통해서 나는 이제야 비로소 나를 여성으로 공언하는, 철학함의 한 형식을 다룰 수 있게 되었다. 이렇게 여성주의철학은 나에게 페미니스트로서의 자부와 여성철학자로서의 사유를 의미 있게 연결시켜 준다.

이 밖에 책의 내용과 관련해서 나는 제2판(1994)을 위해 텍스트를 완전히 수정했음을 말하고 싶다. 일반 단원은 신간서적들의 도움을 받아 좀더 보완하였고 부분적으로는, 가령 포스트모더니즘의 주제처럼, 새로운 부분을 추가하기도 하였다. 개별적인 여성철학자들에 관한 단원 역시 수정하였으며 가능한 한 새로운 내용들을 수록하여 확장시켰다.

『여성주의철학 입문』은 여성주의철학의 모든 영역과 주제들을 빠짐없이 논의하는 것을 목표로 삼지는 않는다. 나는 의식적으로 전통철학적 사고의 대안으로 기획되었던 관점들에 논의를 제한시켰다. 소개된 관점들은 물론 주관적으로 선택한 것이긴 하지만, 나는 그것들을 통해 여성주의철학의 사상과 내용의 포괄적 인상이 잘 전달되기를 바란다.

우줄라 I. 마이어

차 례

.

이성, 가부장제, 학문에 대한 비판

성 차

여성주의 윤리학

서 론

1. 여성주의철학의 형성

여성주의철학은 삶의 전 영역에 걸친 여성 동등권의 요구에서 출발한다. 18세기 및 19세기에 일어났던 최초의 — 제 1 세대 — 여성운동은 여성의 동등한 권리, 동등한 교육기회, 동등한 노동조건을 쟁취하고자 하는 목표, 그리고 특히 여성선거권의 도입을 관철시키고자 하는 목표와 함께 이 동등권의 요구를 내세우게 되었다. 오랜 투쟁 끝에 여성은 최우선의 요구였던 선거권을 획득하였다. 하지만 이러한 법개정 후에 많은 페미니스트들의 정치활동은 침체되거나 아니면 사회주의정당에 의해 접수되었고, 히틀러 정권과 전쟁은 여성주의적 투쟁을 잠정적으로 중단시켰다.

제 2 차 세계대전이 끝난 후에야 비로소 여성의 법적 동등권에 대한 요구가 현대 여성운동의 선각자들에 의해 다시금 제기되었다.

이 시점 이후로 여성주의적 배경을 가진 강력한 철학적 관점들이 발전하게 된다.

이 두 번째 — 제2세대 — 여성운동을 이끈 선도적인 여성인물들 가운데 대표적인 한 사람은, 1949년 『제2의 성』(*Das andere Geschlecht*)을 출판했던 시몬느 드 보부아르(Simone de Beaivoir)였다. 이 저서에서 그녀는 여성들에게, 더 이상 타자, 남성의 보조라는 자신의 위치에 머물 것이 아니라, 사회 속에서 자신의 동등한 지위를 요구할 것을 촉구하고 있다.

여성주의이론은 후에 1960년대 학생운동을 통해서 결정적인 자극을 받게 되었다. 하지만 이 운동의 요구들은 정치적 좌파에 기반하고 있었기 때문에, 여성들의 이익관심은 사회주의적 주요쟁점의 틀에서 부차적 요구로 생각되었다. 그럼에도 불구하고 여성들은 사회주의적 관점의 토대 위에서 여성주의이론들을 좀더 구체적으로 만들어갈 수 있었다. 여기서 여성주의이론들이 무엇보다도 중요하게 다루었던 문제는 여성억압의 기원과 원인이었다. 가부장제 사회에서의 성차별의 다양한 유형들을 분석했던, 베티 프리단(Betty Friedan)의 『여성성의 미망 혹은 여성의 자아 해방』(*Der Weiblichkeitswahn oder die Selbstbefreiung der Frau*, 1963), 슐라미스 파이어스톤(Shulamith Firestone)의 『여성해방과 성혁명』(*Frauenbefreiung und sexuelle Revolution*, 1971)과 같은 저술들이 탄생했는데, 여기서 여성억압은 다양한 원인들로 소급되고 있다. 파이어스톤에 의하면, 문제는 여성의 재생산능력(Reproduktionsfähigkeit)에 있고 그 해결은 새로운 기술공학의 도입에 있다. 반면, 프리단은 여성들의 자기 결정권과 에너지 그리고 자신의 소망, 자신의 삶을 스스로 장악하는 것을 해결방안으로 내놓는다.

이렇게 현대 여성주의이론 구성이 정착되는 단계에 여성주의철학의 기원이 놓여 있다. 여성주의철학은 미국에서 먼저 발달되었으며 나중에 유럽에도 등장하였다. 유럽에서 여성주의이론의 철학적 전환은 비판이론에 고무되어서 그리고 후에 프랑스 후기구조주의로부터도 자극을 받아 시작되었다.

여성주의적 맥락에서 이론구성과 철학 사이에는 이중의 연관이 있다: 한편으로, 이론구성은 흔히 전통적 관점에서 볼 때도 철학적인 것으로 분류될 수 있는 주제들을 다룬다. 다른 한편, 사회구조의 정당화로서의 가부장제 철학은 여성억압의 주요요인이다. 가부장제 철학은 사회의 여성상을 지지하며 기존의 성역할을 적법한 것으로 인정한다. 이 때문에 가부장제 철학은 정치 및 공적 영역의 모든 핵심 분야에서 여성들을 배제시킨 데 대한 연대책임이 있으며 따라서 여성주의적 비판 일반의 대상이 된다.

헤르타 나글-도체칼(Herta Nagl-Docekal)은 유럽의 여성주의철학의 발달을 세 단계로 구분한다: 첫 번째 단계는 여성해방에 대한 요구에 있으며 동등성[평등]의 원칙에 방향을 맞추고 있다. 이어서 두 번째 단계로서 여성적인 것의 다름을 긍정적 의미로 — 즉 남성적인 것을 능가하는 혹은 최소한 대등한 가치로서 — 지각하게 되는 단계가 뒤따른다. 마지막으로 양성평등에 입각해서 사회변화를 목표로 하는 세 번째 단계가 있다. 이에 대한 이론적 토대는 초기 단계에서는 경험적 사회과학들에 의해 발전되었고 후에 비로소 철학에 의해서 발전되었다.[1]

---

1) Herta Nagl-Docekal: Was ist feministische Philosophie, In: Dies.(Hgin): *Feminisische Philosophie*, 31쪽.

여성주의철학에 관한 첫 출판물들은 1970년대 초반의 현대 여성 운동에서 탄생했으며 특히 여성주의이론 구성의 현실적 주제들을 면밀히 다루었다. 이 저작들은 특별히 여성의 경험들을 전면에 내세웠고 임신중절, 포르노그래피, 불평등한 노동조건, 부부관계 및 모성성 등을 논의하였다. 이 초기단계에 철학적 반성은 특히 편저들로 발행되었다: 가령 캐롤 C. 굴드(Carol C. Gould) 편집의 『여성과 철학』(*Women and Philosophy*, 1976), 메리 베터링-브래긴(Mary Vetterling-Braggin), F. A. 엘리스턴(F. A. Elliston), 제인 잉글리시(Jane Englisch) 편집의 『페미니즘과 철학』(*Feminism and Philosophy*, 1977), 샤론 비숍(Sharon Bishop)과 마조리 바인츠바이크(Marjorie Weinzweig) 편집의 『철학과 여성』(*Philosophy and Women*, 1979), 메리 베터링-브래긴 편집의 『급진 철학, 여성, 젠더 그리고 철학』(*Radical Philosophy, Women, Gender and Philosophy*, 1983) 등이 있다.

이러한 연구들의 목표는 지금까지 오로지 남성들에 의해 쓰인 여성 및 여성성에 대한 이론들이 여성의 경험을 적절히 파악할 수 없음을 명료히 보여주는 것이었다. 페미니스트들의 출발점은 이들에게 새롭게 열린 의식이었는데, 이 의식은 자기 자신의 현실을 보는 이들의 시각을 근본적으로 바꾸어 놓았다.2) 주제와 관련해서 페미니스트들은 또한 특별히 성을 염두에 둔 철학사에 대한 비판적 고찰과 새로운 해석에 씨름하였으며 여성들에 대한 진술들과 대결하였다.

---

2) Morwenna Griffiths und Margaret Whitford: Introduction. In: Dies. (Hginnen): *Feminist Perspectives in Philosophy*, 8f쪽.

여성주의철학의 발전사에 있어 특히 1970년대 후반은 결정적 역할을 한다. 이 시기에 미국의 페미니즘은 근본적인 방향전환이 일어났다. 처음 연구의 중심은 경제적, 사회적 차별이었다. 여기서 페미니스트들은 문학, 학문, 철학에 있어 성별체제의 배경들을 더욱 깊이 있게 다루었다. 이와 함께 접근방식도 바뀌게 되었다: 지금까지는 사회 내의 명백한 성적 차단이 있으며 이로 인해 여성들이 삶의 일정 영역에서 배제된다는 것이 설명되었다면, 이제 여성철학자들은 철저히 **의혹의 해석학**(*Hermeneutik des Verdachts*)을 정초하였는데, 이 의혹의 해석학과 함께 성별체제 및 그것의 발전과 구조의 문제점이 더욱 심도 있게 연구의 중심으로 자리잡게 되었다.[3]

이러한 토대 위에서 성별 간의 관계를 주제화시킨 성차에 대한 논의가 출현하게 되었다. 성차 논의의 전제조건은 자연적 내지 생물학적 성인 **섹스**(*Sex*)와 사회적 성인 **젠더**(*Gender*)의 구별로, 이는 이미 제1세대 여성운동에서 그리고 이후 시몬느 드 보부아르에 의해서 제시된 것이었다. 이 구별의 핵심은 우리가 여성으로 태어나는 것이 아니라 여성으로 만들어진다는 확신이다. 이러한 구별에 의거하여 특히 사회화의 결과로 이해되는 젠더의 규정은 여성주의적 사고의 중심이 된다.

성차의 주제화는 일반적으로 제2세대 여성운동의 특징으로 여겨지고 있다. 제2세대 여성운동으로 인하여 여성과 남성의 동등성을 목표로 삼았던 자유주의적 페미니스트들의 사고는 경질된다. 성차의 맥락에서 첫 연구들은 여성과 자연의 가부장적 동일시를 다루

---

3) Susan Bordo: Feminist Scepticism and the Maleness of Philosophy. In: *The Journal of Philosophy*(1988), 619쪽.

고 있다. 이러한 연구에 속하는 것으로 도로시 디너스타인(Dorothy Dinnerstein)의 『인어와 미노타우어』(*The Mermaid and the Mino-taur*, 독일어 판 『성의 질서』(*Das Arrangement der Geschlechter*), {미노타우어는 사람 몸에 소머리를 하고 크레타 섬에 사는 괴물을 말한다.}) 그리고 수잔 그리핀(Susan Griffin)의 『여성과 자연』 (*Frau und Natur*) 등이 있다. 미국의 여성철학자 메리 데일리 (Mary Daly)도 이러한 동일시의 부정적 결과들을 명료히 보여주고 있으며 그와 다른 여성적 세계의 확보를 자신의 여성주의적 연구의 목표로 삼고 있다.

여성적 가치들의 새로운 발견 내지 재발견 ― 이는 여성주의 윤리학의 관점들 속에서 실제로 행해지고 있다 ― 역시 성차이론과 연관되어 있다. 캐롤 길리건(Carol Gilligan)(『다른 목소리』(*Die andere Stimme*))과 닐 노딩스(Nel Noddings)(『보살핌』(*Caring*)) 같은 페미니스트들은 도덕이론에서, 전통윤리학이 지금까지 등한시 하여 온, 특별히 여성적인 관점을 발전시키고 있다.

하지만 여성주의적 측면에서 이러한 여성도덕이론에 대한 거센 비판이 일어나는데, 이들 비판가들은 여성도덕이론이 여성적 본성 이라는 특수한 성질에서 출발한다고 지적하고 있다. 여성도덕이론 은 여성적 본질, 여성적 본체를 토대로 하기 때문에, 여성의 능력 을 제한하고 여성의 사회적 역할을 고정시킨다는 것이다.4) 그렇게 실행된 여성적 덕들의 평가절상에 대한 비판과 본질주의 및 생물학 주의에 대한 비판은 많은 여성철학자들에게서 볼 수 있다.

---

4) Nancy Fraser und Linda J. Nicholson: *Social Criticism without Philoso-phy*.

후기구조주의 노선의 프랑스 여성철학자들인 엘렌 식수(Hélène Cixous), 줄리아 크리스테바(Julia Kristeva), 뤼스 이리가라이(Luce Irigaray)도 가장 잘 알려진 성차이론의 대표자들에 속한다. 이들은 여성적 주체성의 형성 및 여성적 섹슈얼리티의 지각을 강조한다. 자신의 관점을 가지고 이들은 고유한 여성적 글쓰기와 여성적 말하기를 발전시키며 가부장적 상징질서의 혁명을 요구한다. 여기서 이들의 목표는 여성을 남성으로부터 구별시키는 여성 고유의 것을 명료히 하는 것이며, 또한 가부장적인 이원론적 사고의 지양을 통해서 남녀 성별 간의 차이를 재평가하는 것이다.

원칙적으로 여성주의철학은 결코 통일적 출발점을 제시할 수 없다. 여성주의철학은 모두가 승인하는 신조를 갖고 있지 않으며 또한 그러한 신조를 발전시키려고 하지도 않는다. 여성주의철학은 여성들로 하여금 자신의 고유한 진리를 확정할 수 있게끔 해주는, 새로운 객관성 내지 중립성의 정초를 요구하지 않는다. 오히려 여성주의철학은 일련의 다양한 목소리로 이루어지는데, 이 다양한 목소리가 늘 의견의 일치를 보는 것은 아니다. 바로 이러한 관점들의 불연속성을 페미니스트들은 자신들의 철학과 남성적으로 특징지어지는 전통적 규범의 차이라고 보고 있다. 다양한 출발점과 목표설정에도 불구하고 여성주의적 사고의 공통점이 있다면, 그것은 이것들이 필연적으로 비판적이라는 점에 있다. 이러한 전조 아래서 여성주의철학은 현 가부장제 사회와 아울러 전통철학에 대해 논의한다.5)

---

5) Morwenna Griffiths und Margaret Whitford: Introduction. In: Dies. (Hginnen): *Feminist Perspectives in Philosophy*, 4ff쪽.

여성주의이론 구성도 여러 상이한 관점들을 제시하기는 하지만, 세 가지 유형으로 정리할 수 있다. 이 세 가지 유형은 근본적 태도를 표현한 것으로 여성주의철학에서도 재발견될 수 있는 태도이다. 우리는 여기서 자유주의적 페미니즘(der liberale Feminismus), 마르크스주의적 내지 사회주의적 페미니즘(der marxistische oder sozialistische Feminismus) 그리고 급진적 페미니즘(der radikale Feminismus)을 구분한다. 자유주의적 페미니즘의 관심사는 무엇보다도 기존체제 안에서 여성들에 대한 동등한 대우이다. 인도주의적 페미니즘이라고도 일컬어지는 이 노선은 특히 제1세대 여성운동에서 널리 확산되었고, 여성억압과 싸웠으며, 사회에서의 여성의 동등한 지위를 주장하였다.

사유단초에 있어 자유주의적 페미니스트들의 출발점은, 억압요소들이 ― 가령, 불평등한 교육 혹은 여성을 집안 살림에만 얽매이게 하는 것 등 ― 사회조직 전체를 구조적으로 완전히 바꾸지 않아도 변화될 수 있다는 것이다. 그래서 이들의 목표는 여성들이 남성들과 견줄 만한 사회적 지위를 확보하고 이와 함께 여성들이 자기 몫의 권력을 확고히 하는 데 있다.

성차는 평등주의적 페미니즘에 있어서 우연적인 것일 뿐이다. 평등주의적 페미니즘은 여성들로 하여금 자신의 여성적 자아를 성장시킬 것을 요구한다. 여기서 성평등은 일차적으로 여성들이 남성들과 동일한 목표와 기준을 얻고자 애쓰는 것을 의미하며, 이에 속하는 것으로 용기, 합리성, 강함 혹은 권력 등이 있다.[6]

---

6) Iris Marion Young: Humainismus, Gynozentrismus und feministische Politik. In: List und Studer(Hginnen): *Denkverhältnisse*, 39쪽.

철학적 맥락에서 자유주의적 페미니스트들은 무엇보다도 여성들을 철학에서 배제시키는 가부장제적 제한을 철폐하고자 하며, 또한 여성적 경험도 적용될 수 있게끔 기존이론들을 변경시키고자 한다. 이러한 대응방식을 우리는 실존주의에 기반을 둔 여성철학자 시몬느 드 보부아르에게서 볼 수 있으며, 또한 허버트 마르쿠제(Herbert Markuse)를 본으로 삼아 프로이트적 마르크스주의의 경향을 보이는 슐라미스 파이어스톤에게서도 볼 수 있다.[7] 자유주의적 페미니즘의 또 다른 옹호자로 베티 프리단(Betty Friedan), 케이트 밀레트(Kate Mittett), 저메인 그리어(Germaine Greer) 등이 있다.

마르크스주의적 내지 사회주의적 페미니즘이라는 두 번째 노선은 여성억압의 원인을 사회구조로 보고 있는데, 특히 경제적 관계와 여성의 사회적 역할을 결정적 요소로 생각하고 있다. 이 노선은 현행 계급사회체제 내에서 여성의 동등한 권리확보는 불가능하다는 것을 출발점으로 삼는다.

마르크스주의적 경향의 페미니스트들의 목표는 의당 자본주의체제로부터 사회주의체제로의 전환을 수반하는 여성해방이다. 그 다음 사회주의에서는 여성억압이 더 이상 가능하지 않을 것인데, 그 이유는 여성들이 경제적으로 자립하게 되고 그와 함께 대등해 질 것이기 때문이라고 한다.[8]

여성주의적-마르크스주의의 관점은 많은 페미니스트들로부터 비판을 받게 되는데, 그 이유는 이 관점이 남성들에 의해서 구축된 체제로 되돌아가며 또한 이 때문에 여성해방을 위한 적절한 프로그

---

7) Elizabeth Grosz: Philosophy. In: Gunew(Hgin): *Feminist Knowledge*, 157쪽.

8) Rosemarie Tong: *Feminist Thought*, 2쪽.

램을 제공해 줄 수 없다는 것이다.9) 그럼에도 불구하고 가령 시몬 느 드 보부아르와 같은 몇몇 여성철학자들의 마르크스주의와의 대결은 여성억압 및 여성역할에 대한 더욱 철저한 분석의 원동력이 된다. 아울러 마르크스주의는 몇몇 여성주의적 정신분석학의 토대를 이룬다. 그래서 줄리엣 미첼(Juliet Mitchell)은 『여성 — 가장 장기간의 혁명』(Frauen — Die längste Revolution)이란 저서에서 여성심리연구의 방향을 마르크스주의적 혁명의 배경에 맞추고 있다.

급진적 페미니즘이라는 세 번째 노선은 마르크스주의적 노선과 마찬가지로 여성억압이 사회구조에 기인한다는 것을 출발점으로 삼는다. 하지만 급진적 페미니스트들은 사회구조의 기반이 되는 체제가 계급구조가 아니라 가부장제적 가족 및 기타 위계적 생활양식에 뿌리박고 있는 것으로 보고 있다. 이들은 여성억압을 가부장제의 최우선의 그리고 가장 중요한 보복으로 표현한다. 여성억압은 보편적이며 종족과 문화를 넘어서는 것이다. 여성의 동등한 지위는 체제개선만으로 성취될 수 없기 때문에 기존체제는 완전히 전복되어야 한다. 급진적 페미니스트들은 사회를 철저히 재구성할 것과 가부장제 메커니즘을 철폐할 것을 주장한다. 여기서 관심사는 위계적, 정치적 구조만이 아닌, 사회문화제도의 극복 및 여성들을 위한 적절한 활동공간의 창출 또한 중요 관심사이다.10)

급진적 페미니스트들은 생생한 여성적 경험에서 출발하는 여성 중심적 이론과 실천을 전개한다. 여기서 전통철학의 규범, 방법론, 개념들과의 지적 대결이 이루어지고, 여성적 경험 및 여성적 시각

---

9) 같은 책, 61ff쪽.
10) 같은 책, 2f쪽.

의 우선성이 주제화되며, 성차별적 철학의 전제들과 가치들이 비판된다.11) 급진적 페미니즘의 옹호자들로는 특히 뤼스 이리가라이, 미셸 르 드에프(Michele Le Doeff), 메리 데일리, 메리 오브라이언(Mary O'Brien), 주느비에브 로이드(Genevieve Lloyd) 혹은 모리아 게이턴스(Moria Gatens) 등을 들 수 있다.

자유주의적, 사회주의적, 급진적 철학의 이 세 노선은 여성주의이론의 발달에도 재현되고 있다. 즉 여성주의이론은 동등성[평등]에 대한 자유주의적 요구에서 출발하여 계급투쟁을 거쳐 가부장제의 전복이라는 급진적 요구에까지 이르고 있다. 물론 이러한 일련의 순서에도 불구하고 항상 이 세 입각점은 동시에 존재하여 왔다. 그래서 오늘날에도 성평등에 관한 이론들이 제시되며 사회주의적 관점 역시 시대에 뒤진 것이 아니다.

2. 여성주의철학의 개념

기본적으로 여성주의철학은 두 가지 상이한 원천을 자유로이 활용하고 있다: 하나는 현대 여성운동 및 이 운동과정에서 형성된 이론이고, 다른 하나는 전통철학이다. 양자의 결합을 통해 여성철학자들은 정치적 실천과정 중의 경험을 학문연구 속으로 통합시킬 수 있으며, 또한 그렇게 해서 철학의 가부장적, 남성중심적 특성을 설명할 수 있다.

여성주의철학의 관심사는 성별에 따른 경험을 주제화하는 것이다. 또한 성이 하나의 범주로서 철학의 자기 반성 및 기존 범주그

---

11) Sneja Gunew: Introduction. In: Dies.(Hign): *Feminist Knowledge*, 8쪽.

룹 안에 수용될 수 있도록 요구하는 것도 전자와 연관하여 여성주의철학이 관심사이다.

여성주의적 사고의 관점 내에서 여성주의철학의 통일적 개념은 존재하지 않으며, 부분적으로 상이한 일련의 정의들과 다양한 노선들이 존재한다. 여성주의철학은 여러 측면에서 아직은 표명단계에 있고 명백히 정의될 수 없는, 열려 있는 구상으로 이해된다. 여성주의철학의 많은 부분은 또한 폭넓은 여성주의적 주제들과 대화하기 때문에, 자신을 무리하게 철학의 한 각론으로 제한시켜 가두어 놓지 않는다.

여성철학자들인 로렌 코드(Lorraine Code), 셰일라 뮬레트(Sheila Mulett), 크리스틴 오버롤(christine Overall)은 여성주의철학을 여성운동의 정치적 실천에 따른 성과인 의식확장과 연결시켰다. 이러한 의식확장이 여성주의적 의식을 이끌어 갈 것이라고 한다. 이렇게 해서 여성주의이론은 사회현실에 대한 총체적인 여성적 조망을 의미한다. 이러한 여성적 조망은 인습적인 성차별적 환경에 대한 새로운 시각을 열어줄 것이며 근본적인 태도변화를 가져올 것이다. 때문에 여성주의철학은 성폭력, 포르노그래피, 매춘 혹은 생식공학 등의 윤리적 귀결의 사회적, 정치적 분석도 수행한다. 아울러 여성주의철학은 전통적 사유구조의 한계에 대한 더욱 체계적인 철학적 대결을 전개한다.12)

헤르타 나글-도체칼은 여성주의철학을 **여성해방**이라는 이익관심을 길잡이로 하여 **철학함**(*Philosophieren am Leitfaden des Intere-*

---

12) Lorraine Code, Sheila Mullett und Christine Overall: Introduction. In: Griffiths und Whitford(Hginnen): *Feminist Perspectives*, 5쪽.

sses an der Befreiung der Frau)이라고 매우 간결하게 정의하고 있다. 그녀는 여성주의철학의 개념을 다양한 특성과 핵심점에 의거하여 규정한다: 첫 번째, 여성주의철학은 철학적 연구의 맥락에서 출현한 것이 아니라 정치적 운동에서 탄생한 것이다. 두 번째, 그렇기 때문에 실천적 맥락과 학문적 맥락 간의 차이가 있을 수밖에 없다. 세 번째, 여성주의철학 자체는 이데올로기가 아니지만 가부장제의 여성억압을 주제로 삼기 때문에 이데올로기 비판의 특성을 갖는다. 네 번째, 여성주의철학은 기존 철학목록 내의 한 교과목이 아니라 비판의 새로운 형식이자 철학함의 새로운 형식으로 여성해방에 대한 이익관심에 의해서 주도된다. 다섯 번째, 여성주의철학이 설정한 목표는 여성의 역할만 다루는 것이 아닌, 양성(兩性) 그리고 양성의 관계를 논의하는 것이다. 여섯 번째, 여성주의철학은 모든 페미니스트들의 통일적 입장이 아니며, 부분적으로 매우 상이한 생각들 그리고 늘 서로 양립하는 것은 아닌 연구들이 자유롭게 활용된다.13)

『여성사전』(*Frauenlexikon*)에서 브리기테 바이스하우프트(Brigitte Weisshaupt)는 여성주의철학을 **여성들의 사고와 행위의 관점에서 철학의 형식 및 내용을 강조하는 것**(*Akzentuierung von Form und Inhalt der Philosophie unter dem Gesichtspunkt des Denkens und Handelns von Frauen*)으로 정의하고 있다. 그녀는 여성주의철학을 체계적, 사회정치적 목표에 의해서 정의된 철학에 대해서 비판, 구체화, 확장하는 일정한 형식으로 이해한다.14) 여성철학자들은 무엇

---

13) Herta Nagl-Docekal: Feministische Philosophie. In: Deuber-Mankowski, Ramming und Tielsch(Hginnen): *1789-1989 — Die Revolution hat nicht stattgefunden*, 14f쪽.

보다도 우선 페미니스트들이며 또한 페미니스트들로서 그들은 여성들의 경험과 행위를 이해하고 설명하고자 하며, 그러한 방식으로 여성해방을 위해 노력한다.

아울러 여성주의철학은 지배적인 가부장제 생활양식과 사고방식에 대한 철저한 문제제기로 이해되며, 이러한 문제제기와 함께 새로운 자연개념과 진리개념을 추구한다. 여성주의철학은 여기서 특히 철학 내에서 여성과 자연을 동일시하는 것에 대해, 또한 이와 동시에 여성을 이성개념 및 주체개념에서 배제시키는 것에 대해 논박한다.

방법론적으로 여성주의철학은 무엇보다도 학제적 연구이다. 여성주의철학은 다양한 학문 분야에 근거를 두고 있고 특정 노선을 고집하지 않는 절충적 입장을 취한다.[15]

성에 대한 역사적 담론과 대결함에 있어 우줄라 콘네르츠(Ursula Konnertz)는 다섯 단계를 밟는 방법론을 만들어냈다: 깊은 해석학적 분석과 함께 텍스트를 비판적으로 정독하기, 제시된 사유체계 내에서 여성이 차지하는 위상을 확인하기, 그 시대의 다른 학문영역에서 철학적 담론을 정리하기, 실천영역(가령 노동분업 등)에서 학문적 영향을 추적하기, 여성역할에 대한 여성적 자기 반성 및 재구성의 증거들을 연구하기. 콘네르츠의 요점은 다음과 같다. 학문연구를 하는 페미니스트는 항상 학제적으로 활동해야 하는데, 그 이유는 페미니스트는 철학적 통찰과 아울러 역사학적, 사회학적, 정

---

14) Lissner, Süssmuth und Walter(Hginnen): *Frauenlexikon*, 893쪽.
15) Susan Sherwin: Philosophical Methodology and Feminist Methodology: Are They Compatible? In: Garry und Pearsall(Hginnen): *Women, Knowledge and Reality*, 27쪽.

치학적, 정신분석학적 지식도 소화할 수 있어야 하기 때문이다.16)

코르넬리아 클링어(Cornelia Klinger)는 여성주의철학의 방법론을 기본적으로 탈구성적 원리임과 동시에 재구성적 원리로 표현하고 있다. 남성철학자들 그리고 그들의 여성 및 성차에 대한 견해와의 대결은, 철학 내에서 탈구성의 일부를 이룬다. 탈구성의 두 번째 영역은, 명시적으로 여성 혹은 성차를 다루고 있지는 않지만 암암리에 이에 영향을 끼치는 철학의 주제들을 종합적으로 고찰하는 것이다.

이제 재구성하는 작업은 역사성, 물질성, 새로운 형식의 합리성의 인식론적 범주들을 기초 지우는 목표와 함께 대안적 관점들을 발전시키는 데 있다. 여기서 여성적 경험은 이론적 반성의 출발점이 되며, 이 이론적 반성을 통해서 여성적 사고는 남성적 사고에 대비된다.

물론 클링어는 여성적 사고의 추구가 존재론화의 길로 나아가지는 않을 것이라고, 다시 말해서 여성을 자연으로 귀환시킴으로 해서 결국은 다시금 가부장제적 젠더철학(Genderphilosophie)에 기여하게 되는 길을 걷지는 않을 것이라고 인정한다. 여성주의이론의 목표는 여성의 승인이지 남성 고유의 압제와 다른 방식의 압제를 통해서 남성을 굴복시키는 데 있는 것은 아닐 것이다.17)

---

16) Ursula Konnertz: Die Philosophin. In: *Die Philosophin* 2(1990), 23ff쪽.

17) Cornelia Klinger: das Bild der Frau in der Philosophie und die Reflexion von Frauen auf die Philosophie. In: Hausen und Nowotny (Hginnen): *Wie männlich ist die Wissenschaft*, 70ff쪽.

3. 여성주의철학의 내용들

여성주의철학의 내용은 기본적으로 두 방향으로 구분될 수 있다: 한편으로, 여성주의철학은 전통철학에 내재된 관점들과 역사적-비판적 대결을 펼친다. 다른 한편, 여성주의철학은 대안적 철학이론의 발전을 핵심으로 삼는다.

첫 번째 연구방향과 관련해서, 여성철학자들은 철학사에 대한 비판적 분석을 세 가지 측면에서 다루고 있다: 여성철학자들은 철학 속에 나타난 여성의 역할 및 남녀 간의 역할을 구체적인 진술에 의거하여 연구한다. 더 나아가 그들은 진리, 이성, 실존, 덕 혹은 지식과 같은 철학적 표현 혹은 개념을 연구하는데, 이러한 개념들은 표면상으로는 성 중립적이지만, 실은 그 기저에 성차별주의를 함의하고 있는 것들이다. 마지막으로 그들은 가부장제 전통으로 말미암아 대부분 배제되었거나 잊힌 여성철학자들을 역사 속에서 발굴해 내어 연구한다.

여성주의철학은 새로운 철학 각론이 아니라, 전통철학의 전 영역과의 대결이다. 여성주의철학은 인식론과 형이상학 내의 가부장제적 이원론과 이분법을 비판한다. 이 밖에 여성주의적 사고는 윤리이론과 정치이론 분야들 및 인식론과 과학철학 분야들을 중점적으로 연구한다. 고전적 각론들과의 대결과 아울러 여성주의철학은 지각함, 이야기함, 사고함에 있어 그 기초에 놓여 있는 구조들도 비판적으로 논의한다.[18]

---

18) Susan Sherwin: Philosophical Methodology and Feminist Methodology: Are They Compatible? In: Garry und Pearsall(Hginnen): *Women, Knowledge and Reality*, 27쪽.

전통철학과의 비판적 대결과 아울러 여성주의철학의 두 번째 중점내용은 대안적인 여성주의 관점들을 발전시키는 것이다. 이러한 연구방향의 옹호자들은 여성주의철학의 목표를 기존 철학 각론들의 변경에 두기보다는, 오히려 기존 남성적 각론들에 대한 대안으로서 여성주의철학을 제시하고자 한다. 이들은 전통적으로 여성적 덕목들이 도외시되어 온 점을 부각시키면서, 여성중심적 혹은 모성중심적 철학을 발전시키는 것을 목표로 삼는다. 이에 따라 여성관련적 분석, 다시 말해 여성적 경험의 의미, 규범성, 가치 그리고 여성적 문화를 설명하는 작업이 이루어진다. 이 분석의 중점은 이성, 성차, 여성주의윤리학 같은 주제들을 논의하는 것인데, 물론 이러한 주제들이 여성주의철학의 독립분야들로 이해되어서는 안 될 것이다. 오히려 이 연구주제들은 서로 의존하면서 내용이 구축되고 내용상 서로 교차하기도 한다.

이렇게 두 가지 기본방향은 내용적으로 선명하게 대비된다. 이와 함께 어느 정도까지 여성주의철학이 전통적 관점들을 허용할 수 있는가의 문제도 논쟁점이다. 한 노선은 지배적인 가부장제 철학을 완전히 거부하는 반면, 다른 노선은 전통적 방법론들을 수용하면서 이를 여성주의적 관점에서 변형시킨다. 급진적인 여성동일시적 여성철학자들 그룹은 기존의 가부장제 이론들을 완전히 거부하는데, 그 이유는 기존의 가부장제 이론들이 철학을 원칙적으로 남성성과 연결시키기 때문이다. 이들은 철학을 남성의 생활환경과 경험 그리고 오로지 남성의 이익관심에만 맞춰진 남성적 사고에서 탄생한, 가부장제 활동으로 보고 있다. 남성철학자들의 목표 그리고 철학의 목표는 여성을 배제하고 억압하는 것이며, 이로 인해 페미니즘과 철학의 관계도 필연적으로 억압되지 않을 수밖에 없다.

이와 나란히 자유주의적 페미니스트들 그룹이 존재하는데, 이들은 전통적 방법론들을 수용하면서 기존철학을 여성들에게 확장시키고자 한다. 이들의 생각에 따르면, 철학에 있어 억압기능은 과거에 국한되는 것이며 결코 철학의 필수요건을 형성하는 것은 아니다. 이들 여성철학자들은 남성적 철학에 여성들의 특수한 사회적, 정치적, 경제적 경험들을 보탬으로써, 남성적 철학으로부터 인간적 철학을 만들어낼 수 있다고 본다.[19]

남근중심적 철학에 대한 여성주의적 비판의 공분모는 무엇보다도 여성경시 및 여성억압의 다양한 메커니즘에 대한 저항이다. 여성들을 차별하는 일련의 개인적 혹은 집단적 행위와 함께 성차별주의가 이러한 메커니즘에 속한다. 성차별주의 토대는 가부장체제이다. 가부장체제는 사회, 경제, 성별 간의 인간관계에 관한 다양한 유형의 조직을 창출한다. 또한 가부장체제는 남성적 = 능동적, 여성적 = 수동적이라는 가부장제적 분리를 생산하는데, 이러한 분리는 철학에서 지성과 감정의 이분법으로도 표현된다.

억압구조는 남근중심주의에 의해서 완성되는데, 이 남근중심주의는 여성들을 억압하고 권력에서 추방하는 이론과 표현 및 논증체계를 산출한다. 남근중심주의는 일정한 전략들을 생산하는 특수한 담론체계를 만들어내는데, 이 전략들에 의해서 양성은 사실상 남성적 **남자**(*mann*)를 의미하는, 인간적 **사람**(*man*)의 모델을 강요받게 된다. 이러한 보편화로 인해서 여성적인 것은 오직 남성적인 것과 관련해서만 의미를 가질 수 있게 된다.

---

19) Moria Gatens: The Feminist Critique of Philosophy. In: Dies.: *Feminism and Philosophy*, 86ff쪽.

거의 언제나 성차별주의적인 것으로 특징지어지는 전통철학 안에서 엘리자베스 그로스츠(Elizabeth Grosz)는 차별의 두 가지 표현형식을 명료히 하고 있다: 여성적 본성을 이유로 들어 철학에서의 여성의 배제를 정당화하려는 노골적인 여성 적대적 표현들이 있고, 아니면 여성은 철학하기에 역량이 부족하다고 추론하기 위해서 간접적으로 여성을 도덕적으로나 지적으로 미숙하고 열등한 존재로 정리해 넣는, 여성의 본성, 기능, 사회적 역할에 대한 진술들이 있다. 이러한 방식으로 철학은 간접적으로 남성성과 결합되는, 또한 적극적으로 여성억압을 정당화 혹은 지지하면서 남성의 우월성을 재생산하는 개념들을 만들어낸다. 그로스츠는 남성철학자들이 여성과 여성성에 대해서 무엇이라고 말하는지, 그들이 무엇에 대해 침묵하는지, 그들이 어떻게 여성을 배제시키는지, 어떤 방법론과 전제들을 통해 남성적 지배권력을 이론적으로 뒷받침하는지 연구하는 것을 여성주의철학의 과제라고 본다.[20]

가부장제 철학과 달리 여성주의철학은 여성적 경험과 현실에 초점을 맞추며 이와 함께 보편성과 객관성이라는 남성적 관점도 거부한다. 여성주의철학은 다양한 세계조망 속에서 다양한 입장을 지지한다. 여성주의철학은 모든 개개인을 일반화시켜 버리는, 일반적 내지 보편타당한 관점을 취하는 남성철학자들을 비난한다.

그래서 전통철학과의 대결에 있어 여성주의적 여성철학자들은 인간과 주체라는 보편주의적 발언 배후의 남근중심주의를 밝히려하며, 차이, 섹슈얼리티 그리고 성의 문제점을 주제화시키고자 한다.[21]

---

20) Elizabeth Grosz: Philosophy. In: Gunew(Hgin): *Feminist Knowledge*, 150ff쪽.
21) Ursula Konnertz: Die Philosophin. In: *Die Philosophin* 2(1990), 19쪽.

엘리자베스 그로스츠는 가부장제적 관점에 대한 여성주의적 비판의 핵심을 다음과 같이 정리한다: 여성주의적 비판은 원칙적으로 남녀관찰자, 역사, 사회조건과 무관한, 유일한 보편적 진리에 대한 믿음에 물음을 제기한다. 여성주의적 관점에서는 자신의 고유한 시각이 중심에 놓이며, 중요한 것은 진리, 객관성 혹은 중립성이 아니라, 남녀관찰자와 맥락관련성이다. 학문적 입장 역시 개별적 시각에서 보게 되며 고유한 목표를 갖는다. 여성주의적 비판은 객체를 중립적인 것 그리고 몰가치적인 것으로 생각하는 믿음을 흔들어 놓는다.

객관적 지식과 주관적 의견 사이의 차이는 불확실해지는데, 왜냐하면 여성주의철학은 남/여 지식인이 언제나 시간적, 역사적 혹은 정치적으로 특정한 입장을 취한다는 것을 받아들이기 때문이다. 아울러 여성주의철학은 객관적 지식을 산출하는 고정된, 초월론적 주체에 대한 믿음에 물음을 던지며, 투명한 언어에 대한 믿음 및 사고의 순수한 표현에 열려 있는 담론형식을 부정한다.

여성주의철학의 목표는 주체와 객체가 관계 맺을 수 있게 하고 다양한 주체들 간의 차이를 명료히 함으로써 가부장제적 이원론을 해체하는 것이다. 왜냐하면 주-객 분리에 의해서 주체는 자신의 맥락에서 떨어져 나가기 때문이다; 주-객 분리는 감정, 열정, 타인과의 관계, 사회환경과의 관계에 있어 간격이 생기게 한다. 여성주의철학은 그와 같은 이원의, 서로 배타적인 개념들을 해체하며, 대립이 아닌 차이에 의거하는 연결을 맺게 한다. 주체/객체 그리고 지성/감정의 이원론적 구조 대신에 여성철학자들은 이러한 이분법들 사이의 많은 관계를 기초 지우고 또한 그렇게 하여 지배로부터 벗어나 자유로이 여성적인 것을 발휘할 수 있게 하는 다양한 가능성들을 제시한다.

더 나아가 여성주의이론은 소위 진리, 객관성, 보편성, 중립성이라는 가치를 거부하며 이를 비판적, 구성적인 전략의 적용을 통해 변경시킨다. 여성주의이론은 이론과 실천의 이원성에 대해서 물음을 던지며 자신의 활동을 이론적 실천, 즉 이론적 차원에서 시작하고 비판적 관점들과 결합되는 실천으로 본다. 이론적 담론의 생산에 있어서 실천적 측면 역시 중요한데, 그것은 쓰기, 읽기, 가르치기, 배우기, 기타 다른 방식들을 포함한다. 이렇게 해서 여성주의이론은 이론적 실천, 곧 실천에 대해서 열려 있는 이론이 되며, 가부장제 권력체제를 붕괴시키는 데 있어 중요한 역할을 수행하는 도구이다.

여성주의철학은 합리성 혹은 비합리성 같은 개념들로 정리될 수 없다. 여성주의철학은 여성들이 합리적 세계에서 배제되어 있는 점을 비판한다. 여성주의철학의 목표는 합리적-비합리적 간의 위계적 관계를 깨뜨리는 것이며, 여성의 배제를 뒷받침하는 이러한 이원적 구조에 대해 물음을 제기하는 것이다. 여성주의철학은 이성개념을 모든 사람에게 있어 필수적인 그와 동시에 이성에 작용하는, 경험, 몸, 역사와 같은 기준들에로 확장시킨다. 남성세계의 억압적 위계 구조에 대한 대안으로 이해되는 여성주의이론의 기초는 여성의 경험과 여성의 삶을 출발점으로 삼는다.[22]

아울러 여성주의철학은 자신을 진리로 보는 것이 아니라, 그때그때 상황을 배경으로 하여 일정한 목표와 이론을 기초 지우는 전략

---

22) Elizabeth Grosz: What ist Feminist Theory. In: Crowley und Himmelweit(Hginen): *Knowing Women*, 365ff쪽.

으로 본다. 더 나아가 여성주의철학은 텍스트에 대한 지식, 분석, 글쓰기 그리고 새로운 해석형식들을 발전시킨다. 이를 통해서 여성주의철학은 여성 자신으로서 글을 쓰고 사고할 수 있는 그리고 단순히 불완전한 남성으로 폄하되지 않는 활동공간을 창출한다.[23)]

4. 대학권에서의 여성주의철학

대학 및 학계에서 여성주의이론 및 여성주의철학의 주제들은 아직까지도 합당한 주목을 받고 있지 못하다. 여성주의적 관점들이 대학에서 학문적 논의의 장을 마련하게 된 것은 미국에서 출발한다. 미국에서 1977년 이른바 **여성학**(*Women Studies*)이라는 모임이 창설되었다. 여성학은 여성들의 특수한 문제들을 다루고, 철저한 의식 및 지식의 훈련과 함께 개인, 제도, 인간관계 그리고 궁극적으로 사회를 변화시킬 수 있는 교육전략의 개발을 목표로 한다. 지금 미국에서는 대략 300개의 여성학 프로그램이 전문대학, 종합대학 그리고 기타 교육기관들에서 실시하는 대략 3만 개의 과정과 함께 운영되고 있다.[24)]

여성학의 길잡이는 성차별주의뿐만 아니라 인종차별주의로부터도 해방된 세계에 대한 비전이었다. 그것은 전통적 성역할 및 견고한 제도들을 넘어설 수 있는 사고를 학생들에게 가르쳐야 한다. 또한 여성들에 대해서 뿐만 아니라 여성들을 위해서도 연구해야 한

---

23) Elizabeth Grosz: Philosophy. In: Gunew(Hgin): *Feminist Knowledge*, 168f쪽.

24) Marilyn Boxer: For and about Women. In: Keochane, Rosalda und Gelpi (Hginnen): *Feminit Theory*, 237f쪽.

다.25)

독일어권에서 여성주의철학의 첫 제도화는 1970년대에 시작되었다. 자율적인 여성운동과도 연계되어 있는 토론집단이 발족되었는데, 주제 면에서 이 토론집단은 다양한 생활영역과 학문 속에 나타나는 여성억압의 문제를 다루었다.

1970년대 말에 빈에서 처음으로 여성주의 주제의 박사논문이 통과되었다. 몇몇 독일어권 대학 중 하나인 빈대학은 1980년대 초 이래로 여성주의 주제의 강좌들을 정규적으로 개설하고 있다. 그래서 여성주의철학 내의 최근논의의 대부분도 빈에 집중되고 있다.

필자가 알기로는 독일 대학 가운데 최초로 뒤스부르크 대학이 1990년대 중반에 여성주의 전공자를 철학교수로 초빙했다. 다른 대학들에서 여성주의 주제의 강좌는 전혀 없었으며 특히 최근 들어 여성주의 주제의 강좌는 크게 감소되거나 외면되었다.

1974년에 뷔르츠부르크에서 **세계여성철학자협회**(*Internationale Assoziation von Philosophinnen e.V*, IAPh)가 다시 부활되었다. 세계여성철학자협회는 남성들에 의해 선점된 세계철학자연맹에 대한 대응으로 이해되며, 여성적 그리고 여성주의적 철학이 고전적 학회들처럼 유력한 학회로 자리 잡는 것을 목표로 한다.

세계여성철학자협회는 정기적 집회를 개최하며, 전 세계에서 온 여성철학자들은 이 집회에서 자신의 최근연구를 발표한다.

---

25) Marian L. Lowe und Margaret Lowe Benston: An Uneasy Alliance of Feminism and Academia. In: Gunew(Hgin): *A Reader in Feminist Knowledge*, 51쪽.

이성, 가부장제, 학문에 대한 비판

1. 서 론

　여성주의적 이성비판의 입각점은 현대철학에 지배적인 이성개념이다. 계몽주의에 기원을 두고 있는 이 이성개념은 이성과 합리성을 동일시하며 이러한 정의에 상응하지 않는 기준들을 비이성적이고 비합리적인 것으로 배제한다. 이를 통해서 이 고전적 이성개념은 보편성의 요구를 강조하고 다른 모든 사유형식을 실격시키며 방해가 되는 비판을 불합리한 것으로 돌려버린다.

　여성은 합리적 이성의 모델에 상응하지 않기 때문에 남성적 이성의 정의에서 제외된 속성들이 여성의 속성들로 돌려지게 된다. 여성은 타자로 그리고 비이성적으로 간주되는데, 여기서 비이성은 이 경우 이성의 부재로 이해된다.[1] 주느비에브 로이드(Genevieve

---

1) Margaretha Huber und Brigitte Weisshaupt: Ein Gespräch über Vernunft. In: Bendkowski und Weisshaupt(Hginnen): *Was Philosophinnen denken*, Band I, 21쪽.

Lloyd)는 『이성의 가부장제』(*Das Patriarchat der Vernunft*)에서 이성개념으로부터 여성성의 배제는, **남성**(*mann*)이 비이성을 여성성의 특징으로 돌려버리고 여성성의 내용적 규정을 이성개념 속에 통합시켜 버림으로써 정당화된다는 점을 분석을 통해 밝히고 있다. 여성은 이러한 방식으로 비이성적으로 되어 버리기 때문에, **남성**(*mann*)은 이성으로부터 여성을 배제하는 것 역시 정당화할 수 있다.[2]

고유한 여성적 특성의 관념 및 특별히 여성적인 사유형식의 관념은 철학적 전통에 있어 계몽주의와 더불어 비로소 탄생된다. 이 계몽주의의 목표달성을 위해 고안된 보완이론은 여성과 남성을 서로 보완하는 존재로 이해하는데, 남녀는 이러한 상호보완을 통해 도덕적 존재로 고양된다. 하지만 이 경우 여성은 아무 소득이 없는데, 그 이유는 남성은 여성을 통해서 남성으로서 완전해지는 반면, 여성은 단지 아내로서 존재하며 그녀의 완전성은 남성을 보완해 주는 데서 성취되기 때문이다.[3]

로이드는 여성적 특성의 규정에 있어 무엇보다도 도덕적 기준들이 중요하다고 강조한다. 여기서 그녀는 여성의 억압 토대를 정당화해 왔던 철학에 대해 비판한다. 철학은 여성적 성격에 남성적 의식에 결핍된 것을 보충하는 데 도움이 되는 특성들을 우선적으로 할당하고 있다. 사람들이 원하지 않는 특성들을 여성 편에 떠넘김으로 해서, 여성들의 부정적 특성은 분명한 것처럼 보였다. 이를 통해서 명백해지는 것은, 여성들의 배제는 우연히 여성들의 다름에

---

2) Genevieve Lloyd: *Das Patriarchat der Vernunft*, 50쪽.
3) 같은 책, 102쪽.

의거해서 생긴 것이 아니라는 점, 오히려 여성성의 개념은 그러한 목적을 위해서 고안되었던 것이라는 점이다. 여기서 여성적 특성은 무엇보다도 남성들이 그들의 이성개념으로 말미암아 내던졌던 속성들로 이해되었다.[4]

비이성의 범주 안에는 몇몇 남성철학자들에 의해서 여성들에게 씌워진 여성적 이성도 속한다. 여성적 이성은 비합리적인 것으로 간주되며 합리적 이성에 의해 위험하고 변칙적이며 파괴적인 원리로 경험된다.

브리기테 바이스하우프트는 여성적 이성 역시 일반적-남성적 이성이 던진 그림자, 곧 남성적 이성이 뒤집어씌운 이름뿐인 이성으로 묘사하고 있다. 이러한 하찮은 명분은 가부장적 이성이 샅샅이 비추는 조명과 글쓰기에서 생기는 것이다. 그 속에 놓여 있는 여성적인 것이란, 철학함에 있어 배제되는 것이며 어두운 미지의 영역으로 정의된다.[5]

여성에게서 지성을 박탈하는 것은 여성에 대한 철학적 평가에 있어 지배적인 사고였고 여전히 지배적인 사고이다. 이에 대한 보상 차원의 평형으로 여성들은 종종 자연과 동일시되곤 한다. 여기서 자연적인 것은 사회적인 것에 의거해 정의되며 성차로 옮겨진다. 이 여성과 자연의 근본적 연결은 사회 전 중요영역으로부터의 여성의 격리를 가져온다. 여성들은 신체적 자연과정으로 환원되며, 자신을 주체로서 확립할 수 없게 된다. 이러한 태도를 통해서 여성은 객체의 지위로 또한 남성을 위한 짝으로 제한된다.[6]

---

4) 같은 책, 140f쪽.
5) Brigitte Weisshaupt: Schatten über der Vernunft. In: Nagl-Docekal (Hgin): *Feministische Philosophie*, 136쪽.

여성의 선천적 이성능력에 대한 의구심은 계몽주의 시대를 거쳐 19세기 말 부르주아적 계급에 이르기까지 이어지며 오늘날 역시 완전히 해소되지 않은 채로 있다. 이에 상응하여 여성적 이성에 대한 표상들 역시 매우 모순적이다. 한편으로, 여성들은 전혀 이성을 지니지 않은 것으로 주장된다. 설사 여성들이 이성을 우연히 소유한다 할지라도, 여성들은 이성을, 적어도 가정 내에서는, 발동시키지 않으려 할 것이라고 한다. 다른 한편, 시민사회는 여성의 타고난 이성능력이란 바로 임신출산의 의무에 복종하는 데 있다고 보는데, 이렇게 해서 여성은 낮은 신분의 존재로 환원될 수 있고 **본래** (*Von Natur aus*) 열등한 존재이게 된다.[7]

여성주의철학은 하나의 이론체계를 발전시켜 왔는데, 이에 따르면 전통철학 안에 여성성과 여성적 이성의 주제에 관한 세 가지 철학적 기본이론이 있다. 그 첫 번째 이론은 특히 고대철학 내에 널리 퍼져 있던 것으로서 여성을 훼손된, 미숙한 그리고 열등한 남성으로 정의한다. 계몽철학에 의해서 제기되었던 두 번째 이론에서 여성은 남성의 보완이자 대응하는 짝으로 간주된다. 현대철학에 지배적인 세 번째 이론은 외견상 성중립적인 것으로 여겨지는 합리적 주체를 기초로 하고 있다. 하지만 여성주의철학이 연구를 통해 밝혀낸 것은, 그러한 개념이 여성을 정의를 통해서 다시금 배제시킨다는 점이다.

이 세 가지 이론에서 여성과 이성의 관계는 무엇보다도 남성적 모델에 의해 도출된다. 자신의 성으로 인해 여성은 열등한 존재로

---

6) Heidemarie Bennent-Vahle: *Galanterie und Verachtung*, 221f쪽.
7) Genevieve Fraisse: Zwiefacher Verstand und die eine Natur. In: *Die Philosophin* 2(1990), 10f쪽.

분류되며, 스스로의 가치를 높일 유일한 기회는 자신을 남성을 보완해 주는 자로 이해하고 남성과 남성의 인격 덕분에 살아가는 데 있다. 이렇게 해서 여성은 남성적 합리성에 굴복하며 이성으로부터 자신이 배제되는 것에 동의한다.[8]

여성에게는 기본적으로 남성의 반려자 역할이 지정된다. 여성은 남녀 간의 협력에서 항상 더 약자로 생각되기 때문에, 여성은 남성적으로 특징지어지는 인간됨에 결코 도달할 수 없다. 여기서 여성은 자신을 버리고 헌신하는 존재로 간주되는데, 다시 말해서 결코 고유한 자아가 없다. 자신을 버리는 여성의 헌신성은 여성적 주체의 범주로서 존재론화되며 이를 통해 여성의 자연적 존재가 설명된다.[9]

1. 합리적 이성 및 중립적 주체에 대한 여성주의적 비판

여성주의철학은 다양한 측면에서 이성에 대한 비판을 시도한다: 가장 중요한 주제는 현행 이성개념과 이에 연계된 합리적 주체개념에서의 여성의 배제이다. "합목적성의 핵심적 기본이념은 여성적 능력과 활동을 합리적-합목적적인 것으로 정의되는 사회적 의미영역에서 퇴출시키는 것을 가능하게 한다."[10]

---

8) Genevieve Lloyd: *Das Patriarchat der Verunft*, 138쪽.
9) Brigitte Weisshaupt: Selbstlosigkeit und Wissen. In: Conrad und Konnertz (Hginnen): *Weiblichkeit in der Moderne*, 26쪽.
10) Christine Kulke: Von der instrumentellen zur kommunikativen Rationalitätpatriarchaler Herrschaft. In: Dies.(Hgin): *Rationalität und sinnliche Vernunft*, 66쪽.

여성주의적 이성비판은 근대철학에서 인식과 도덕의 기본원리로 생각되는 합리적 주체가 자연과 감성에 대해 선을 긋는[구분 짓는] 가운데, 따라서 또한 여성성에 대해 선을 긋는 가운데 정의되고 있음을 증명하고 있다. 이렇게 해서 여성들은 정의에 의해 주체개념에서 제외된다. 사회현실은 여성을 그저 자유로운 개인에 대한 반대 극으로서만 승인한다. 여성은 오직 남성들 편에서 여성에게 허용한 권한의 범위 내에서만— 곧 철학적 사유에 의해서 합법한 것으로 인정된 것에 국한하여 — 법적 혹은 정치적 행위에 참여할 수 있다. 이로 인해 차이가 생기게 된다. 곧, 남성에게만 주체존재의 지위가 부여되는데, 이 주체존재는 오로지 여성의 객체지위에 근거해서만 있을 수 있는 것이다.[11]

이러한 상황은 가부장적으로 특징지어지는 이성과 함께 여성들의 어려움도 가져온다. 주느비에브 로이드는 이 어려움을 단지 실천적 어려움만이 아닌, 개념적 어려움으로 기술하고 있다. "여성의 이성능력 발휘를 막는 방해는, 전반적으로 우리들의 이성관념이 역사적으로 이미 여성적인 것의 배제를 구현하여 왔다는 사실 그리고 여성성 자체가 그러한 배제과정을 통해서 구성되었다는 사실에서 생긴다."[12] 합리적 인식 — 곧, 통제를 수행하는 과정으로서, 자연적 힘에 영향을 미치는 인식활동 — 의 토대 위에서 자연성과 여성성은 제압되거나 완전히 무시된다.

여성과 자연의 가부장적 결합은 통례적인 이성개념으로부터의 여성배제에 대한 주요논거를 제공한다. 여성은 지금까지 늘 임신능

---

11) Judith Conrad und Ursula Konnertz. Vorwourt In: Dies.(Hginnen): *Weiblichkeit in der Moderne*, 14f쪽.
12) Genevieve Lloyd: *Das Patriarchat der Verunft*, XI쪽.

력을 근거로 대지 및 자연과 동일시되었다. 이러한 동일시를 전제로, 여성은 자연과 마찬가지로 착취당했고 착취당하고 있다. 여성들은 이성보다 자연에 더 가까우며 그렇기 때문에 이성에서 배제해도 된다는 주장에 의해, 여성을 자연과 결부시키는 것은 합법한 것으로 인정된다. "이렇게 볼 때 여성과 자연의 동일성은 실로 남성적 설정, 즉 여성의 객체화를 의미하는 남성적 기획이다. 여성과 자연의 동일성은 지배하기에 안성맞춤인 자연을 표현한다."[13]

남성은 자연과 마찬가지로 여성도 객체로 만들었고 양자를 남성 고유의 합리성보다 낮은 단계로 자리매김 시켰다. 이로부터 질료-형상-구분도 도출될 수 있는데, 이 구분에 따르면 남성성은 능동적인 확정된 형식과 동일시되며 여성성은 수동적인 미정의 질료성과 동일시된다.[14]

덧붙여 가부장제적 이성철학은 자연성을 합리성 및 이성과 명확히 구분하면서 정의할 뿐만 아니라, 문화 및 사회와도 명확히 구분하면서 정의한다. 이렇게 여성을 자연과 결부시키는 것은 또한 여성을 사회적으로 중요한 전 영역으로부터 멀어지게 만들고 사적 영역과 신체성으로 환원시켜 버린다. 여성은 임신능력[다산성]에 의거해 신체성의 대변인으로 간주된다.

여성주의적 이성비판은 주체에 있어 몸의 의미도 강조한다. 몸과 영혼 간의 철저한 분리 그리고 두 요소들 간에 놓인 서열에 의거하여, 신체는 전통철학에서 이성의 비이성적 토대로 생각된다. 그러

13) Margaretha Huber und Brigitte Weisshaupt: Ein Gespräch über Vernunft. In: Bendkowski und Weisshaupt(Hginnen): *Was Philosophinnen denken*, Band I, 22쪽.
14) Genevieve Lloyd: *Das Patriarchat der Verunft*, 4쪽.

나 신체란 차이의 장소, 즉 성별, 피부색 기타 등등의 형태로 차이들이 나타나는 장소이다. 그러므로 몸은 사회적 등록의 공간 그리고 단순히 신체적인 것만은 아닌 성적 차이 및 기타 다른 차이들의 공간인 것이다.[15]

여성주의철학은 여성과 자연의 관계가 원칙적으로 결코 부정적 성격을 가질 수밖에 없는 것은 아니라는 인식에서 출발한다. 그렇기 때문에 여성을 자연과 결부시키는 것에 찬성하는 여성철학자들도 있다. 이들은 여성과 자연 간의 특별한 관계를 긍정하며 이를 통해서 자연과 일체감을 가질 뿐만 아니라 남성의 피억압자 모두를 변호한다.

이들의 목표는 남성들이 내세운 부정적 측면들을 받아들이지 않으면서 여성과 자연의 긍정적 관계를 만들어내는 것이다. 이러한 의미에서 여성적 자연의 개념은 여성의 생활연관 그리고 역사적 맥락에 의거한 여성의 사회적 성격에 맞춰져 있다.[16]

더 나아가 여성주의철학은 이성과 이성적 행위가 오로지 합리성과 배타적으로 결합되는 것을 비판하는데, 이러한 결합은 비합리성에 대한 위계서열화와 가치절하 또한 수반한다. 여성주의적 이성비판의 관점은 진리 및 현실성을 정초하는 {자격으로서의} 이성의 지위에 대해, 또한 그로부터 생기는 보편타당성의 요구에 대해 진지한 물음을 던진다. 여성주의적 이성비판은 특히 근대의 자아이해 및 세계이해에 겨냥되어 있는데, 그것은 이성은 합리성을, 감성은

---

15) Elizabeth Grosz: Bodies and Knowledges. In: Alcott und Poller(Hginnen): *Feminist Epistemologies*, 187ff쪽.

16) Cornelia Klinger: Frau - Landschaft - Kunstwerk. In: Nagl-Docekal(Hgin): *Feministische Philosophie*, 67ff쪽.

비합리성을 의미하는 분열을 포함하고 있다.

이러한 분열과 함께 가부장제 철학은 보편주의적 이념을 발전시켜 왔고 합리적 이성에 상응하지 않는 것은 모두 비이성적인 것으로 제외시켜 버린다. 이성의 보편은 아리스토텔레스적 개념인 보편성으로서의 이성개념에 기초하는데, 이 아리스토텔레스의 이성개념은 성적 정체성이 완전히 도외시된 것으로 간주되어야 한다. 성 범주는 고전적 이성개념에서는 생각할 수도 없는 것이고 부적절한 것으로 느껴지는데, 왜냐하면 개념은 성으로부터 분리되어 정의되기 때문이다.[17]

이성개념 및 주체개념의 비판에서 여성주의철학이 출발점으로 삼는 것은, 우리 사회에서 자아는 오직 남성 안에서만 완전한 정체성에 도달된다는 점이다. 비록 이론적으로 양성이 인정되기는 하지만, 남성이 보편이고 남성이 규범인 것이다. 이에 반해 여성은 타자이다. 여성은 부정적으로 규정되며, 비-남성이다. 이로부터 밝혀지는 결론은, 보편타당한 개념인 인간은 사실상 성별 중 남성을 대변한다는 점이다.[18]

전통철학에 대해서 여성주의철학은 비난의 소리를 높인다. 전통철학이 남성적 지배권에 대해 결코 단호하고 필수적인 교정들을 수행하지 않았다는 것이다. 그렇기 때문에 철학에서 여성의 배제 역시 비성별의 소박한 가정으로 환원될 수 있는 것이 아니라 고의적 의도라 하겠다.[19]

---

17) Brigitte Weisshaupt: Zur ungedachten Dialektik von Eros und Logos. In: Pellikaan-Engel: *Against Patriarchal Thinking*, 13f쪽.

18) Adriana Cavarero: Ansätze zu einer Theorie der Geschlechterdifferenz. In: Diotima: *Der Mensch ist zwei*, 67쪽.

여성주의철학이 진단하는 바로는, 원칙적으로 두 길이 열려 있었다: 한편으로 사람들은 여성임과 남성임을 근원적인 것으로 생각하고 양자를 이원성으로 파악할 수 있었다. 다른 한편 사람들은 인간을 양성 중 어느 성과도 관련되지 않은 보편적 중성으로 정의할 수 있었다. 하지만 서양철학에서 중성인 인간은 성별상 남성과 동일시되는데, 이는 여성의 주체지위를 철저히 부정하는 결과를 가져온다.[20]

여성주의철학이 이러한 추상적 보편주의에 대해서 비판하는 점은, 남성과 인간을 동일시함으로써 실제로 중립성이 산출되는 것이 아니라 성별 간의 구별이 도외시된다는 것이다. 그래서 여성주의철학은 통례적 이성개념에 성별특성을 가정함으로써, 현행 이성개념에 대해 근본적 물음을 제기한다. 여성주의철학은, 성별 간에 서열을 두지 않고 혹은 생물학적 논거들과 함께 더 이상의 불평등을 만들지 않으면서, 성별 및 성별의 구분을 주체의 정의 속에 넣어 함께 고려할 것을 요구한다. 여기서 여성주의철학의 관심사는 특별히 여성적인 이성기준들 혹은 고유한 여성적 진리들을 발전시키는 것이 아니다. 마찬가지로 여성주의철학은 남성적 이성도 받아들이지 않는다. 오히려 여성주의철학은 이성에 대한 일상적 확신을 자기기만으로 폭로하고 이성개념을 근본적으로 재숙고할 것을 요청한다.[21]

---

19) Genevieve Fraisse: Zur Geschlechtlichkeit des Geschlechtsunterschiedes. In: Nagl-Docekal und Pauer-Studer(Hginnen): *Denken der Geschleichterdifferenz*, 96쪽.

20) Adriana Cavarero: Ansätze zu einer Theorie der Geschlechterdifferenz. In: Diotima: *Der Mensch ist zwei*, 68f쪽.

여성주의철학은 결코 남성적 이성에 독단적으로 대항해야 할 여성적 사고를 정초하는 것이 아니다. 여성주의철학의 목표는 여성성과 사유형식— 곧, 등등한 가치로서 남성성과 공존하며 남성성에 대해 배려하며 지지해 주는 사유형식—의 다원성을 성취하는 것이다. 여성주의철학은 기존의 입각점들에 대한 새로운 해석을 제시하는데, 이 새로운 해석은 성별 간의 차이 및 주체 간의 차이도 고려한다. 이러한 소위 구체적 보편성은 비판적 물음들과 여성문제 또한 포함하지 않을 수 없다. 구체적 보편성은 결코 확정된 내용들로 채워지는 것이 아니다. 그것은 시간, 역사 그리고 그것들이 자리 잡고 있는 사회적 배경들에 의해서 결정되는 것이다. 그렇기 때문에 이러한 정의 내에서 보편성의 개념은 변화되거나 확장될 수 있다.

2. 가부장제적 이성에 대한 여성주의적 대안들

합리성과 이성의 가부장적 동일시에 대한 비판적 대결 속에서 여성주의철학은 대안적인 이성개념 또한 발전시킨다. 그리하여 여성주의철학은 합리적 이성이 전통철학에서 지배적이긴 하지만 유일하게 가능한 정의로 생각되어서는 안 된다고 밝히고 있다.

일제 모델모크(Ilse Modelmog)는 「이성과 마법」(Vernunft und Verzauberung)이라는 논문에서 다양한 가부장제적 이성개념을 설명하고 있다. 그녀가 출발점으로 삼고 있는 전제는, 철학사에서도 이성에 대한 다양한 이해들이 존재해 왔으며 그러한 다양한 이해들

---

21) Genevieve Lloyd: *Das Patriarchat der Vernuft*, Xf쪽.

은 계몽시대에 형성되었던 합리적 이성개념을 의문시하는 데 유용하다는 것이다. 예를 들어 **감성적 이성**(*sinnliche Vernunft*)이라는 개념이 여기에 속하는데, 이 감성적 이성을 모델모크는 "자연과 인간에 관한 인식의 관점들에 준하여 사회적 삶을 미학적으로 구성해내는 통찰력"이라고 정의한다.[22]

이외에 막스 호르크하이머(Max Horkheimer)가 창안한 어휘로서 시각적 형식들 및 행위모델들로 나타나는 **선개념적 이성**(*vorbegriffliche Vernunft*)이라는 전문용어가 있다. 그 밖에 고대의 **객관적 이성**(*objektive Vernunft*), 그리고 마지막으로 시민사회의 **주체적 이성**(*subjektive Vernunft*)이 있다.

모델모크는 고대적 사고도 합리적 이성에 대한 하나의 대안으로 보는데, 고대적 사고에서 문화적 관점은 여성과 결합되어 있고 자연적 관점은 남성과 결합되어 있다.[23] 이 특수한 합리성은 목하 현실을 감성적 생활양식으로 변환시키는 문화적 창조능력도 포함한다.

가부장제적 이성개념의 성별특성 문제와의 비판적 대결과 함께 여성주의철학의 또 다른 핵심은 여성적 사고를 고려해 넣어 이성을 정의한 모델들을 개발하는 데 있다. 그래서 하이데마리 베넨트-발러(Heidemarie Bennent-Vahle)는 감성적 지각과 감수성을 고려할 만큼 충분히 유연한, 그러면서도 이것들에 의해 완전히 지배되게끔 허용하지는 않는, **열린 이성**(*offene Vernunft*)을 제안한다. 이를 통해 사고 역시 감정 이상이 될 터인데, 그 이유는 사고가 감수성을

---

22) Ilse Modelmog: Vernunft und Verzauberung. In: Conrad und Konnertz (Hginnen): *Weiblichkeit in der Moderne*, 40쪽.
23) 같은 책, 39ff쪽.

비추며 감수성에 영향을 미칠 수 있을 것이기 때문이라고 한다.24)

로잔나 로잔다(Rossana Rossanda)는 감성의 문화(Kultur des Gefühls)를 강조하는 또 다른 관점을 발전시킨다. 그녀는 여성주의적 비판은 로고스에 대한 비판에서 출발해야 한다고 밝히고 있는데, 그 이유는 남성적 사고로서의 로고스는 이성과 함께 여성들의 배제에 기여하기 때문이라는 것이다.

로잔다는 감성[감정]에 보편적 가치를 부여하고 감성과 여성과의 결합을 강조하는 감성의 문화를 하나의 대안으로 본다. 이를 통해 이성과 권력의 동일시가 해체될 수 있을 것인데, 왜냐하면 권력은 이성에서 발원하는 것이 아니라, 열정에서 발원하기 때문이라고 한다.25)

가부장적 합리성의 대안으로서의 여성적 사고의 주제를 에리카 비젤링크(Erika Wisselinck)는 18세기 초 『여성들은 다르게 사고한다』(Frauen denken anders)라는 저서에서 다루었다. 여기서 그녀는 성별특성에 따른 사고모델들을 연구하고 이들을 서로 대비시킨다. 출발점인 테제는 여성들은 남성들과 다르게 사고한다는 것, 그리고 여성들은 결코 남성적 사고를 차용하고 싶어하지 않는다는 것이다.

여성들은 논리적으로 사고할 수 없다는 가부장적 비난에 대해서 비젤링크는 여성들은 논리에 맞게 사고한다는 단언으로 맞선다. 여성들의 사고를 특징짓는 것은 자신의 행위의 결과들을 고려하는 것이지, 단순히 추상적 사고활동을 실행하는 것이 아니라고 한다. 여

---

24) Heidemarie Bennent-Vahle: *Galanterie und Verachtung*, 23f쪽.
25) Rossana Rossanda: Zur Frage einer weiblichen Kultur. In: *Feministische Studien* 1(1989), 74ff쪽.

성들은 사고과정 그 자체가 아니라, 그것의 내용을 중심에 놓는다.

여성들은 분석적으로 사고할 수 없다는 남성적 비판에 대해서도 비젤링크는 맞서 대응한다. 그녀는 여성들은 결정을 내려야 할 때 확실성 및 목표에 대해 깊이 물음으로써 더욱 자세하게 세분화한다고 논박한다. 여성들은 자신의 능력을 대수롭지 않은 주변 분위기에 휩쓸려 헛되이 쓰는 것이 아니라, 침착한 여성들과 결속하여 일정한 계획에 집중한다.

또 다른 남성들의 논변은, 여성들은 결정할 때 객관성이 부족하다는 것이다. 여기서 객관적으로 결정한다는 것은, 내적으로 가능한 한 중립성을 견지하고 외적 기준들에 따라 평가하는 것을 의미한다. 이러한 객관성의 개념을 비젤링크는 **가부장제의 최대 버팀목의 하나**(*eine der größten Stützen des Patriarchats*)이자 가장 중요한 태도라고 표현하기도 한다. 이에 대해 그녀는 여성들은 사태에 정향된 사고를 한다고 맞선다. 여성들에게 있어서 중요한 것은 그때그때의 대상 혹은 상황인데, 여성들은 **맥락에 대한 관심**(*im Interesse der Zusammenhänge*) 속에서 모든 측면을 고려하여 상황을 판단한다.

이러한 세 가지 — 곧, 논리에 맞는, 세분화된, 사태에 정향된 — 사고형식에 의거하여, 비젤링크는 단순히 여성 개개인의 도덕적 기준들을 회복시켜 재현하는 것만이 아니라, 전통철학의 완고한 이성 개념에도 영향을 줄 수 있는 특수한 여성적 사고를 정초한다.[26]

---

26) Erika Wisselinck: *Frauen denken anders*, 54쪽.

3. 학문에 대한 여성주의적 비판

이성비판은 개별학문들에 그 이론적 토대가 적용되면서 확장하게 된다. 이와 함께 가부장제적 이성개념은 단지 철학적 사유과정의 추상적 맥락에서만 중요한 것이 아니라, 다른 개별학문들과 관련해서 강한 사회적 유대를 맺고 있다는 것도 명백해진다.

1970년대 여성주의 과학철학(feministische Wissenschaftstheorie)의 출발점은 고유한 당면과제, 당파성, 제도{권} 학문원리들에 대한 투쟁이었으며, 논증기반은 학문 내의 여성억압을 지적하는 것이 여성 학자들(Wissenschaftlerinnen)에게 적절한 주제라고 생각한 마르크스주의 이론들이었다. 이러한 기초 위에서 여성주의적 관점의 인식론이 탄생하였다. 두 번째 입각점은 정신분석학 내지는 이로부터 발생한 대상관계이론들로, 이를 통해 성별 고정관념이 연구되었다. 세 번째 관점은 무엇보다도 전통학문의 절대성요구를 흔들어놓은 프랑스 후기구조주의였다. 이러한 비판적 배경 위에서 특히 정신 및 문화과학이 연구를 수행한다.[27]

힐러리 로제(Hilary Rose), 제인 플랙스(Jane Flax), 낸시 하트속(Nancy Hartsock), 도로시 스미스(Dorothy Smith) 같은 페미니스트들은 서구과학철학과 형이상학 내의 남성적 모델 및 그것의 인간속성과의 동일시를 보여준다. 이와 관련해서 특징적인 점은 정신/신체, 지성/감정, 공적/사적 혹은 남성적/여성적과 같이 이분법으로 나뉘는 것인데, 여기서 앞의 개념은 뒤의 개념을 지배한다. 이러한

---

27) Waltraud Ernst: Feministische Wissenschaftskritik. In: *Die Philosophie* 9 (1994), 9f쪽.

이원론은 눈에 보이지 않는 질서원리로 여겨지는데, 이 질서원리는 정신적 구조 속에 자리 잡고 있으며, 변화에 맞서 자연과학과 기술을 이데올로기적으로 강화시킨다.

자연과학의 기초에 놓여 있는 이러한 이원성은 두 가지 효과를 낳는다: 한편으로 그것은 배제되고 평가절하될 수 있는 다른 것을 기초 지울 수 있게 하며, 다른 한편으로 이를 통해서 지배적인 구조들과 가치들을 대표하는 보편성이 마련된다. 이리하여 자연과학들 안에서 이제 무리하게 양 극 사이에서 선택해야 하는 압력이 생긴다: 객관성인가 아니면 주체성 안에서 객관성의 상대화인가, 일반성인가 아니면 개체성인가, 과학인가 아니면 자연체험인가.[28]

가부장제 과학은 이러한 대립 쌍들을 그 의미와 함께 나란히 배열하는 것을 인간의 삶을 구성하기 위한 것이라고 정당화한다. 아울러 이러한 대립 쌍들은 삶이 비합리적 세력들—가령, 여성적인 것의 영향력—의 수중에 넘어가지 않도록 영향을 미칠 것이라고 한다. "이러한 이분법들은 모두 학문의 지적 구조에 있어 중요한 역할을 수행하며 역사 속에서 그리고 오늘날 생물학적, 사회적 성정체성의 남성적 기획들과 결합된 것처럼 눈에 보인다."[29] 여성주의적 비판은 가부장제 과학들이 여성적인 것의 동등성 혹은 우월성을 전혀 생각할 수 없게끔 하는 데—왜냐하면 이로 인해 남성적인 것이 문제로 제기될 수 있다고 보기 때문에—힘을 쏟는다고 지적한다. 위계 서열적 사고는 후자의 극이 대등한 권리를 가질 가능성을 처음부터 배제하며, 그로 인해 남성의 관점을 규정하는 관

---

28) Ina Wagner: Feministische Technikkritik und Postmoderne. In: Ostner und Lichtblau(Hginnen): *Feministische Vernunftkritik*, 149f쪽.
29) Sandra Harding: *Feministische Wissenschaftstheorie*, 133쪽.

점으로 설정해 버린다.30)

여성주의철학이 가부장제 학문[과학]에 대한 비판을 시작하면서 밝히는 바는, 기존[제도]학문들의 문제제기, 개념, 이론, 방법론이 일반적-인간적인 것으로 생각된다 할지라도, 권리로서 요구될 수는 없다는 것이다. 오히려 그것들 역시 계급, 사회적 성, 문화와 결부되어 있는 발생조건들의 맥락 안에 있는 것이다. 이러한 토대 위에서 여성주의적 비판은 학문의 인식내용과 해석이 결코 객관적 세계를 재현하는 것이 아니라, 오히려 남/여 연구자의 사회적 맥락을 반영하고 있다고 지적한다.31)

여성주의철학의 목표는 여성 및 여성의 관점들을 학문적 연관 속에 통합시키는 것이다. 물론 이러한 과정이 용이하지는 않다. 왜냐하면 기존학문이 여성적인 것의 차이를 수용하지 않는 한, 여성들이 자신의 지식을 쉬이 기존학문에 추가할 수는 없기 때문이다. 주체의 성별특성을 다루는 상징론이 결핍되어 있으며, 여성의 경험에 상응하고 여성이 학문연구에 참여할 수 있게끔 해주는 고유한 매개형식들도 부족하다.

그러므로 여성주의 과학철학의 토대는 무엇보다도 학문들 속의 성에 대한 물음으로, 그 출발점은 생물학적 성과 사회적 성의 구분이다. 생물학적 성(sex)은 순전히 신체적인 성의 차이에 국한된다. 사회적 성(gender)은 우리 사회가 보여주고 있는 성별에 입각한 전형적 역할이다. 여기서 사회적 성은 생물학적 범주의 자연적 귀결

---

30) Sandra Harding: Die auffällige Übereinstimmung feministischer und afrikanischer Moralvorstellungen. In: Nunner-Winkler(Hgin): *Weibliche Moral*, 163쪽.

31) Sandra Harding: *Feministische Wissenschaftstheorie*, 11쪽.

이 아니라, 인간의 사고와 행동이 이루어지는 분석적 범주이다. 하지만 사회적 성의 분류는 생물학적 성에 의해 제약되어 있다. **생물학적 성과 사회적 성**(*sex* und *gender*)의 구분을 통해서 성 개념이 이론적으로 파악될 수 있으며 겉모양뿐인 학문의 성중립적 의미 및 학문제도에 대한 비판이 착수될 수 있다.32)

성을 이론적 범주로서 정식화할 필요성이 생기게 되는데, 그 이유는 젠더화된[성별화된] 사회(vergeschlechtliche Gesellschaft)에서 여성들과 남성들은 다른 경험들을 하기 때문으로, 이 상이한 경험 또한 이러한 토대 위에서 주제화되어야 한다.

여성과학자인 이블린 폭스 켈러(Evelyn Fox Keller)는 과학에서의 젠더화(Vergeschlechtlichung) 과정을 "성별에 상응한 발달 간의 상호작용들의 그물, 객관성과 남성성을 동일시하는 신념체계",33) 그리고 과학성과 남성성을 하나로 보는 문화적 가치로 기술하고 있다.

여성주의 과학철학[과학학](die feministische Wissenschaftskritik)의 핵심주제는 여성의 배제와 동시에 이루어지는 과학과 권력의 제휴를 증명하는 것이다. 과학과 권력의 제휴는 자연에 대한 권력행사와 감성 및 정서의 배제로 환원된다. 자연에 대한 연구와 이에 수반되는 사물화는 제도과학의 주요부분이며 사회상황도 반영하고 있다. 여성은 자연과 마찬가지로 연구대상이 되며 이와 함께 남성의 객체가 된다.

이런 배경 위에서 여성주의적 비판은 사회에서의 인종차별주의

---

32) 같은 책, 13쪽.
33) Evelyn Fox Keller: *Liebe, Macht und Erkenntnis*, 95쪽.

적이고 성차별주의적인 상황이 과학체제에도 마찬가지로 적용된다고 설명한다. 성차별주의 및 인종차별주의의 관점에서 사회적 노동분업과 과학적 위계의 결합은 과학의 자연지배로부터 젠더화된 사회로의 이행을 정당한 것으로 인정할 수 있게 한다.[34]

여성주의 인식론(feministische Erkenntnistheorie)의 과제는 학문[과학]의 가부장제 구조 및 배제의 형식을 연구하고 대안적 모델을 발전시키는 것이다. 크리스틴 베젤러 파나피외(Christine Woeseler de Panafieu)는 여성주의적 여성 학자들이 연구해야 할 세 가지 핵심 비판점을 다음과 같이 정식화한다: 전문직 정책, 학문연구에 있어서 주제선정, 남성중심적 방법론에 대한 비판. 전문직 정책을 주제화하는 데 있어서 입각점은, 현대학문이 거의 전적으로 남성이 이룩해 놓은 전공사만을 확보하고 있다는 사실이다.[35] 이렇게 전개된 이유는 학문에 있어 여성인력을 지원하고 장려하는 학문적 토양이 단호히 거절된 데 있다. 이로 인해 학문진보에 대한 요청과 개별 학자 및 공공기관의 시대에 뒤진 실습 간에 간격이 생기게 된다.[36]

지난 세기에 여성들은 학문영역에 입성하기 위해 오랫동안 투쟁하지 않을 수 없었다. 당시 학문활동이 허용된 소수의 여성들에 맞서 이들과 무관한 남성동료들의 반동이 일어났다. 비록 극소수 여성들만이 학문에 몸담고 있었지만, 학계에는 학문에 해로운 영향을 미칠지 모르는 여성주의화가 우려된다는 흑색선전이 만연하였다.[37]

---

34) Sandra Harding: *Feministische Wissenschaftstheorie*, 79ff쪽.

35) Christine Woeseler de Panafieu: Feministische Kritik am wissenschaftlichen Androzentrismus. In: Beer(Hgin): *Klasse Geschlecht*, 84f쪽.

36) Sandra Harding: *Feministische Wissenschaftstheorie*, 59f쪽.

파나피외는 이 제 1 세대 여성 학자들을 대학에 발을 들여놓기 위해 자신의 여성성 및 섹슈얼리티를 부정할 수밖에 없었던 여성들로 특징짓고 있다.

이에 반해 제 2 세대, 제 3 세대의 현대 여성 학자들은 남성에게 동화되기도 하지만, 그와 동시에 여성들로 머물러 있으며, 그렇기 때문에 끊임없는 심적 갈등 속에 있게 된다. 이들의 상황에서 주목할 것은 학문에 있어 공공연한 노동분업이다. 오늘날 여성들은 학문직종에서 일할 수(*dürfen*) 있지만, 실무영역에서 일하는 한에서만 원해지고 있다. 실험실 일 그리고 대학에서 중간급 정도의 직무는 비교적 여성들이 많이 자리잡고 있는 반면, 정책 내지 기획영역은 여전히 남성들이 군림하고 있다. 그래서 대학에 재직 중인 여교수 비율은, 각 승급 그룹에 따라, 2%에서 6% 사이에 있을 뿐이다.[38] 학문연구에서 기획과 실무 간의 이러한 양분은, 사회의 노동분업이 보여주는 양분과 유사한 구조를 낳는다. 정책과 지식은 백인남성 지배인 수중에 집중되어 있는 반면, 여성들과 낮은 직급의 남성들은 실무를 담당하며 고위직으로 승진할 수 없다.

여성주의 과학철학은 학문에 있어 이러한 수직적 노동분업을 비판함과 아울러 학문과 사회체제와의 강한 유대도 드러내 보인다. 이렇게 명백한 사회와 학문 간의 유사성에 의거해서 양 영역에서 비슷한 비판의 관점들이 마련된다.[39]

파나피외가 두 번째 비판점으로 들고 있는 치우친 연구주제선정

---

37) 같은 책, 66쪽.

38) Christine Woeseler de Panafieu: Feministische Kritik am wissenschaftlichen Androzentrismus. In: Beer(Hgin): *Klasse Geschlecht*, 85f쪽.

39) Sandra Harding: *Feministische Wissenschaftstheorie*, 78f쪽.

역시 학문에서의 수직적 노동분업과 상호작용 속에 있다. 파나피외는 여성들의 관심을 끌 만한 문제들이 제기되기는 하지만, **사람들**(*mann*)은 여성주의적 여성 학자들의 연구를 별로 대수롭지 않은 것으로 평가한다고 밝히고 있다.

아울러 연구결과들은 일면적으로 해석된다. 그래서 양성에 관한 경험적 연구에서 흔히 여성들은 남성적 규범에 맞춰진 기준들에 의해서 판단된다. 이에 대한 사례로서 샌드라 하딩(Sandra Harding)이 상술한 가사노동분석의 예를 들 수 있는데, 가사노동은 행위에 대한 보수도 주어지지 않고, 사회업적에 포함되지도 않으며, 휴가권도 요구하지 못하는 활동이다. 남성적 기준에 따르면 가사노동은 잠재의식적으로 여가와 동일시되는데, 그 이유는 가부장제 사회에서 노동이란 보수를 통해 정의되기 때문이다.[40] 이렇게 해서 여성들이 **집에 머물러 있음**(*Zu-Hause-Bleiben*)은 항구적인 휴가와 동의어로 된다.

코르넬리아 클링어는 여기서 발생하는 여성의 배제를 두 가지 측면에서 설명한다: 여성 고유의 사실들은 중요하지 않은 것으로 설명되고 또한/혹은 남성적 태도는 인간적 태도로 정의되며 이를 통해서 여성들의 태도는 배제되는데, 왜냐하면 여성들의 태도는 남성적 규범에 상응하지 않기 때문이다.[41]

이러한 연구방식에 대한 여성주의적 비판의 한 예는, 캐롤 길리건의 『다른 목소리』 연구이다. 그녀는 자신의 동료인 로렌스 콜버

---

40) Sandra Harding: Feminist Justificatory Strategies. In: Garry und Pearsall (Hginnen): *Women, Knowledge and Reality*, 195쪽.
41) Cornelia Klinger: Bis hierher und wie weiter? In: Krüll(Hgin): *Wege aus der männlichen Wissenschaft*, 22ff쪽.

그(Lawrence Kohlberg)의 발달심리학 이론이 결함이 있다고 지적하고 있는데, 그 이유는 그가 한편으로는 남성을 심리실험 대상자로 삼아 연구하면서, 다른 한편으로는 연구의 결과를 여성들에게도 적용시키기 때문이다. 그 논리적 귀결은, 학문이 매개하는 현실의 모습이, 주장되는 것처럼 포괄적이지도 객관적이지도 않으며, 오히려 자료들— 이 자료들로부터 현실의 모습이 획득된다— 처럼, 성별특성에 따라 선택적이라는 것이다.

이러한 배경 위에서 기존학문의 남성중심주에 대한 세 번째 비판점이 등장한다. "그것은 모든 역사적, 사회적 조건과 제약에서 벗어나 인식에 접근하는 특권으로서의 학문의 자기 이해인데, 그렇게 조건에서 자유로운 인식이 이제 비판의 시야에 들어오게 된다."42)

따라서 여성주의적 비판은 단순히 학문이 보편타당한 것으로 선전한 것의 객관성 및 보편성의 부족을 지적하는 것에만 초점을 맞추는 것이 아니라, 오히려 원리들 자체에 초점을 맞추고 있다. 아울러 여성주의적 비판은 가부장제 학문이 여성들에 대한 편견을 지지하고 이와 함께 지배를 정당화하는 기능을 수행한다고 지적한다.

가부장제 학문과의 대결에 있어서 여성주의적 비판은 무엇보다도 특히 여성들에 대한 정치적 불공평에 대해 숙고하는 일종의 야당이론이다. 여성주의적 비판은 사회의 이데올로기적 지배구조를 설명함과 아울러 의식에 합당한 해방의 관점들을 발전시키고자 한다. 이 경우 그것은 전통학문, 전통학문의 내용과 조직화, 남성중심적 세계상을 정당화하기 위한 전통학문의 기능을 연구한다. 아울러 그것은 여성들의 생활환경과 태도유형을 연구하고 여성운동의 발

---

42) 같은 책, 28쪽.

전을 주제화하며 여성운동과 항상 비판적으로 의견을 주고받는 다.[43]

기본적으로 여성주의 과학철학은 여성적 사고가 새로운 보편성의 요구와 함께 남성적 사고에 대립할 필요가 있다는 데서 출발하는 것이 아니라, 과학의 다가치에 대한 요구를 제기하는 데서 출발한다. 그것은 결과적으로 자연체계의 복합성을 올바르게 평가할 수 있을, 제도과학[전통학문]의 모델 및 방법의 확장을 가져올 것이다. 여성주의 과학철학은 과학의 개개 문제들을 인위적으로 고립시키는 것을 해체할 것이며 직관적-감응적 자연체험의 재발견을 가져올 것이다. 이 지점에서 여성주의와 탈근대성도 만나게 되는데, 양자는 전체주의를 비판하며 차이 및 이질성의 승인을 지지한다.

다가치와 보편성 간의 중도적 타협을 꾀하는 여성 자연과학자 이블린 폭스 켈러는 과학에 있어 성별특성의 의미를 규정하는 **중간지대**(*middle ground*)를 요청한다. 그러므로 한편으로는 다양성과 차이의 요소가, 그리고 다른 한편으로는 이진법적 코드화가 고려되어야 한다.[44]

여성주의 과학철학 내에서 논란이 되는 항목은, 어떻게 비판이 수행되어야 하는지 — 외재적 관점에서 아니면 내재적 관점에서 이루어져야 하는지 — 와 관련된 물음이다. 울리케 헬머(Ulrike Helmer)는 「여성주의이론은 어디로 나아가는가?」(Wohin treibt die feministische Theorie?)라는 논문에서 원칙적으로 사회주의적-자유주의의

---

43) Ulrike Helmer: Wohin treibt die feministische Theorie. In: *Feministische Studien* 1(1986), 142쪽.

44) Ina Wagner: Feministische Technikkritik und Postmoderne. In: Ostner und Lichtblau(Hginnen): *Feministische Vernunftkritik*, 150ff쪽.

특징을 갖는 여성주의 과학철학의 통합적 노선과 가부장제 사회에서 여성들이 당면하는 문제로부터 출발하는 급진적 노선을 구분한다.

통합적 노선은 무엇보다도 여성탈루의 위상을 점검하며 여성을 주체로서 학문에 편입시켜야 한다는 요구를 논의한다. 이와 함께 통합적 노선은 민주주의적 수준으로 학문이 변화되도록 노력을 기울이며, 객관적 규범들을 더욱 철저히 지킴으로써 동등권을 실현시킬 것을 출발점으로 삼는다.

급진적 노선은 지배적인 현행기준으로부터 거리를 취하고 학문이해 전반에 대해 비판한다. 여기서 급진적 노선은 단순히 학문내용뿐 아니라, 그 내용의 사회 내 연루도 표적으로 삼는다.45)

브리기테 바이스하우프트는 제도과학에 대한 문제제기를 본격화할 필요성을 주제화함으로써, 내재적 비판을 찬성한다. 여성주의적 비판은 확실히 정의된 연구영역에 고정되어 있는 것이 아니라, 여성들이 남성학문의 틀 속에서 아웃사이더의 위치를 점할 수밖에 없는 곳이면 어디든 비판에 착수할 것이다. 내재적 비판을 통해서만 여성주의적 입장이 제시될 수 있고 기존관점들이 변화될 수 있을 것이다. "여성주의 과학철학이라는 패러다임은 과학이 바뀌게 됨이다."46) 하지만 독립적인 여성주의적 과학관의 발전은 현행 과학 활동방식으로부터의 분리를 통해서만 이루어질 수 있을 것이다.

제도과학담론 안에 서 있는 여성을 바이스하우프트는 여성이단

---

45) Ulrike Helmer: Wohin treibt die feministische Theorie. In: *Feministische Studien* 1(1986), 143ff쪽.

46) Brigitte Weisshaupt: Dissidenz als Aufklärung. In: Bendkowski und Weisshaupt(Hginnen): *Was Philosophinnen dendken*, Band I, 8쪽.

자로 표현하는데, 여기서 그녀는 철학함을 근본적으로 **이견을 무릅씀**(*sich in Dissidenz begeben*) — 이를 통해서 현재 통용되고 있는 진리 및 규범에 대한 문제제기가 이루어진다— 으로 이해하고 있다. 이견이라는 개념을 바이스하우프트는 제도과학 내에서 아무런 자리를 발견할 수 없는 타자와 연결시킨다. 이견이라는 개념은 비판적 주체 개념, 객체 개념, 방법론 개념을 발전시킬 수 있는 토대를 제공한다.

이견의 관점은 여성주의적 이성비판의 세 영역에 유효하다: 과학이론의 영역, 과학실천의 영역, 과학과 생활세계의 사회적 결합의 영역. 바이스하우프트는 이러한 비판적 입장의 충족을 위해 필요한 것으로 보이는 세 가지 전략을 소개한다: "학제적 연계토론의 추진, 과학기술적 해결방식 확장의 통제, 소홀히 다뤄졌던 연구주제들의 채택."[47]

여성주의 과학철학의 패러다임 속에서 제도과학이 논해져야 할 필요성을 바이스하우프트는 권력비판의 예를 통해 설명한다. 여성주의 과학철학의 과제는 핵심권력의 승인체계를 교란하는 데 있다. 이러한 패러다임 속에서 비판을 수행하기 위해서는 여성들 자신이 해당지식에 정통해야 하며, 자신들의 연구영역에 대해 필히 거리를 취할 수 있어야 한다. 여성들은 지성을 발휘해야 하는데, 지성을 발휘한다는 것은 여성성이 늘 지식에서 다른 어떤 것으로서 배제되어 왔음을 의식할 수 있는 것도 의미한다. 그렇기 때문에 여성적 지성 역시 가능하게 하는 이론을 발전시켜야 한다.[48]

---

47) 같은 책, 12쪽.
48) 같은 책, 11f쪽.

여성주의 과학철학의 두 번째 과제는 과학 자체 안에 있는데, 과학 자체 안에서 페미니스트는 주체개념과 객체개념, 방법론과 규범을 반성해야 한다. 이러한 여성적 시각의 반성은 과학주체의 한계를 규정하고, 명료히 하며, 확장시켜야 한다. 물론 이러한 반성은 이에 상응하는 전공여성들에 의해서만 수행될 수 있다. 제도과학의 주체는 감정, 감수성, 역사가 텅 빈 인식주체이기 때문에, 바이스하우프트는 여성주의 과학철학의 과제를 이러한 추상적 주체와 결별하고 시간성, 총체성, 참여를 포함하는 새로운 출발점을 마련하는데 있다고 본다. 단순히 과학의 객체들만이 아닌 세계에 초점을 맞춘 새로운 인식관심은 이 새로운 출발점에 근거를 두어야 한다.[49]

여성 과학자인 이블린 폭스 켈러는 『사랑, 권력 그리고 인식』 (*Liebe, Macht und Erkenntnis*)이라는 저서에서 여성주의적 여성 과학자들의 연구, 과학성과 비과학성의 관계, 아울러 그것의 여성 및 남성과의 결합방식에 대해 연구하고 있다. 과학성과 비과학성의 이원론을 그녀는 정치성과 개인성의 대조와 나란히 놓고 있다. 이와 함께 과학적이고 공적인 것은 남성의 삶에, 사적이고 비과학적인 것은 여성의 삶에 귀속하게 된다. 여성주의와 여성주의적 이성 비판의 관심은 이러한 고정을 해체시키고, 정치적 주체는 개인으로 활동하며 그렇기 때문에 정치적 주체 역시 사적이라는 것을 명백히 보여주는 데 있다. 그러므로 양 측면은 이러한 주체의 행위 속에 녹아 표현된다. 이와 동시에 개인성은 정치성에도 그리고 궁극적으로 과학성에도 영향을 미칠 수 있다.[50]

---

49) 같은 책, 18쪽.
50) Evelyn Fox Keller: *Liebe, Macht und Erkenntnis*, 15f쪽.

켈러는 여성주의 과학철학의 과제를 과학의 개념과 남성성의 개념을 서로 분리시키는 데 있다고 보는데, 이를 통해 여성들이 과학에 좀더 친숙하게 접근할 수 있게 하고 객관성에 대한 현행의 표상을 변화시키기 위해서이다. 아울러 이를 통해, 가령 얼마나 과학이 신화에 의해서 영향받고 있는지 분석함으로써, 제한들이 철폐될 수 있을 것이다. 마찬가지로 과학의 중립성이라는 가정도 검토되어야 할 것이고, 과학연구의 한계 및 경계에 대한 철학적 연구가 이루어져야 할 것이다.[51]

덧붙여서 보통 외적 통제 없이 자신의 의지에 따른 행위로 이해되는 자율성 개념도 교정되어야 한다. 켈러는 자율성 개념을 비판하고 있는데, 이 개념이 타인을 마음대로 제어하는 권력추구, 다시 말해 지배로 정의되는 권력개념과 일치한다는 것이다. 그녀는 자아와 타자 사이에 공간의 여지를 둔다 할지라도, 자아와 비-자아 사이의 경계의 일시 해체를 가능하게 하는 역동적으로 이해된 자율성을 찬성한다.[52]

아울러 현행의 법칙개념도 켈러의 견해에 따르면 수정이 필요하다. 그녀는 법칙에 대한 관심이 아니라 질서에 대한 관심을 요구하는데, 이를 통해서 과학관에 대한 폭넓은 변화가 일어나야 한다. "질서에 대한 관심은 지배에 기초하는 것이 아니라 존경에 기초하는 과학을 요구한다. …"[53] 그래서 자연과학에 있어 중요한 것은 더 이상 통일적 자연법칙의 제시가 아니라, 내적 질서를 밝히는 것이라 하겠다. 이런 방식으로 자연과 과학의 표상이 확장될 수 있을

---

51) 같은 책, 99쪽.
52) 같은 책, 103ff쪽.
53) 같은 책, 143쪽.

것이고, 자연은 더 이상 혼란스러운 것으로 생각되지 않으며, 과학은 더 이상 객관적인 것으로 생각되지 않을 것이다.

이러한 과학적 실천의 예로서 켈러는 여성 유전학자인 바바라 맥클린토크(Barbara McClintok)를 들고 있는데, 그녀는 연구를 수행함에 있어 항상 "자료가 당신에게 말하고 있는 것"[54]을 듣는 데 주의를 기울였다. 켈러는 그녀의 일생을 사회와 개인 — 일반적으로 통용되는 과학개념에 저항하여 나아가고자 했던 개인 — 간의 갈등의 사례로 보고 있다.[55]

맥클린토크는 자연과학계 내의 여성들 사이에서도 예외적인 경우였다. 자신의 동료들과 달리 그녀는 여조교 혹은 여교사와 같이 다수의 여성이 가는 길을 택하지 않고 일평생 연구에 전념하였다. 그녀의 핵심적 발견은 형질변경이었는데, 그것이 뜻하는 바는, 유전자와 유전자를 담은 DNA는 체내 어딘가에 고정되어 있는 것이 아니며, 크로모좀 내에서 DNA는 이곳저곳으로 튕겨 나갈 수 있다는 것이다. 이러한 메커니즘은 유기체의 생존전략으로서 스트레스를 받을 때 작용한다. 맥클린토크의 인식들은 그녀가 발견한 당시에는 전공세계에서 완전히 무시되었고 시간이 흐른 뒤에야 비로소 주목받게 되었다.[56]

자신의 연구에서 맥클린토크는 자연의 복합성에 대한 승인에 가치를 두었는데, 이 자연을 그녀는 착취의 대상으로 이해하지 않고 우리들의 표상가능성을 능가하는 풍부한 아이디어를 가진 시스템으로 이해했다. 그녀는 다음과 같은 태도를 견지했다: "자료가 당

---

54) 같은 책, 146쪽 인용.
55) 같은 책, 164쪽.
56) 같은 책, 169쪽.

신에게 말할 때, 자료대로 그러할 수 있다면 그것을 허용하라. 그것을 제쳐놓지 말고 또한 그것을 예외, 변칙, 오염 …이라고 일컫지 마라."57) 그녀의 목표는 자연과정 내의 상이성들을 설명하고, 이 상이성들을 규칙의 예외로 취급하는 것이 아니라 그것들에게 고유한 의미를 부여하는 것이었다. 여기서 그녀는 질서원리로서의 차이를 제도과학의 이분법화와 구별하였다. 그녀는 차이의 인정을 자연 내에서의 모든 결합관계의 토대로 보았다. 그녀는 진념 그리고 자연현상의 개별성을 보증해 주는 이해를 요구하는 것이다.58)

맥클린토크의 태도를 기반으로 하여 켈러는 과학 내 성별특성의 문제제기를 해체할 것을 요구한다. 자연을 객체로 그리고 여성성으로 간주하는 한, 그리고 과학을 남성성으로 간주하는 한, 여성적인 여성 과학자들은 끊임없는 모순 속에 있게 된다. 그렇기 때문에, 켈러에 따르면, 자연은 비-여성적인 것으로 그리고 지성은 비-남성적이고 주체적인 것으로 고쳐 평가되어야 한다.59)

---

57) 같은 책, 173쪽 인용.
58) 같은 책, 173f쪽.
59) 같은 책, 187f쪽.

2. 시몬느 드 보부아르와 『제 2의 성』

프랑스 작가이자 여성철학자인 시몬느 드 보부아르는 가장 큰 명성과 인지도를 갖는 현대 여성운동가들 중 한 사람이다. 보부아르는 1949년에 출판된 『제 2의 성』(Das andere Geschlecht(『다른 성』))이란 제목의 저서에서 여성의 생활환경을 상세하게 분석하고 있는데, 이와 함께 여성주의이론 구성에 있어 가장 중요한 토대가 되는 저술들 가운데 하나가 마련되었다. 보부아르는 자유주의적 내지 인도주의적 페미니즘의 옹호자로 여겨지는데, 그 이유는 그녀의 관점이 여성과 남성의 동등성을 목표로 하기 때문이다.

보부아르 자신은 『제 2의 성』에서 스스로를 페미니스트로 생각하지 않으며 자신의 분석 또한 자기 자신의 인격과 결부시키지 않는다. 보부아르는 무엇보다도 우선 여성 실존주의자로 간주되고 있다. 하지만 그녀는 여성철학자일 뿐 아니라, 철학과 문학을 통일시키고 이를 통해 철학적 문학 내지 문학적 철학을 탄생시키고자 노

력하였다.60)

비록 보부아르의 연구서인『제 2의 성』이 신랄한 비판을 받았고 현대적 관점들에 의해 추월되어 버리긴 했지만, 그럼에도 불구하고 그것은 오늘날에도 목하 성차와의 대결에 있어 중요한 토대를 이룬다. 토릴 모이(Toril Moi)는 보부아르 연구에서 그녀가 새롭게 발견한 것에 대해 옹호하면서, 그녀를 우리 시대 최고의 여성주의 이론가로 기술하고 있다.61)

보부아르의 활동기에 그녀가 대중에게 널리 알려지게 된 것은 단순히 그녀의 문학적, 철학적 저술들을 통해서만은 아니다. 무엇보다도 그녀의 생활방식과 주변환경으로 해서 그녀는 관심의 초점이 되었는데, 여기서 대개 그녀 자신이 아니라 그녀와 장-폴 사르트르(Jean-Paul Sartre)와의 관계가 강조되었다. 보부아르는 종종 '사르트르의 삶의 동반자'(Sartres Lebensgefährtin)란 표현으로 환원되고, 심지어 그것이 그녀 자신의 회상록의 커버텍스트가 되기도 하였다.

1. 제 2의 성

보부아르의 여성주의적 대표작인『제 2의 성』은 의심할 나위 없이 현대 여성운동에 있어 가장 중요한 저서들 가운데 하나이다. 이 책은 인플레이션 및 경제재건 같은 문제들이 주요 관심사였고 여성 해방이란 주제는 세간에 별로 알려지지 않았던 시기에 출판되었다.

---

60) Rainer E. Zimmermann: Die Passion des Authentischen. In: Soden (Hgin): *Zeitmontage: Simone de Beauvoir*, 50쪽.

61) Toril Moi: *Feminist Theory & Simone de Beauvoir*, 4f쪽.

출판되었을 당시 『제 2의 성』은 기대하지 않았던 성공을 거두었고 오늘날에도 많이 읽히며, 또한 대부분의 페미니스트들이 기본도서로 인정하는 책이기도 하다.

여성의 상황에 대한 700페이지 가량의 중수필을 통해서 보부아르는 여성의 생활환경에 대한 주목할 만한 분석을 행하였다. 그녀는 생물학적, 역사적, 문학적 표상들과 아울러 많은 여성들이 실제로 처한 생활조건들을 연구하고 있다. 여기서 보부아르는 여성들의 심리적, 정신분석적, 경제적 현실에 대한 광범위한 연구를 선보이고 있으며, 사회적인 그리고 사적인 억압 메커니즘을 밝히고 있다.

이러한 연구에서 보부아르의 관심사는, 영원히 보편타당한 진리를 발전시키는 것이 아니라, 여성 개개 실존의 근원과 뿌리를 묘사하는 것이다. 보부아르는 또한 자신이 표준 여성의 유형을 그려 보이려고 노력한 것이 아니라, 다양한 여성의 생활양식을 세분화하고자 한 점을 강조하고 있다.[62]

철학적 맥락에서 시몬느 드 보부아르의 『제 2의 성』은 실존주의 윤리학으로 정의되는데, 그 이유는 그녀가 성별관계의 연구를 사회적, 철학적 관심과 연관시켜 기술하고 있기 때문이다. 보부아르의 관점은 윤리학의 전제들을 충족시키는데, 왜냐하면 그녀의 관점이 상호간의 책임과 의무로부터 구체적인 사회적 행위의 정초도 이끌어내기 때문이다.[63]

보부아르의 출발점이 되는 핵심적 문제제기는 다음과 같다: 여성이란 무엇인가? 그리고 왜 여성은 타자인가?(*Was ist eine Frau?*

---

62) Simone de Beauvoir: *Das andere Geschlecht*, 264쪽.
63) 같은 책, 21쪽.

und Warum ist die Frau die Andere?) 그녀 자신의 정신적 배경인 프랑스 실존주의는 이러한 문제를 연구하기 위한 토대와 가능성을 제공해 준다. 보부아르는 실존주의를 여성의 상황을 이해할 수 있는 적절한 이론으로 본다. 실존주의는 사회주의적 관점이 남겨놓고 간 틈을 채울 수 있을 것이다. 왜냐하면 실존주의에서 중요한 것은 인간 개개인이지 집단이 아니기 때문이다.[64]

실존론적 관점을 가지고 보부아르는 여성억압의 역학을 밝히려는 목표를 수행한다. 이를 위해서 그녀는 프랑스 실존주의와 더불어 키에르케고르(Sören Kierkegaard)와 하이데거(Martin Heidegger)가 실존철학에 끼친 영향, 후설(Edmund Husserl)의 상호주관성이론, 헤겔(G. W. F. Hegel)의 주인-노예 관계 등도 상세히 분석한다.

『제 2의 성』에서 보부아르는 실존론적 관점을 여성의 상황에 연관시키는데, 여기서 그녀는 부분적으로 사르트르의 전문용어를 사용하고 있다. 하지만 그녀는 여러 중요 부분에서 스스로 거리를 취하기도 하고, 개념들을 변경시키며, 자신의 고유한 철학적 전제들을 발전시킨다. 이에 대한 사례로, 사르트르가 실존의 자유요구를 절대적인 것으로 정식화하는 데 반해서, 보부아르는 특히 여성들이 실존적 자유를 실현시킬 수 없는 상황에 놓여 있다는 것을 출발점으로 삼는다.

왜 여성들이 자유롭지 못한가라는 물음에 대해서 보부아르는, 사르트르의 모델에 여전히 의존하는 가운데, 여성들은 불행하도록 운명지어진 존재라고 대답한다. 부자유한 것 그리고 남성들 편에서의 억압으로 인해 이러한 부자유에 놓일 수밖에 없는 것이 여성의 운

---

64) Andrea Nye: *Feminist Theory and the Philosophies of Man*, 79쪽.

명인 것이다. 남성들은 여성들을 객체로, 의지 없는 존재로 만들며, 여성들의 자신감을 뿌리 뽑고, 여성들을 의존적으로 만든다. 이런 이유로 해서 자유로운 선택이란 여성들에 있어 결코 실생활일 수 없다. 여성들은 스스로 억압을 선택하지 않았음에도 억압당하기 때문이다. 이렇게 선택하지 않은 억압은 문화적 맥락 안에 존재하며 성을 이미 정해 놓은 의미와 태도모델의 장소로 만들어 버린다.[65]

하지만 보부아르는 여성들이 완전히 이러한 운명의 손아귀에 들어가 있는 것은 아니라고 강조한다. 비록 많은 여성들이 억압을 어쩔 수 없이 감수하기는 하지만, 그렇다고 동시에 그것에 동의하는 것은 아니다. 여성억압은 여성 자신의 잘못이라는 논변을 보부아르는 여러 측면에서 반박한다: 여성억압은 수천 년 전부터 행해져 온 것이고 당연한 것처럼 여겨져 왔다. 아울러 여성들은 대규모 조직들을 만들거나 그 속에 들어가는 것이 불가능한데, 그 이유는 여성들이 사적 인간관계와 개별적 억압관계 속에 놓여 있기 때문이다.[66]

실존주의의 중심요소인 초월성과 내재성의 구별을 보부아르는 여성의 사회적 조건화를 기술하는 데에도 채택하고 있다. 이 구별은 원칙적으로 인간과 동물의 차이를 강조하기 위한 것이기는 하지만, 인간에게 양 측면이 모두 속한다고 할 수 있다. 여기서 초월성은 정신적이고 지적인 측면을 대변하며 내재성은 신체성을 대변

---

65) Simone de Beauvoir: Die Moral der Doppelsinnigkeit. In: Dies.: *Soll man de Sade verbrennen?*, 101쪽.

66) Carol Hagemann-White: Simone de Beauvoir und der existentialistische Feminismus. In: Knapp und Wetterer(Hginnen): *Traditionen — Brüche*, 31쪽.

한다.

남녀관계로 비유하면, 초월성은 남성의 속성인 반면, 여성의 신체는 내재성을 대변한다. 남성은 자신에 대해 초월성을 요청하며 남성의 행위는 능동성, 힘, 폭력적 성향 그리고 자신의 한계를 넘어서는 것으로 특징지어진다.[67] 보부아르는 이러한 능동성의 영역을 여성은 배제되어 있는 고유한 인간됨의 모습으로 변환시킨다. 여성은 수동성, 침체, 반복 그리고 비생산성이란 개념으로 특징지어지는 내재성의 영역에 감금되어 있다. 여성은 남성의 시각에서 정의되기 때문에, 여성은 남성에 대조되는 타자(die Andere)이다. 이러한 입장은 여성에 의해 시대를 초월하여 수용되며, 여성은 단지 남성주체와의 관계 속에서만 존재할 수 있다는 관념을 생기게 한다. "여성은 남성과 관련해서 규정되고 구별되지만, 남성은 여성과 관련해서 규정되고 구별되는 존재가 아니다. 여성은 본질적 존재의 측면에서 비본질 존재이다. 남성은 주체이고, 남성은 절대적 존재이다. 반면 여성은 타자이다."[68]

여성이 신체적 동일성으로 환원됨으로 해서, 여성은 남성의 비-신체적인 초월론적 측면을 보존하는 데 뒷바라지하게 된다. 여성은 부정적 상을 생산하는데, 이 부정적 상에 의해서 남성의 정신성은 긍정적으로 대비 강조될 수 있다. 남성적으로 특징지어지는 사회에서 여성은 수동적이며 유아적 존재로 분류되며 객체지위로 제한된다.[69] 여성과 대조해서 남성은 처음부터 남성이며 그러한 존재로

---

67) Simone de Beauvoir: *Das andere Geschlecht*, 669쪽.

68) 같은 책, 11쪽.

69) Ursula Konnertz: Simone de Beauvoir. In: Conrad und Konnertz (Hginnen): *Weiblichkeit in der Moderne*, 125쪽.

생각된다. 남성의 섹슈얼리티는 남성의 초월성과 일치한다.

　보부아르는 이렇게 여성성을 대상성으로 정의하는 것에 순응하고 이로 인해 더 이상 독립적 주체로서 자신을 실현시키지 못하는 여성들을 비판한다. 이러한 여성들은 결코 스스로 선택할 수 있는 자율적 개인이 아니라, 내재성의 단계에 묶여 있으며 스스로 초월성의 차원에 접근하는 것을 막는다. "여성성이란 본질, 곧 하나의 부류를 정의하고 여성들을 내재성으로 제한시킴과 아울러 타자로 정의되게끔 제한하는, 일반적 속성들의 집합 개념이다."[70] 보부아르는 여성들에게 남성들과 마찬가지로 초월성의 영역을 공략할 것을 촉구한다. 하지만 여성들은 우선 자신의 신체의 내재성을 극복해야 할 것이다. 이를 위해 남성들과 동일한 성과를 내놓는 것이 필수적이진 않더라도, 자신이 남성과 같은 삶을 이끌어갈 때에만, 비로소 여성은 해방될 수 있을 것이다.[71]

　『제 2의 성』에서 보부아르는 두 가지 핵심 테제를 정식화하는데, 이 테제의 원천은 제 1 세대 여성운동에 놓여 있지만, 또한 현대 여성운동의 토대이자 출발점으로도 여겨진다: 첫째, 성별에 따른 노동분업은 결코 여성들이 인정해야만 하는 자연적 소여의 사실이 아니다. 둘째, 생물학적인 성과 사회적으로 조건지어진 성 사이에 차이가 있다. 이로부터 나오는 결과는, 우리는 여성으로 태어나는 것이 아니라 여성으로 만들어진다는 사실이다. "영원한 여성성이란 하나의 속임수이다. 왜냐하면 인간발달에서 자연의 역할은 극히 미미하며, 우리는 사회적 존재이기 때문이다. 아울러 나는 여성이 본

---

70) Iris Marion Young: Humanismus, Gynozentrismus und feministische Politik. In: List und Studer(Hginnen): *Denkverhältnisse*, 40쪽.

71) Simone de Beauvoir: *Das andere Geschlecht*, 669쪽.

래 남성에 종속된다고 생각하지 않기 때문에, 또한 여성이 본래 남성을 능가한다고 생각하지도 않는다."[72] 이렇게 해서 보부아르는 여성성에 대한 생물학적 설명을 범주적으로 거부하며, 여성억압이 여성의 본성에로 환원되지 않는다는 점, 그리고 이와 함께 사전에 운명으로 정해질 수 없다는 점을 출발점으로 삼는다. 보부아르는 여성을 생물학적 운명의 희생자라고 생각하지 않고, 오히려 극복될 수 있는 사회적 조건의 희생자로 생각한다.[73]

보부아르는 이렇게 여성이 자신의 생물학적 능력에 의거해서 여성억압 또한 감수해야 한다는 가부장적 오보를 폭로하며, 또한 자연적 신체와 역사적 구성으로서의 신체를 구별하여 떼어 놓음으로써, 오늘날의 화두인 **섹스**(*sex*, 생물학적 성)와 **젠더**(*gender*, 사회적 성) 사이의 구분을 제시한다.

내용적으로 보부아르는 『제 2의 성』의 제 1 부인 "사실과 신화"에서 심리학, 역사학, 생물학, 사회학 분야에서의 여성성의 위상을 다루고 있다. 제 2 부인 "실생활의 경험"에서 그녀는 현상학적, 문학적 시각에서 여성의 상황을 상술하고 있는데, 여기서 그녀는 청소년, 어머니 신분, 부부, 독신 및 레즈비언 여성들의 범위에서 여성의 경험들을 분석 설명하고 있다.

보부아르는 여성의 발달과정을 출생에서부터 연구하고 있는데, 여아 및 남아의 특징이 네 살까지는 대개 비슷하게 진행한다고 밝히고 있다. 그 후에 아동은 엄마에게 달라붙는 습관을 버리게 되는데, 이는 여아의 경우가 남아의 경우보다 더 천천히 진행되며, 이

---

72) Interview mit Beauvoir "Das Ewig Weibliche ist eine Lüge". In: Schwarzer: *Simone de Beauvoir heute*, 78쪽.

73) Simone de Beauvoir: *Das andere Geschlecht*, 677쪽.

러한 절차는 사회와 그 사회의 여성대변인인 어머니의 교육이상으로 규정되고 있다. 이렇게 이른 분리로 해서 남아는 후에 여아보다 더 수월하고 더 자명하게 자신의 정체성을 발달시킬 수 있다.

생식기의 다른 발달도 보부아르는 선천적인 문제로 생각하지 않는데, 그 이유는 여아가 자신의 숨겨진 질을 처음부터 결핍으로 느끼는 것은 아니기 때문이다. 바야흐로 사회가 본격적으로 여아에게 열등함의 도장을 찍는 것이다. 보부아르는 고전적 남근선망이론을 원칙적으로 거부하며 남성들이 차지한 권력 — 그것을 대변하는 것이 페니스이다 — 에 대한 사회적으로 조건지어진 여성들의 선망을 출발점으로 삼는다.

사회적 안배를 구실 삼아 여아에게는 수동적 역할이 가르쳐진다. 남아는 활동을 통해 자신의 신체를 경험하고 승인을 얻는 반면, 여아는 사람들의 마음에 들어야만 한다. 여아는 자신에 대한 타인의 판단에 종속되며, 타인의 가치평가에 일치시키는 것을 자신의 원칙으로 삼아야 한다.74)

여성의 사회화과정에서 결정적 쐐기의 경험은, 보부아르에 따르면, 어머니와의 결합에 의한 것이다. 어머니로서의 여성은 상반된 감정이 병존하는 상황에 놓이게 되는데, 그 이유는 그녀가 자신의 딸을 한편으로는 자기 자신의 모상으로, 다른 한편으로는 마주보고 있는 대상으로 지각하기 때문이다. 딸과 지내면서 어머니는 한편으로는 자신의 여성성을 굳게 지키려 하며, 다른 한편으로는 자기 자신이 억압당하고 있는 것에 대해 복수하려 한다.75)

---

74) 같은 책, 274ff쪽.
75) 같은 책, 501ff쪽.

보부아르에 의하면 임신도 본질적으로 여성의 수동적 역할에 기여하는데, 그 이유는 그것이 아무런 창조적 활동이 아니기 때문이다. 여성은 동시에 자식의 정신적 실존을 기초 지움 없이, 단지 신체적 존재를 낳을 뿐이다. 임신의 상태를 보부아르는 남에 의해 규정된 상황으로 보는데, 이러한 상황에서 여성은 수동적으로 예속당할 수밖에 없다. 그녀의 몸 속에 폴립이 착상되어 있는데, 이는 그녀의 의지와 상관없이 증식될 수 있으며 여성은 그 수중에 놓여 있는 것이다.[76]

마찬가지로 보부아르는 육아노동도 수동적 측면에 귀속시키는데, 그 이유는 어머니가 양육함에 있어 자기 규정적으로 활동할 수 없고, 오히려 사회적 역할구조에 속박되어 있기 때문이다. 여성의 육아노동은 사회에 있어서도 어머니 자신에게 있어서도 가치로 생각되지 않는다. 오히려 여성은 자신의 생물학적 구조로 인하여 더 취약한 존재로 설명되며, 이와 함께 여성의 노동 또한 수동적이고 비창조적인 것으로 간주된다.[77]

어머니역할의 예찬과 아울러 '모든 여성은 모성본능을 갖는다'라는 가정을 보부아르는 거부한다. 그녀는 이러한 기능이 강요된 가부장제적 의무라는 것을 명백히 보여줌으로써, 어머니역할을 탈신비화시킨다. 여기서 보부아르가 분명히 하는 바는, 모성성의 신비화는 여성들을 핵가족의 사적 영역 속에 가두려고 하는, 그리고 이를 통해 더욱 더 극단적으로 여성들을 억압하려고 하는 가부장제적 수단이라는 것이다. 그녀는 여성들을 억압하고 통제하기 위한 최상

---

76) 같은 책, 482쪽.
77) 같은 책, 508f쪽.

의 길이 모성성 혹은 모성본능과 같은 신화들의 고안이라고 단언한
다.78)

보부아르는 모성성에 대한 자신의 입장을 일생 동안 견지하였다.
생물학적 모성성이 강제적으로 모성역할로 여성의 사회적 고착을
가져오는 한, 이는 거부되어야 한다. 보부아르는 모성성을 일반적
으로 비창조적인 활동으로— 특히 어머니노릇은 대부분 가사노동
의 의무에 매어 있는 것이다— 보고 있다.79)

『제 2의 성』에서 보부아르는 오직 경제적 혹은 심리적으로 살아
남기 위해서 여성들이 가정주부, 어머니 혹은 독신녀로서 잡다한
역할들을 수행한다는 결론에 도달한다. 그런데 이러한 역할구조에
서 비극적인 것은, 이러한 역할들이 여성들 자신에 의해서 결정된
것이 아니라, 사전에 정해진 것이고 억지로 강요된다는 점이다.80)
사회는 여성들에게 일정한 태도모델을 규정 지시하며, 그때그때의
역할에 있어서도 여성들은 좁은 활동반경에 머물 뿐이다.

보부아르는 여성억압적 삶의 정황으로부터 여성이 해방될 가능
성을 무엇보다도 여성의 사회적, 정치적 동등성[평등]을 위한 투쟁
및 경제적 독립에 있다고 본다. 이를 통해서 여성들은 스스로 책임
있게 행동할 가능성들을 확장시킬 수 있을 것이다. 보부아르는 자
연적인 것으로 이해되는 여성성으로부터 벗어나는 것과 초월성을
획득하는 것을 여성해방을 위한 고유활동으로 특징짓는다. 이를 위
해서 신체는 일종의 상황으로, 즉 문화적 해석 및 사회적 결정이
가능한 장소로 이해되어야 할 것이다. 그런 다음 이로부터 열려 있

---

78) 같은 책, 504ff쪽.
79) Alice Schwarzer: Vorwort. In: Dies.: *Simone de Beauvoir heute*, 16쪽.
80) Simone de Beauvoir: *Das andere Geschlecht*, 651ff쪽.

는 가능성들이 채택되거나 거부될 수 있다. 보부아르에 따르면, 비록 성이 여성에 의해 승인되는 실존함의 일정한 방식을 내놓기는 하지만, 이 방식은 거부될 수도 있는 것이다.[81]

주느비에브 로이드는 이러한 사유과정을 다음과 같이 정리한다: "여성의 생물학 자체가 여성의 초월성에 대한 방해물이 아니라, 오히려 남성들이 여성의 생물학으로부터의 여성이해를 묵계해 온 점이 방해물이었다."[82]

보부아르는 남녀평등을 위한 구상을 제안하고 있는데, 이에 따르면 여성은 가사노동을 거부하고 직업활동을 해야 한다. 여성은 자신에게 주어진 기회를 잡아야 하며 남성처럼 책임 있는 지위를 얻기 위해 분투해야 한다. 여성억압은 일차적으로 가부장제적 요구에 따라 여성의 능력을 제한하는 형태로 나타나기 때문에, 여성해방은, 보부아르에 있어서, 전통적인 여성성의 규범들로부터 자유로워지고 자신의 고유한 목표를 추구함으로써 자아실현을 하는 데 있다. "현대여성은 기꺼이 남성적 가치들을 접수하고, 그 위에서 남성과 같은 방식으로 생각하고, 행위하고, 노동하고, 창조적으로 활동하고자 한다."[83] 이러한 방식으로 여성은, 보부아르가 주장하듯, 자신의 내재적 차원을 떠날 수 있고, 주체로서 자신을 실현할 수 있으며, 초월성의 차원에 도달할 수 있다.

여성들은 스스로를 절반의 종족이 아니라 인간으로 생각해야 할 것이다. 보부아르의 이상적 여성은 독립적이고, 적극적이며, 남성들에 의해서 강요된 수동성을 거부하는 여성이다. 보부아르는 자신을

81) 같은 책, 669ff쪽.
82) Genevieve Lloyd: *Das Patriarchat der Vernunft*, 133f쪽.
83) Simone de Beauvoir: *Das andere Geschlecht*, 679f쪽.

위해서 남성의 가치들을 승인하고 있으며 자신의 사고와 행동을 남성들의 기준에 맞추고 있다.

여성이 자신의 내재성을 넘어서게 되면 궁극적으로 남성의 생활세계도 변하게 될 것이다. 남성의 자율적 초월성은 내재성과 함께 이원론에 기반을 두기 때문에, 남성 또한 자신을 주체로 새롭게 구성할 필요성이 생기게 된다.

여성과 남성의 동등성은 보부아르에 있어서 상호간의 의존을 포함하는 상호인정 및 존경의 관계가 가능할 때 실현된다. "이러한 최고의 승리를 쟁취하기 위해서 무엇보다 먼저 남성과 여성이 자연적 성차들을 넘어서 형제자매로 서로를 발견하는 것이 필수적이다."84)

성적인 면에서도 여성과 남성은 스스로를 주체로서 새롭게 경험해야 할 것이다. 남성은 자신의 만족이 여성에 의존되어 있음을 승인해야 할 것이고, 여성 또한 능동적 존재로 이해해야 할 것이다. 이런 방식으로 여성은 자신의 주체지위 및 자신의 소망을 보존할 수 있을 것이다.85)

2. 제 2의 성에 대한 비판

보부아르의 『제 2의 성』에 대한 비판은 매우 다양하며 실질적으로 모든 방향에서, 가부장제적 방향뿐 아니라 여성주의적 방향에서도, 비판이 등장한다. 토릴 모이는 보부아르 수용이라는 자신의 연

---

84) 같은 책, 681쪽.
85) 같은 책, 676ff쪽.

구에서 가부장제적 비판 내의 두 가지 주요흐름을 찾아낸다: 사람들은 그녀의 문학적 내용들을 개인화하거나 아니면, 그녀의 연구와 그녀가 여성임을 똑같은 것으로 평가한다는 것이다. 이러한 비판의 목표는 늘 여성들을 위한 목소리로서의 보부아르를 악평하는 데 있었다.86)

남성의 비판에 있어 특징적인 것은 보부아르의 연구들이 여성 일반의 경우와 마찬가지로 대부분 진지하게 받아들여지거나 존중되지 않았다는 점이다. 이렇게 해서 문학적, 정치적 혹은 철학적 텍스트 여부와 상관없이, 저자가 여성임은 진지한 토론을 차단시켰다. 여기에 덧붙여 보부아르의 경우 그녀의 책들보다 그녀의 이미지 및 사생활이 더 자주 토론되었다. 그렇게 해서 성립되는 것은, 여성 저자는 덜 말할 수밖에 없고, 또한 그녀가 말한 것은 덜 결정적인 것이 된다는 점이다.

그녀의 문학작품과 관련하여 몇몇 여성 비평가들도 그녀의 문학적 역량을 부정하거나 혹은 그녀를 거만하고 자아도취적이라고 표현하는데, 그 이유는 그녀의 모든 여성상들이 단지 그녀 자신을 반영하고 있기 때문이라는 것이다. 모이는 그녀가 고전적인 **이중-결합-상황**(*double-bind-Situation*)에 있었다고 진단한다: 그녀가 정치에 대해 썼을 때, 말하자면, 그녀는 차갑고 무감각하고 비여성적이며 그녀의 정치이념은 단지 그녀의 정서적 문제의 대용물일 뿐이다. 그녀가 자신의 고유한 감정에 대해서 썼을 때, 그녀는 자기 중심적이고 이기적인 것으로 여겨졌다.87)

---

86) Toril Moi: *Feminist Theory & Simone de Beuvoir*, 23쪽.
87) 같은 책, 27ff쪽.

여성주의적 측면에서는 무엇보다도 보부아르의 여성-존재[여성-임](Frau-Sein) 발달이론 및 여성성에 대한 그녀의 생각이 비판된다. 우선 보부아르가 전통적 도식들을 받아들이고 남성의 우월한 지위를 인정하는 것이 비판된다. 그로 인해 그녀는 여성성을 경시하고 남성성을 무비판적으로 칭송하게 되었다는 것이다.[88] 또한 그녀가 남성과 동일하게 되는 것을 여성해방의 목표로 설정함으로써 남성성의 신화화를 촉진시켰다고 본다. 낸시 하트속은 보부아르가 여성들을 생물학적 기능으로 환원시키고 가부장제 세계상을 재생산하는 추상적 남성성의 모델을 발전시키고 있다고 지적한다.[89]

보부아르가 남성의 활동영역을 여성해방의 목표로 이상화하고 또한 그렇게 기술한 것은 많은 페미니스트들에 의해 신랄하게 비판된다. 보부아르는 남성을 억압자로 탄핵하면서 동시에 모범으로 제안하고 있다고 비난받는다. 하이데마리 베넨트-발러는 보부아르가 인간존재를 남성존재와 동일시하고 남성적 규범들을 여성들을 위한 원칙으로 강조하고 있다고 비판한다. 아울러 보부아르가 여성해방을 남성적 규범에 순응하는 능력과 연결시키며 남성들이 만든 가치척도를 표준으로 삼고 있다고 본다.[90]

주느비에브 로이드 역시 여성들이 남성들처럼 초월성의 영역을 확보해야 한다는 보부아르의 목표설정을 문제가 있는 것으로 본다. 이것은 불가능할 것이다. 왜냐하면 초월성은 오직 여성들의 배제에

88) Cornelia Wagner: Simone de Beuvoirs Weg zum Feminismus, 38쪽. In: Conrad und Konnertz(Hginnen): *Weiblichkeit in der Moderne*, 115쪽.

89) Ursula Konnertz: Simone de Beuvoir. In: Conrad und Konnertz(Hginnen): *Weiblichkeit in der Moderne*, 115쪽.

90) Heidemarie Bennent-Vahle: *Gelanterie und Verachtung*, 221쪽.

근거해서만 이상으로 존재할 수 있기 때문이다.91)

진 엘슈타인(Jean Elshtain)의 보부아르 비판도 초월성과 내재성, 실존과 본질, 즉자와 대자라는 이분법의 답습에 조준되어 있다. 이 밖에 그녀는 보부아르가 여성의 신체를 부정적인 것으로 보는 것도 비판한다. 보부아르에 있어 여성의 신체는 하찮고, 불결하고, 부끄럽고, 소외되어 있는 것이다. 이렇게 전반적인 신체 적대적 입장을 엘슈타인은 보부아르가 아내 및 어머니역할을 거부한 이유로 생각한다. 이러한 역할을 보부아르는 가부장제적으로 조종된 생식기능으로의 여성의 제한으로 평가한다.92)

이와 반대로 크리스티안느 젤 로메로(Christiane Zehl Romero)는 보부아르의 태도를 지지하면서 보부아르가 전체적으로 인간의 본성을 여성적 본성과 남성적 본성으로 나누는 자연적 유전자 가설에 반대하는 논변을 편다고 밝히고 있다. 보부아르가 인간이 자신의 신체를 부정할 수 없다는 것을 승인하기는 하지만, 실존적 자유는 여성들과 남성들에게 있어 동일하다는 것을 출발점으로 삼고 있다는 것이다. 왜냐하면 여성은 자신의 신체의 희생양이 아니라 변화시킬 수 있는 구체적 환경의 희생양이기 때문이다.93) 마찬가지로 아이리스 마리온 영(Iris Marion Young)도 보부아르의 목표는 모두의 해방이며, 여기서 성차는 오히려 부수적 의미를 가질 뿐이라는 견해를 피력한다. 해방의 목표는 자신의 자아를 성장시키는 것이고 이는 남녀평등을 이끌 것이며, 남녀평등을 통해서 이제 여성들과 남성들이 기준에 따라 판단될 수 있을 것이다. 하지만 아이리

---

91) Genevieve Lloyd: *Das Patriarchat der Vernunft*, 136쪽.
92) Rosmarie Tong: *Feminist Thought*, 211ff쪽.
93) Christiane Zehl Romero: *Simone de Beuvoir*, 124쪽.

스 마리온 영은 이 지점에서 보부아르가 남성들에 의해서 발전되어 온 기준을 가지고 여성들을 평가하는 것을 비판한다.[94]

알리스 슈바르처(Alice Schwarzer)도 보부아르의 연구를 지지한다. 그녀는『오늘날의 시몬느 드 보부아르』라는 저서에서,『제 2의 성』이 몇몇 세부적인 부분에 있어서 진부하긴 하지만, 여성들로 하여금 객체지위를 털어 버리고 주체로서 초월할 것을 촉구하는 실존론적 근본요구는 여전히 오늘날의 화두라고 인정한다. 그녀는 보부아르를 현대 여성운동의 중요한 선구자로 본다: "시몬느 드 보부아르라는 인격, 그녀의 저술 및 삶은 총체적으로 상징이었고 상징이다: 그 모든 것에도 불구하고, 여성으로서도, 모든 행위 하나 하나를 스스로 결정하고 관습과 편견으로부터 자유롭게 살아갈 수 있는 가능성의 상징."[95]

3. 시몬느 드 보부아르와 여성운동

『제 2의 성』이 출판된 시기에 보부아르는 여성운동 및 페미니즘에 대해 크게 거리를 두는 태도를 취하고 있었다. 그녀는 이 책에서 분명히 자신을 안티-페미니스트로 표현하고 있으며 그녀 개인을 여성억압의 문제에서 제외시키고 있다. 이 시기에 보부아르는 오히려 계급투쟁에서의 승리는 필연적으로 여성의 동등권도 가져올 것이라는 사회주의적 태도에 기울어져 있었다.[96]

---

94) Iris Marion Young: Humanismus, Gynozentrismus und feministische Politik. In: List und Studer(Hginnen): *Denkverhältnisse*, 39쪽.

95) Alice Schwarzer: Vorwort. In: Dies. *Simone der Beauvoir heute*, 9쪽.

96) 같은 책, 12f쪽.

후에 보부아르는 이러한 견해를 근본적으로 수정하며 1972년 알리스 슈바르처와의 인터뷰에서 자신은 사회주의를 통한 여성문제의 해결을 더 이상 현실적인 것으로 생각하지 않는다고 선언하고 있다. 자본주의의 청산을 통해서 여성의 생활조건들이 변화될 수 있을는지는 모르지만, 이것이 필연적으로 가부장제의 청산을 의미하는 것은 아니라는 것이다.

보부아르의 이러한 태도선회는 사회주의 국가들의 전개에 의해서 크게 영향받았는데, 노동자 계급이 권력을 장악한 후에도 이 사회주의 국가들에서 여성들의 동등권은 이루어지지 않았다.[97]

이러한 이유로 해서 보부아르는 여성해방을 대규모 계급투쟁에 있어 부수적 저항으로 생각하는 사회주의적 태도에 대해서도 단호하게 거부한다. 여성은 인류의 절반이기 때문에, 성차별에 대한 투쟁은 최소한 계급투쟁과 동등하게 다뤄져야 할 것이다.[98] 이러한 맥락에서 보부아르는 여성들을 계급이 아니라 카스트로 표현하고 있는데, 그 이유는 계급은 바뀔 수 있는 데 반해서, 카스트는 출생과 함께 결정되며 더 이상 벗어날 수 없기 때문이다. 여성의 카스트는 낮은 신분으로 분류되며, 이는 여성의 경제적, 사회적, 정치적 상황으로 귀결된다.[99]

보부아르는 여성의 주요과제를 계급투쟁과 아울러 여성의 권리

---

97) Interview mit Beauvoir. "Ich bin Feministin". In: Schwarzer: *Simone de Beauvoir heute*, 68쪽.

98) Interview mit Beauvoir. "Das Ewig Weibliche ist eine Lüge". In: Schwarzer: *Simone de Beauvoir heute*, 68쪽.

99) Interview mit Beauvoir. "Ich bin Feministin". In: Schwarzer: *Simone de Beauvoir heute*, 35f쪽.

들이 자리 잡을 수 있게 노력하는 것이라고 보고 있는데, 그 이유는 여성이 이를 통해서만 자신의 상황을 개선할 수 있기 때문이다. "사실 나 자신은 다소간 정책상 고위직 여성(Alibifrau)의 역할을 맡아 왔기 때문에, 사람들이 여성들에 대한 특정한 불이익들을 정말 등한시하지 않나 하는 생각을 오랫동안 하였다. 이를 극복하기 위해서, 이에 맞서 투쟁하는 것이 필수적이지는 않을 것 같다. 봉기를 일으키는 신세대 여성들을 통해서 나는 이러한 가벼운 태도에 어느 정도 복합적 안배를 취하는 태도를 갖게 되었다. 성차별주의에 대한 투쟁은 — 자본주의에 대한 투쟁처럼 — 단지 사회구조만 겨냥하는 것이 아니라, 우리들 각자의 가장 친숙한 태도, 우리들에게 있어 가장 확실하게 보이는 것을 겨냥한다."[100)

1970년대에 보부아르는 적극적으로 현대 여성운동에도 참여하였고 자기 자신을 페미니스트로 표현했다. 크리스티안느 젤 로메로는 이러한 변화가 보부아르의 언어표현에서도 명백하다고 밝히고 있다. 보부아르가 『제 2의 성』에서는 여전히 **여성들(Frauen)**이라고 말하는 반면에, 후에 그녀는 **우리(wir)**라고 말하고 있다.[101)

물론 보부아르는 이 시기에도 급진적 입장의 여성운동으로부터 거리를 취하고 있으며, 남성들을 어떤 점에서 제외시킬 수는 있겠지만, 완전히 쫓아내는 것에 대해서 논박한다. 보부아르는 남녀평등의 관철을 위한 여성정당의 창당을 원칙적으로 거부하는데, 그 이유는 그녀가 이를 현행체제의 복사로 보기 때문이다. 이를 통해 여성들이 권력자들과 함께 일정한 수준에 오를지는 모르지만 권력

---

100) Beauvoir. Benoîte Groult: *Ödipus'Schwestern*, 158쪽 인용.
101) Christiane Zehl Romero: *Simone de Beuvoir*, 125쪽.

자를 차단하지는 못한다. 보부아르는 여성들이 남성들과 경쟁하고 힘 있는 자리를 차지하려고 노력해야 한다는 견해지만, 이를 통해서 무조건 평등에 이르지는 않을 것이다. 여성들이 남성들의 본에 따라 행동하는 한, 아무것도 변하는 것이 없을 것이다. 보부아르에 있어서 여성운동의 효과는 새로운 여성적 가치들의 탄생이 아니다. 왜냐하면 그녀는 자연적으로 주어진 남녀 간의 차이에서 출발하고 있지 않기 때문이다. 보부아르라는 페미니스트의 관점은 사회가 변화되어야만 하고 그 사회 안에서 여성들이 차지하고 있는 지위가 변화되어야만 한다는 것이다.[102]

4. 양가의미의 도덕

보부아르는 『제 2의 성』에 앞서 이미 「양가의미의 도덕」(Moral der Doppelsinnigkeit)이라는 상위개념을 가지고 실존주의 윤리학의 관점을 전개하였다. 이 논문은 1964년 독일어로 출판된 『우리는 사드를 추방해야만 하는가?』(*Soll man de Sade verbrennen?*)라는 편저에 실려 있다. 이 논문에 발표된 항목들은 부분적으로 사르트르의 『존재와 무』를 정당화하는 데 기여하지만, 아울러 실존주의 도덕이라는 주제에 대한 독립된 사유도 포함하고 있다. 그녀의 저서가 통상적으로 수용되는 과정에서 이 연구는 흔히 무시되거나 아니면 사르트르의 실존주의라는 상위개념에 종속되었다. 여기서 간과되고 있는 점은, 보부아르가 이 주제에 대한 독립된 사유를 전개

---

102) Interview mit Beauvoir. "Ich bin Feministin". In: Schwarzer: *Simone de Beauvoir heute*, 41f쪽.

하였다는 것뿐만 아니라, 사르트르의 철학적 저술 역시 두 사람 간의 많은 토론과 대결의 토대 위에서 탄생되었다는 것이다.

보부아르는 「양가의미의 도덕」이라는 논문에서 무엇보다도 대자존재 및 즉자존재의 존재론을 다루면서 개개인의 본래적 자유라는 사르트르의 가정을 비판한다. 더 나아가 그녀는 가치는 결코 선천적으로 존재하는 것이 아니며, 오히려 인간에 관한 모든 의미와 가치는 인간행위에 의해서 기투되어야 한다는 것을 출발점으로 삼는다. 왜냐하면 인간임은 보부아르에 있어서 무엇보다도 행위함을 의미하며 행위의 목표는 자유이기 때문이다.

보부아르는 이와 함께 실존론적 전제들의 토대 위에서 이원론의 의미 및 개인에 있어 다른 주체의 의미를 연구한다. 출발점은, 인간은 있는 것이 아니라 실존한다는 확정이다. 다시 말해서 주체로 존재하기 위해서는, 매순간 실존으로서 자신을 실현시켜야 한다는 것이다: "… 그것의 존재가 단지 있는 것이 아닌 것으로 현존하는 이러한 존재, 세계 속에 현존함으로써만 현실적으로 되는 이러한 주체, 자유와 결합된 이러한 주체."103)

인간의 과제는 자신의 자아를 기투하고 또한 이것에 입각하여 자신을 초월함으로써 자기 자신을 실현시키는 것이다. 그렇기 때문에 주체는 항상 움직임 가운데 있으며, 현재는 미래적 기획들에 의해서 초월된다. 이러한 방식으로 본래적 자아의 기투는 부단히 갱신되며 수정된다. 보부아르는, 사르트르와 마찬가지로, 여기에 현존재의 의미가 있다고 본다: "… 우리가 생각하기에, 상황의 의미는 수동적 주체의 의식에 억지로 밀어 넣는 데 있는 것이 아니라, 오

---

103) Simone de Beauvoir: *Soll man de Sade verbrennen?*, 81쪽.

직 자유로운 주체가 그것을 자신의 기투 속에서 탈은폐시킴을 통해서 그 상황의 의미는 모습을 드러낸다."104)

여기서 인간은 정말로 하나의 존재를 열망하는데, 자신이 열망하는 이 존재에 인간은 결코 도달될 수 없다. 도달은커녕 오히려 인간은 존재에 부딪쳐 난파하게 되는데, 이와 함께 인간존재는 결핍존재로 된다. 주체는 이러한 좌초를 받아들여야 하고 또한 존재의 양면가치(Ambivalenz)를 수용하고 실현시켜야 한다. 여기서 양가의미(Doppelsinnigkeit) 가 출현하는데, 왜냐하면 인간은 결핍존재로서의 존재를 짊어지며, 결핍의 존재방식을 실존으로서 승인하기 때문이다.105)

이러한 토대 위에서 양가의미 개념의 두 가지 측면이 드러난다: 한편으로 이러한 양의성은 가령 주체/객체, 몸/영혼, 이성/감성 등과 같은 가부장제 사회의 이원론에 기초하고 있다. 다른 한편 인간 상황은 고정불변적이지 않은데, 그 이유는 보편적 인간본성이란 것도, 개인의 고정된 본성이란 것도 없기 때문이다. 이렇듯 인간은 불확실하고 정의될 수 없으며, 인간실존은 고정된 것이 아니라 끊임없이 획득되어야 하는 것이다:106) "… 인간됨은 양면적이기 때문에, 인간은 좌초와 스캔들을 통해서 자신의 현존재를 정당화시키려고 한다."107) 실존은, 보부아르에 의하면, 결코 무상한 것이 아니라 무한의 지평 위에 있는 것이다. 여기서 자유 또한 절대적 가치로서가 아니라, 노력해서 획득되어야 하는 것으로 밝혀진다. 보부

---

104) 같은 책, 88쪽.
105) 같은 책, 83쪽.
106) 같은 책, 166f쪽.
107) Simone de Beauvoir: *Soll man de Sade verbrennen?*, 169쪽.

아르는 자신의 자유개념을 헤겔에 의존하여 인류성의 영역에 놓는데, 이에 따르면 자유롭기를 원하고 도덕적이기를 원하는 것은 선택의 범주가 된다. "자유롭기 원한다는 것은, 우리가 우리 현존재의 샘솟는 원천에서 진정한 자유를 정초함으로써, 자연으로부터 인류성으로의 이행을 실행하는 것이다."108)

보부아르의 출발점은, 모든 인간이 자신의 자유에 구체적 내용을 부여해야 한다는 것이다. 이 때 목표는 세계를 탈은폐시키고 인간을 자유롭게 해방시키는 것인바, 그 이유는 인간행위의 가장 중요한 목표는 인간이기 때문이다.

여기서 다른 사람의 자유는 나 자신의 자아를 제한하지 않는다. 왜냐하면 자유롭게 존재한다는 것이 모든 것을 다 할 수 있게 허용하는 것을 의미하는 것은 아니기 때문이다. 오히려 다른 자유로운 주체의 현존재는 나 자신의 상황도 규정하며 덧붙여 나 자신의 자유에 대한 전제이기도 하다. 그렇기 때문에 다른 사람의 자유를 보장하고 모든 억압을 근본적으로 근절시키기 위해서, 인간은 모든 것을 감행해야 한다.109)

이러한 토대 위에서 보부아르는 인간을 개별존재로 정의하지 않고, 객관적인 세계 안에 거하는 다른 주체들 중의 한 주체로 정의한다. 인간실존은 스스로를 우선은 세계의 중심으로 경험하고 외부세계를 객체로 지각하기는 한다. 하지만 구체적인 **세계-내-존재(***In-der-Welt-sein***)**는 다른 주체들 — 곧, 주체를 자신의 지각의 객체로 파악하는 것이 아니라, 다른 의식으로 파악하는 다른 주체들 — 을

---

108) 같은 책, 92쪽.
109) 같은 책, 140쪽.

통해서 비로소 주체를 경험한다.110) "우리는 현존재가 자기 자신에만 한정되어 있다면 어떠한 현존재도 타당한 방식으로 실현될 수 없다는 것을 깨닫게 된다. 현존재는 다른 현존재를 요구한다."111) 이러한 이유로 해서 인간은 단순히 공동체 안에서 살 뿐 아니라, 공동체에 의존되어 있다.

모든 인간의 자유가능성이라는 사르트르의 관점에 대해 명확히 경계를 그으면서, 보부아르는 개인의 자유가 실현될 수 없는 삶의 상황이 존재한다는 것을 출발점으로 삼는다. 보부아르는 이에 대한 예로 남/여 노예들과 여성들을 들고 있다. 억압자들은 이들에게 피억압자의 지위가 합법한 자리인양 이들을 속인다. 이유인즉슨 이들이 자신의 자연적 특성에 의거해 다름 아닌 종속적 역할을 담당하는 것이 적절하며, 또한 이들이 자신의 본성에 의거해 억압 자체를 원한다는 것이다.112) 이들은 피억압자로서 자유로이 세계와 관계 맺을 수 없으며 현존재를 실현시킬 수 없다. 보부아르는 이들을 자유로운 주체들과 구분하여 소수인이라고 표현한다.

피억압자는 선택의 가능성을 갖지 못하며, 피억압자의 현존재에서 헤어 나오지 못한다. "한 인간에게 세계에 영향을 미칠 수 있는 사회경제적 상황이 덜 허용될수록, 그에게 그러한 세계는 더욱더 소여된 것으로 여겨진다."113) 이러한 억압으로 해서 인류는 두 집단으로 분리된다: "… 한 편에 서 있는 인간들은 자신의 인간성을

---

110) Ursula Konnertz: Simone de Beuvoir. In: Conrad und Konnertz (Hginnen): *Weiblichkeit in der Moderne*, 119쪽.

111) Simone de Beauvoir: *Soll man de Sade verbrennen?*, 123쪽.

112) Simone de Beauvoir: *Das andere Geschlecht*, 17쪽.

113) Simone de Beauvoir: *Soll man de Sade verbrennen?*, 109쪽.

초월해 나가고 이를 통해서 다른 편에 서 있는 인간들— 그 어떤 희망도 가질 수 없는 운명에 놓여 있는 무리들— 을 조직한다. …"114) 피억압자들은 습관적 태도의 반복에 고착되며 초월의 가능성은 억압자들이 독차지한다.

보부아르는 어떠한 대가를 치르고라도 자기 자신 및 다른 사람의 억압을 근절시키는 것을 모든 인간의 과제로 본다. 특히 보부아르는 여성들의 무능력 상황에 여성도 함께 책임이 있거나 혹은 성급하게 자신의 무능력을 인정해 버리는 여성들에 대해 질책한다. 책임에 대한 불안 때문에 여성들은 자유의 가능성을 단념해 버리고 있다.115)

---

114) 같은 책, 134쪽.
115) 같은 책, 144쪽.

3. 메리 데일리와 『순수한 욕망』

메리 데일리(Mary Daly)는 가장 잘 알려진 미국의 급진적 페미니스트들 가운데 한 명이다. 여성신학박사이자 여성철학자인 그녀는 무엇보다도 세 권의 연구서로 유명해졌다: 1973년에 초판을 선보인 『하나님 아버지를 넘어서』(*Jenseits von Gottvater, Sohn & Co.*), 1978년에 발행된 『여성/생태학』(*Gyn/Ökologie*) 그리고 1984년에 출판된 『순수한 욕망』(*Reine Lust*).

이들 연구의 핵심은 가부장제적 권력 및 그것의 상징적 핵심에 대한 분석과 비판, 기독교에 대한 분석과 비판, 그리고 새로운 여성적 자아의 발견이다. 그녀의 책들을 엮어주는 것은 데일리가 모든 여성들에게 권고하는 여행[길 떠남](Reise)의 은유이다. 여행을 통해서 여성들은 가부장제의 왜곡들을 돌파해 나가야 하고 자신의 여성적 정체성을 찾아야 한다. 여성들은 움직여야 하고 스스로 자기 고유의 세계를 획득하기 위해 보호공간을 떠나야 한다. 이러한 다른, 여성적 세계를 데일리는 원칙적으로 가부장제 현실로부터 분리시키며 이를 남성영역 외부에 있는 공간으로 표현한다. 여기서 중요한 것은 근원적으로 여성적인 생활양식들의 복합적 그물망인데, 데일리는 이 여성적 생활양식들을 남성들에 의해서 정의되는 여성성 배후에 자리 잡게 한다.

여성주의적 여행의 출발점은 가부장제 사회와 문화에 대한 확실한 비판 및 그 속에서 행해지는 여성억압에 대한 분석이다. 데일리는 전체 세계를 성차별적 신분체제로 정의하면서, 이 체제는 그 위계구조를 정당화시키기 위해 하나의 종교적 상부구조를 구축하였다고 규정한다. 이에 대한 하나의 사례가 기독교의 상징성으로, 이는 데일리의 가부장제 비판에 있어 중요 역할을 하는 정신병학과 심리학 같은 분야의 기관들을 통해 뒷받침된다. 그녀는 연구를 통해 기독교 신화와 도덕론 및 기독교 교리 내에서 관행적인 성차별적 특성을 지적한다. 기독교는 여성을 예속신분으로 분류시킨 것에 대한 책임이 있다. 아울러 데일리는 기독교가 인간의 자기 경험의 중요 장소, 곧 초월, 의미, 진리에 대한 추구를 선점해 왔다고 비난한다. 로마 가톨릭주의와의 대결에 있어 데일리의 일차적 관심사는 기독교에서 시작되고 지지된 성차별적 권력의 정체를 폭로하는 일이다. 여기서 그녀의 목표는 여성들로 하여금 고유한 창조능력을 펼칠 가능성과 고유한 궁극적 진리를 추구할 가능성을 열어주는 것이다.116)

데일리는 분석과정에서 일련의 새로운 개념들을 발전시키는데,

---

116) Ruth Großmaß: Von der Verführungskraft der Bilder. In: Dies. und Schmerl(Hginnen): *Feministischer Kompaß, partriarchales Gepäck*, 60 쪽.

이 개념들을 통해 그녀는 가부장제 비판을 매우 비유적으로 표현한다. 아울러 데일리는 언어유희, 신조어 창안을 각별히 애호하며 이미 친숙한 단어들에 대한 고유한 기술방식을 발전시킨다.

『순수한 욕망』에서 데일리는 가부장제 사회를 **호색의 국가 혹은 폭력적 강간의 사회**(*Staat der Geilheit oder Vergewaltiger-Gesellschaft*)라고 표현하기도 한다. 여기서 데일리는 가부장제와 남성 간에 아무런 구분을 하지 않는다. 따라서 남성들은 이러한 남성세계의 일반적 창시자, 계획자 그리고 보존자이다. "가부장제는 남성들의 고향이다. 그것은 아버지-나라이다. 그리고 남성들은 가부장제에서 행위의 전권자이다."[117]

데일리에 따르면, 가부장제는 총체적이고, 전능하며, 보편적이고, 언제 어디서든 여성들을 유린한다. 데일리는 여성들에 대한 남성들의 권력행사가 잔인하고, 가학적이며, 폭력적이라고 생각한다. 이러한 죽음에의 사랑은 모든 생명성에 대한 남성들의 증오와 광포한 파괴 속에서 드러난다. 그렇기 때문에 남성적 창조성이란 치명적 기능들을 갖는 활동에 제한된다. 남성들의 목표는 단순히 여성을 억압하는 것뿐만이 아니라 언어, 문화, 철학과 같은 중요한 생활영역들에서 여성들을 완전히 배제하는 데 있다.[118]

『여성/생태학』에서 데일리는 가부장제 세계를 가름하여 보여주는데, 여기서 그녀는 가부장제를 여덟 가지 **대죄**(*Todsünden*)에 의거해 정렬한다: **의식행렬[관습]**(*Prozession*, 여성들의 발전과정 진행에 영향을 미치는 남성적 도덕성을 통한 기만), **직업**(*Profession*,

---

117) Mary Daly: *Gyn/Ökologie*, 60쪽.
118) 같은 책, 373쪽.

지식 자체를 독점해야 한다고 주장하는 남성 전문가들과 남성 학자들), 소유(*Possession*, 여성의 에너지들을 착취하는 가부장적 탐욕), 공격(*Aggression*, 여성들을 적으로 하여 싸우는 남성적 폭력), 점령(*Obsession*, 여성들에게 판에 박힌 역할을 강요하는 남성적 욕망), 동화(*Assimilation*, 여성적 정신의 선점을 통하여 여성을 살해하려 하고 이러한 목적을 위해 정책적으로 여성을 고위직에 안배하는 남성들), 제거(*Eliminierung*, 자아 정체적 여성들의 근절), 파편화(*Fragmentierung*, 노동분업을 통한 여성적 창조성의 말살과 가정에의 속박을 통한 노예화).[119]

학문은 이러한 착취와 억압의 전략에 적지 않게 기여하고 있다. 데일리는 여기서 특히 그 내용과 언어를 통해 가부장적, 여성적대적 태도의 전형을 확장하고 정당화하는 신학과 철학을 비판한다. 하지만 데일리는 자신이 원칙적으로 철학 자체에 반대하는 것이 아니라, 단지 남성적이고 성차별적인 관점들을 비판하는 것임을 분명히 한다. 남성적이고 성차별적인 관점들로 인해서 철학 곧 지혜에 대한 사랑은 어리석음에 대한 사랑(*foolosophy*) 혹은 남근에 대한 사랑(*phallolophy*)이 되어 버리는 것이다.[120]

가부장제 분석을 근거로 데일리는 여성적 자아는 숙적으로 여겨진다는 결론에 이른다. 남성들은 여성의 정신을 막기 위해 부단히 투쟁하고 여성들의 에너지를 착취하려고 한다. 여기서 남성들은 기식자들처럼 여성들의 에너지에 기생함으로써, 여성들의 강한 힘과 관계 맺는다. 이에 대한 사례로 데일리는 임신중절논쟁을 들고 있

---

119) 같은 책, 53f쪽.
120) Gertrude Postl: *Weibliches Sprechen*, 214쪽.

는데, 이 논쟁에서 눈에 띄는 것은 얼마나 강하게 남성들이 자신을 태아와 동일시하는가라고 한다. 그 이유는 남성들이 자신을 여성이라는 장소에 거주하는 주민으로 느끼며 그렇기 때문에 태아처럼 여성들의 에너지를 착취하려고 한다는 것이다.121)

보부아르와 비슷하게 데일리는 가부장제 내의 여성을 문화, 역사, 주체지위에서 배제되어 있는 타자로 본다. 자기 규정적인 여성적 다름을 발전시키기 위해서, 여성은 이러한 상황을 전환점으로 삼아야 한다. 데일리는 자신의 여성주의적 여행의 모델을 이를 위한 입문으로 이해하고 있는데, 이 모델의 과제는 가부장제 비판을 수행하고 **가부장제 문화 및 언어의 악영향을 탄핵하는 데**(*Verseuchung der patriarchalen Kultur und Sprache anzuprangen*) 있다. 이와 함께 데일리는 여성적 자아의(*der*) 정화 내지 탈오염을 목표로 설정하게 된다. 데일리에게 있어서 남성지배의 청산을 위한 적절한 도구는 그녀가 핵심적 위상을 부여하고 있는 언어이다. 언어는 현실을 창조하기 때문에, 여성들은 언어의 도움을 통해 가부장제의 왜곡들을 제거해야 하고 봉쇄된 여성적 의미의 언어를 다시금 획득해야 한다. 데일리 이러한 과정을 명명화라고 일컫는데, 그것의 대변자는 동사이다. 동사는 의미부여를 촉진하며 능동적 존재 혹은 **존재-함**(*be-ing*)을 매개하는 역할을 한다.

데일리는 존재의 역동적 특성을 강조하기 위해서, 이음표(-)를 붙여 {동사로서의} **존재-함**(*be-ing/Sei-en*)이라는 개념을 사용한다. 이러한 과정은 단순히 반성의 대상만이 아니라 전 여성을 고려해 넣는다.122)

---

121) Mary Daly: *Gyn/Ökologie*, 373ff쪽.

데일리는 자기만의 고유하고 독창적인 언어창안을 통해 여성적 언어의 사례들을 발전시킨다. 이러한 독창적 언어들은 그녀의 전 연구의 특징이다. 여행하는 여성들에 대해서 데일리는 마녀(*hag/Häxe*)라는 개념을 만들어내는데, 곧 자신을 통례의 여성성 규범에 맞추지 않고 자신의 비관습적 외형을 통해 가부장제로부터 거리를 취하는 모든 연령의 여성을 일컫는다. 이와 아울러 크론(*Crone*)이란 용어가 있는데, 곧 지혜로운 연장자로, 이 연장자의 지혜는 시간적 혹은 연대순적 나이에 의존하는 것이 아니라 자신의 경험으로 인한 혹은 연륜-논리적(*crone-logischen*) 나이에 의거하는 것이다. 그녀는 가부장제의 책동을 꿰뚫어보며 삶에 대한 명민함의 의미에서 지혜롭다고 하겠다. 또한 여행하는 여성들은 실 잣는 여성들(*Spinsters/Frauen, die spinnen*)이다. 이들은 이념 및 맥락의 방적일을 추구하는 자립적 여성들로, 여기서 데일리는 정신적 방적을 여성들의 중요한 활동으로 표현하고 있다. 그리고 여행하는 여성들은 넥센(*Näxen*), 곧 "우리들의 당면문제들을 흘려보내지 않고 집요하게 추궁하는 비-신비주의 여성"이다.[123]

이러한 여성들의 공통점은 특별한 에너지형식, 즉 여성적 비옥함(*Gynergie*)이다. 그것은 여성들이 근원적 존재-함(*elementalen Seien*)에 참여할 때 그리고 특별히 여성적인 인식을 상기(*er-innern*)할 때 해방된다. 여성의 무기는 여성의 정신과 여성의 재치로, 이를 데일리는 비유적으로 이중도끼(*labrys/Doppelaxt*)라고 표현하고 있다. 이 무기를 가지고 페미니스트들은 여성세계를 무너뜨려 생매장

---

122) 같은 책, 10ff쪽.
123) 같은 책, 10쪽.

시켜 온 가부장제 사고의 양의성과 싸워야 한다.[124]

언어개혁에 있어 데일리의 목표는, 어휘들을 가부장적 감옥으로부터 해방시키는 것으로, 이로 인해 여성들이 억압되었고 남성적 의미들로 축소되었기 때문이다. 여성들은 언어를 탈환해야 하고, 새로운 의미들을 창조해야 하며, 새로운 결합들은 방적해야 한다. 데일리는 자신이 새롭게 창조한 언어들 및 재해석들의 모음집을 1987년에 출판하였는데, 아직 독일어판은 나오지 않았다.

데일리가 앞서 그려 보인 가부장제 세계 및 메타가부장제 세계를 통과하는 여행의 또 다른 목표는 여성주의적 우정 및 여성동지적 친밀감[여성적 동지애](Schwesterlichkeit)의 발달이다. 이러한 형태의 우정은 근본적으로 남성들의 친밀함(Brüderlichkeit)과 다르다. 여성동지적 친밀감의 핵심은 공동투쟁이 아니라 자유와 자기증명이다. 여성적 동지애의 에너지는 **번뜩이는 재기**(*Funkensprühen*)에서 발원하는 우정의 모습과 연관을 가지는데, 여기서 번뜩이는 재기는 여성의 자아가 서로를 발견할 때 생기는 것이다. 이를 통해서 새로운 이념, 어휘, 그림, 정서 그리고 역동적인 존재-함 속에서 등장하는 **생명사랑**(*biophile*)의 에너지가 해방된다.

이러한 형태의 여성적 동지애는 자아의 경계를 확장시키거나 혹은 넘어뜨리는 것과 아무 관계가 없으며, 오히려 자아의 경계는 완전히 해체되어야 한다. 이를 통해서 여성들의 다름과 닮음이 보존될 수 있는데, 이 때 각 여성은 자신의 개인적 공간들을 마련해야만 한다. 이러한 개인적 공간들의 확보로부터 여성들은 이제 새로운 여성적 형식의 의사소통을 시작할 수 있다.[125]

---

124) 같은 책, 386ff쪽.

여성들은 공동의 탈자경(Extase)을 체험한다. 여성들이 공유하는 탈자경을 데일리는 남성 전사의 탈자경(Extase)과 대비시킨다. 남성 전사의 탈자경은 자기 자신으로부터 벗어나려는 시도인 반면, 여성적 엑스터시(*Ekstase*)는 자신의(*ihrer*) 자아 중심으로 움직이는 여성들에게서 성취되는 것이다. 이를 통해서 여성적 우정 및 여성적 동지애의 과정은 호전적 요소를 얻게 된다. 그것은 제3자를 겨냥하고 있는, 하지만 구체적인 분노로 가득 찬, 일종의 마녀연맹이다. 여성 친구들은 함께 가부장제에 의해 전형적 여성성으로 분류된 자기 희생을 거부하고 자기 승인의 용기를 발견해야 한다.

여성들이 일체된[여성동일시적](frauen-identifiziert) 연맹이라는 데일리의 모델은 서로 관심을 기울이는 자아 정체적 마녀의 개인적 강인함에 기초하고 있다. 여기서 중요한 것은 마음 씀[마음 기울임](*Zu-Neigung*)의 요소인데, 다시 말하면 여성들이 변화하고, 즐거움과 행복을 나누며, 기본적 잠재성을 발전시킬 수 있는 분위기 조성이다.126)

이러한 동지적 우정의 중심장소는 데일리에게 있어서 여성운동이다. 물론 그녀는 여성운동이 그 사이 여성공동체로 된 것에 대해 비판한다. 곧 여성들이 자신이 거주하는 여성단체라는 장소에서 나태해지고 만족해하고 있다는 것이다. 데일리 자신은 급진적 여성주의를 요구하고 있는데, 급진적 여성주의를 그녀는 단순히 불공평에 반대하는 감정적 표현으로 정의하지 않는다. 그녀는 급진적 여성주의가 여성들에 대한 비인도적 행위를 체계적으로 분석하는 데 도움

---

125) 같은 책, 398ff쪽.
126) Mary Daly: *Jenseits von Gottvater, Sohn & Co.*, I쪽.

이 되는 새로운 사유구조를 발전시켜야 한다고 본다. 그리고 그 중심에 놓이는 질문들은 여성적 정체성, 여성주의 윤리학, 전통 형이상학의 주제들이다.127)

급진적 여성주의는 동시에 심리학적, 철학적, 사회학적 측면에서 접근한 여성의 생활환경의 기술 및 설명을 포함하며, 성차별주의의 극복을 위해 필수적인 근본적 변화를 목표로 삼는다. 데일리에 따르면, 급진적 여성주의는 여성적 존재-함, 즉 여성들이 행위함으로써 항상 활동 속에 있는 과정을 의미한다. 데일리는 여성주의를 메타-존재(*Meta-Sein*)로서의 활동이라고 표현하고 있는데, 이것이 의미하는 바는, 가부장제적 **가학-국가**(*Sado-Staates*)의 힘들은 극복될 수 있다는 것이다. 메타가부장제 영역에서 여성들은 자신의 요구를 주장할 수 있으며 자신의 고유한 세계를 **표현**(*be-Zeichnen*)할 수 있다. 이와 함께 여성주의 또한 창조될 수 있을 것이다.128)

데일리가 생각하는 급진적 여성주의의 특징은 첫째, 겁먹게 만드는 가부장제 사회 안에서 페미니스트로서 여성의 근본적 다름에 대한 지각, 둘째, 이에 수반되는 것으로 가부장제에 순응하지 않는 여성들을 위해 마련해 둔 사회적 제재 및 형벌에 대한 의식, 셋째, 다른 여성들에 대한 억압 및 고문에 대한 깊은 도덕적 격분이다.

데일리에 따르면, 페미니스트는 새로운 종의 지위와 신성의 지위를 갖는다. 페미니스트 맞은편에는 가부장제 구조에 묶여 있고 자신을 **남성권력의 꼭두각시**(*Alibi-Folterknecht*)로 제공하는 가부장제

---

127) Ruth Großmaß: Von der Verführungskraft der Bilder. In: Dies. und Schmerl(Hginnen): *Feministischer Kompaß, partriarchales Gepäck*, 62ff 쪽.

128) Mary Daly: *Reine Lust*, 40f쪽.

에 동화된 여성이 있다.

전체적으로 데일리는 여성주의적 분리주의를 지지한다. 왜냐하면 가부장제는 여성들에게 결코 고유한 실존을 위한 활동공간을 내어 주지 않으며, 아주 강력하게 삶 적대적이고 여성 적대적인 것으로 규정되는 체제를 재평가하고자 하는 의지가 미미하기 때문이다. 데일리는 본인 스스로도 분리주의자로 표현하는데, 여기서 그녀는 자신을 무엇보다도 마녀 혹은 실 잣는 여성으로 본다.[129]

요약해 보면, 데일리의 작업은 세 가지 연구영역으로 구성된다: 가부장제의 신비화에 대한 분석, 여성들 간의 우정의 전개, 여성들이 일체된 삶의 역사적 뿌리의 발견. 데일리의 관심사는 자신의 연구들을 현행의 학술적, 학문적 맥락 안에 자리 잡게 하는 데 있지 않다. 오히려 그녀는 학술적 규범들로부터 스스로 거리를 취하기 위해서 자신의 연구들을 비-신학(*Un-Theologie*) 혹은 비-철학(*Un-Philosophie*)으로 표현한다. 데일리는 학문의 편견을 교정하려 하기보다는, 오히려 비학문적으로 간주된 물음과 분야, 곧 삶의 조건들과 여성들의 활동영역을 연구하는 것을 목표 삼는다. 그녀는 여기서 일차적으로 철학적 텍스트, 특히 남성들에 의해 쓰인 철학적 텍스트를 그녀 자신의 도약판으로 이용한다.[130]

1. 하나님 아버지를 넘어서

데일리는 자신의 첫 번째 여성주의적 분석인 『하나님 아버지를

---

129) Interview mit Mary Daly. In: Fröse: *Utopos — kein Ort*, 154ff쪽.
130) Mary Daly: *Gyn/Ökologie*, 14쪽.

넘어서』에서 기독교 입장에 대한 근본적 비판을 전개한다. 그녀는 이 가부장제 종교의 한계를 넘어서며, 또한 『여성/생태학』과 『순수한 욕망』에서 그녀가 여성들에게 권유한, 메타가부장제적 여행을 위한 기반을 마련한다.

데일리는 이 책의 출판으로 인해 재직하던 보스턴 대학 신학과의 교수직에서 해임되었으며, 이와 함께 미국의 급진적 여성주의의 중요인물이 되었다.131)

그녀의 최초 저서인 『교회와 제 2의 성』(Die Kirche und das andere Geschlecht)에서와 달리, 데일리는 『하나님 아버지를 넘어서』에서 가톨릭교회를 여성들에 대한 관심 가운데 개혁하고 여성들의 생각들이 자유롭게 개진되게끔 하려는 계획을 포기하였다. 그녀는 여기서 교회에 대한 낙관적 비판자로부터 여성주의적 이단자로 변화하며, 기독교와 기독교의 여성적대적 이데올로기를 탄핵한다.

그녀는 교회가 단성의 상징주의를 통해서 여성의 신분이 하위계층으로 분류되는 것을 정당화하고 있고, 이와 함께 여성 생물학을 근거로 한 여성제거를 허락하며, 혹은 스스로 파멸의 길을 가고 있다고 비난한다. 교회는 성별에 따른 역할분담을 여성의 다름을 통해 정당화함으로써 이러한 사실을 은폐한다. 아울러 데일리는 교회 내의 성차별적 여성억압이 단순히 과거에 국한된 것이 아니라, 성별에 따른 위계질서를 통해서 여전히 유지되고 있다고 설명한다.132)

---

131) Gertrude Postl: *Weibliches Sprechen*, 190쪽.
132) Mary Daly: *Jenseits von Gottvater, Sohn & Co.*, 17쪽.

데일리의 『하나님 아버지를 넘어서』는 내용적으로 다음과 같은 주제들을 포함한다: 여성의식 내에서의 신의 죽음, 이브를 악으로부터 자유롭게 해방시키는 굿, 그리스도 우상과 수녀 공동체. 그녀의 연구의 중심에는 세 가지 핵심개념이 있다: 첫째, 그녀는 여신의 개념을 만들어낸다. 그녀는 여신을 가부장제적 신의 자손으로 이해하지 않는데, 그 이유는 여신의 창조는 신의 만물생성보다 앞서기 때문이다. 이렇게 하여 최고의 존재는 능동적 존재-함으로 전환되어야 한다. 이것은 필수적인데, 왜냐하면 여성들에게 있어서 여신의 의미는 존재-함에의 능동적 참여를 포함하기 때문이다.133)

여신의 개념과 함께 데일리는 여성들에게 초월성의 경험을 가능하게 하는 길을 찾는데, 여기서 초월성이란 남성중심주의적 종교에 의해 선점되지 않은, 그리고 그로 인해 여성들이 객체와 결부된 타자의 지위로 삭감되지 않은 초월성을 의미한다.

또 다른 핵심개념은 자웅동주로, 데일리는 이 개념을 가지고 양성의 협력을 기술한다. 데일리는 지배적인 여성성과 남성성이라는 틀에 박힌 생각이 여성들과 남성들에 있어서 파괴적인 것이라고 보고 있으며, 이를 통해서 그녀는 여성주의의 개념을 여성의 관심사에 국한시키지 않고, 이를 인간적인 것으로 이해한다.

마지막으로 동성애라는 개념을 가지고 데일리는 여성중심주의적 존재를 표현하는데, 이 여성중심주의적 존재를 그녀는 레즈비언적 존재로도 이해하고 있다. 데일리가 강조하는 바는, 그녀가 동성애적 여성들 및 남성들의 대등함을 꾀하려는 것이 아니라, 여성중심주의적 통합성에서 출발한다는 점이다.134)

---

133) 같은 책, VIIIf쪽.

자신의 후속 연구들에서 데일리는 『하나님 아버지를 넘어서』에서 발전시킨 개념들을 급진적이라고 비판하는데, 그 이유는 그 개념들이 후에 그녀에게 여성주의적 표상들을 전달하기에 부적절한 것으로 여겨졌기 때문이다. 데일리는 여성적 정체성의 전개가 가능하기 위해서 신은 완전히 폐위되어야만 한다는 결론에 이르게 된다. 여성들의 목표는 자웅동주가 아니라 분리주의일 것이다. 그리고 동성애는 존재하지 않는 여성과 남성 간의 평등을 만들어낼 것이다. 데일리는 이 개념들을 후에 과도기 언어들이라고 표현하는데, 이 과도기 언어들은 스스로 해체되며 그러는 사이 그녀가 더 발전시킨 이론의 출발점을 형성한다.135)

2. 여성/생태학

데일리는 두 번째 여성주의적 저서인 『여성/생태학』에서 상세하게 **메타가부장제적 여행[가부장제를 넘어서기 위한 여행]**(*meta-patriarchale Reise*)이라는 그녀의 관점을 발전시킨다. 그녀는 가부장제적 현-상태라는 함축적 표현으로부터 출발하여 분석을 통해 가부장제 지배구조를 발굴해 내고 또한 그 구조의 파괴양식 및 폭력양식을 명시적으로 설명한다. 데일리는 무엇보다 먼저 가부장제의 신화 및 언어를 연구한다. 이를 위해 그녀는 남근주의적이며 기술적인 사회의 그물망, **영혼/정신/신체의 오염**(*Verschmutzung von Seele/Geist/Körper*)을 가져오는 그 사회의 결합 및 상호작용을 분

---

134) 같은 책, 8쪽.
135) Mary Daly: *Gyn/Ökologie*, 29쪽.

석한다.136)

이러한 여성중심적 연구는 데일리가 기독교를 넘어서게 하는 더 진전된 단계를 이룬다. 그녀는 문학, 역사, 철학, 문예비평의 종합을 내놓고 급진적인 여성주의적 비판을 위한 길잡이를 발전시킨다.

메타가부장제적 여행이라는 개념과 함께 데일리는 가부장제를 과거로 밀어내고 그 배후에 놓여 있는 장소이자 동시에 여성적 미래의 장소를 가리켜 보인다. 이 장소는 여성들이 여행을 통해서 도달해야만 하는 **다른, 여성적 세계**(*andere, weibliche Welt*)이다. 여기서 데일리의 설명 목표는 여성운동을 개혁하려는 것이 아니라, 여성들의 제한된 표상세계를 넘어서게 하는 것이고, 여성들로 하여금 의식화 및 의식변화를 통하여 새로운 여성적 자아를 발전시킬 수 있도록 가르치는 것이다.137) 데일리는 가부장제에 의해서 선고된 여성들의 침묵을 깨트리는 것 그리고 여성적 **존재-함**(*Sei-en*)의 원천을 발굴하기 위해서 가부장제의 여성경시이론들을 돌파하는 것을 여행하는 여성들의 과제로 보고 있다.

데일리는 『여성/생태학』을 "급진적 여성주의의 메타윤리학"이라는 부제로도 표현한다. 급진적 여성주의의 메타윤리학은 전통윤리학보다 더 깊은 차원에 자리 잡고 있으며, 그것의 과제는 여성적 존재-함의 활동을 명료히 하는 것이다.

여기서 데일리가 행한 연구는 이데올로기 비판적인데, 그 이유는 그녀가 단순히 잘못된 지각들을 해체할 뿐만 아니라, 여성들의 에너지 및 잠재성도 해방시키고자 하기 때문이다. 그녀는 가부장제의

---

136) 같은 책, 29쪽.
137) 같은 책, 28쪽.

기만 배후로 은폐될 수밖에 없는 여성적 창조성을 지향한다.[138]

데일리는 자신의 연구방법론을 **여성중심적인**(*gynozentrisch*) 것으로, **탈자경[탈자체]**(*Extase*)으로 혹은 **익살맞은, 유희적 사고**(*ludisches, spielerisches Denken*)로 표현하고 있는데, 이 익살맞은, 유희적 사고를 그녀는 다차원적 지식이 탄생하게 되는 직관 및 사고의 유희로 이해한다.[139]

메타가부장제적 여행에 있어 데일리는 세 가지 행선지를 분석한다: 첫 번째 행선지는 그녀가 가부장제 사회의 중심점으로 표현하는 가부장제적 **의식행렬들[관습들]**(*Prozessionen*)의 분석으로 이루어진다. 데일리는 이를 삼위일체를 가장 중요한 상징으로 하는 기독교 신화의 분석에 의거하여 제시한다. 여기서 데일리는 가부장제 구조가 모든 기존종교 및 유사한 신념공동체들의 토대이며 이들의 차이란 단지 피상적 종류의 차이일 뿐이라는 점을 강조한다. "모든 것이 — 불교와 힌두교로부터 이슬람교, 유대교, 기독교에 이르기까지, 그리고 프로이트의 학설, 융의 학설, 마르크스주의, 모택동주의와 같이 아주 세속적으로 파생된 형태에 이르기까지 — 가부장제 건축물의 지원시설이다."[140] 전부 이렇게 하나로 모음에 있어 공통점은 여성들의 거부 및 제외이다. 여성들은 남성적 폭력의 대상이고 원수의 화신이다. 또한 여성들의 배제는 모든 가부장제적 종교들에서 합법한 것으로 인정된다.

기독교 신화들은 이러한 가부장제적 왜곡의 모델사례를 이룬다. 데일리는 기독교 신화들을, 더 깊은 배경을 숨기려는 목적을 가진,

---

138) 같은 책, 32f쪽.
139) 같은 책, 45쪽.
140) 같은 책, 61쪽.

삼차원적 상들의— 곧, 홀로그래피들의— 형식으로 된 전경으로 보고 있다. 데일리에게 있어서 홀로그래피 개념은 파괴되어야만 하는 가부장제의 신화내용들에 대한 비유이다. 홀로그램은 가부장제 세계가 여성성 및 여성적 정체성에 대해서 발전시켜 온 고정된 표상들로 이루어진다. 홀로그램의 목표는 여성들을 미리 정해 놓은 역할 및 도식에 밀어 넣는 것이다.[141)

『여성/생태학』에서 데일리는 여성들에게 이러한 판에 박힌 역할을 벗어 던지고 가부장제의 사이비 선택가능성에 유인되지 말 것을 촉구한다. 이러한 가부장제의 압력에 굴복하는 여성들을 데일리는 그 행동이 순전히 정해진 동작의 반복으로 이루어지는 **여성로봇들**(*Fembots*)이라고 명명한다. 이에 반해 거절하는 여성들은 **마녀들**(*Häxen*), 곧 거부적인 여성들로서, 남성들의 신화와 기술적 수법에 저항하여 반발하는 여성들이다.[142)

데일리는 이러한 가부장제 신화들이 그 표면적 역할구조 배후에 주도면밀하게 은폐되어 있는 신화적 권력의 차원을 포함한다고 밝히고 있다. 이러한 신화들의 목표는, 여성들을 고유한 신화적 배경 및 고유한 자아로부터 분리시키는 데 있을 것이다. 여기서 데일리는 개념을 통해 신화적으로 메타가부장제적 여행이 목표로 하는 존재-함의 영역을 특징짓고자 한다. "우리는 정당하게 가부장제 신화들이란 여성중심적 문명에 기원하는 아주 오래되고 아주 빛나는 신화들을 뒤집어 놓은 것이며 그로부터 도출해 낸 것일 뿐이라고 생각한다. 우리는 우리들의 자아 또한 단순히 연대기적 분석으로부터

---

141) 같은 책, 66ff쪽.
142) 같은 책, 78f쪽.

연륜-논리적 분석으로 나아가게 할 수 있다."143) 페미니스트들의 과제는 이러한 신화들의 가부장제적 전경을 분석하고 이와 함께 은폐된 여성적 신화를 밝혀내는 것이다. 이를 통해서 페미니스트들은 가부장제의 노련함과 자만함을 교란시킬 수 있을 것이다.

『여성/생태학』의 두 번째 행선지는 **가학-의식-신드롬**(*sado-Ritual-Syndrom*)으로 특징지어진다. 데일리는 이를 가부장제 지배의 전지구적 체계화로 정의한다. 이 장에서 데일리는 특히 남성들에 의해서 여성들에게 저질러졌고 저질러지는 잔혹한 신체절단 및 고문들에 대해 연구하고 있다. 그녀는 남성의 폭력성을 분석하며 우리 사회 내의 여성혐오증을 역사적으로 개관한다. 다섯 가지 특히 두드러진 예를 들자면, 인도에서의 과부의 순사(옛날 인도에서 남편이 죽으면 같이 분사한 풍습), 중국에서의 전족, 아프리카에서의 여성할례, 유럽에서의 마녀화형 그리고 데일리가 나치-의학과 동일시한 미국의 {산}부인학.

이러한 여성혐오적 고문들을 데일리는 매우 상세히 연구하며 또한 이러한 다양한 억압형태들 간의 연관을 제시함과 아울러 같은 모양의 견본도 보여주고 있다. 이러한 고문들의 묘사와 함께 그녀는 여성 독자들의 분노를 일깨우려 하며 이렇게 해서 여성들의 근본적인 의식고양의 필요성을 힘주어 명백히 하고자 한다.

이러한 가학의식의 극복이 세 번째 행선지의 주제이다. 데일리는 여성들로 하여금 가부장제적 의식행렬[관습]에서 이탈하여 여성다운, 여성/생태학적 진행을 시작할 것을 독려한다. 여기서 데일리는 여성/생태학을 여행 행선지의 종점으로 이해하는 것이 아니라, 오

---

143) 같은 책, 69쪽.

히려 여행의 길잡이로 이해한다. 두 가지 첫 단계를 거쳐 나아가는 가운데 여성들은 자신의 의미를 분명히 할 수 있으며 자신의 주변 환경을 파악할 수 있는 새로운 힘들을 발전시킬 수 있다. 데일리는 이러한 행보를 여성감각능력(*Gynaesthesie*)이라고 표현하고 있으며, 이를 표면적으로 다르게 보이는 현상들을 연결시켜 주고 또한 이를 통해서 가부장제의 모델과 원리를 인식할 수 있게 해주는 복합적 방식으로 이해한다. 여성/생태학의 세 가지 행보를 통한 활동을 데일리는 무감각증(*Anaesthesie*)으로부터 여성감감능력(*Gynaesthesie*)으로의 과정, 잠듦에서 깨어남으로의 과정과 비교하기도 한다.144)

세 번째 행선지의 틀 내에서 데일리는 여성적 자아의(*der*) 의식화를 막는 가부장제의 저지도 밝히고 있다. 여성들의 자아발달에 맞서 남성들이 사용하는 방법론은 훼방[유령처럼 따라다니는 것]이다(*Spuken*). 이를 통해서 남성들은 여성들로 하여금 자신들의 원리를 잠재의식 속에 자리잡게끔 한다. 이를 위한 수단은 남성들과 공모함으로써 남성들의 도구가 되는 다른 여성들이다. 이렇게 적절히 정책상 고위직에 임명된 여성들은(Alibi-Frauen) 인류의 절반인 여성을 대변하여 남성들의 세력권 안에서 활동하게 될 것이다. 이 알리바이 여성들은 가부장제 구조 속에 묶여 있으며 자신들의 지위를 여성들의 사안에 유익하게 활용하지 못하는데, 그 이유는 이들이 틀에 박힌 여성역할 내에서만 움직이기 때문이다. 알리바이 여성들을 대표하는 여성은 아테나, 곧 그리스의 지혜의 여신으로, 신화에 따르면 제우스의 머리에서 탄생했던 여신이다. 데일리에 의하면 그녀는 남성들에 동화된 여성으로, 자신의 여성적 전기[생애]와 더

---

144) 같은 책, 332f쪽.

이상 아무런 관계가 없는 여성이다.[145]

데일리는 페미니스트들의 과제를 이들이 가부장적으로 각인된 불안 및 죄책감에 맞서 싸울 수 있는 역훼방을 내놓는 데 있다고 본다. 여성주의자들은 이러한 상황 속에서 훼방을 물리쳐야 하고 자신을 미리 정해진 역할구조로부터 해방시켜야 한다. 데일리는 이러한 과정을 **탈-채색**(*Ent-malen*)이라고도 명명하는데, 그 이유는 여성들이 이를 통해서 가부장적으로 채색되어 그려진 여성스러운 겉모습을 벗어 던지기 때문이다. 여성들은 남성들의 **점령권**에서 이 **탈**하여 **탈-배역**(*Ent-Besetzung*)을 수행하는데, 그러는 가운데 이들은 스스로 자신의 근원적 직관 및 통합성을 **상기**(*er-innern*)할 수 있게 된다. 이렇게 해서 찾아낸 여성적 자아는 스스로를 여성의 전형적 모델들로부터 해방시킨다. 여행하는 여성은 자신의 영혼을 자유롭게 성장시키며 이를 통해서 자신의 세분화된 자아를 상기하게 된다.[146]

여기서 데일리는 여성들에게 창조성, 자발적 행동, 적절한 신체적 민첩성을 권고한다. 여성들은 남성들에 의해 자명한 것으로 처리된 일들의 배후를 물음으로써, 가부장제의 사유틀을 부수어 열어야 한다. "이것은 고통스런 노동을 의미하는데, 그 이유는 아리스토텔레스의, 칸트의, 옛 신화들의, 그리고 현대 각종 학문들의 범주들이 가장 심원한 물음들을 와해시켜 버려서, 그러한 물음들을 모순적이고 무관한 것으로 보이게 하기 때문이다. — 예를 들어, 왜? 언제? 언제부터? 어디서? 어떻게? 어떤 방식으로? 왜 안 돼? 와 같

---

145) 같은 책, 333f쪽.
146) 같은 책, 353ff쪽.

은 물음들은 동결되었다. 자연스러운 흐름은 차단되었다. 남성들은 물음을 제기하여 왔다. 그들은 질문에 라벨과 제목을 붙여서 정신적 박물관의 유리진열장 속에 넣어두었다. 그들은 물음들을 은닉하여 왔다. 이제 페미니스트들의 과제는, 물음들을 새롭게 제시하는 것, 곧 지속적으로 변화하는 의식상태를 탐색하는 물음들의 깊은 원천을 열어 가는 것이다."147)

탈-배역과 연관하여 데일리는 개개 여성에 있어서 딸로서의 권리와 어머니와의 불화의 종식 또한 주장한다. 가부장제로 인해서 근원적으로 여성적 정체성의 중요한 전제를 나타냈던 어머니와 딸 간의 결속가능성이 말살되어 버렸다는 것이다. 데일리는 가부장제적 모성성의 제도적 속박을 철폐하기 위해서 딸이 어머니와 통하는 것을 목표로 본다.148) 그녀는 딸로서의 권리요구를 전개하는데, 이 딸로서의 권리를 그녀는 여성적 자아를 되살리는(zurüzurufen) 권리로 이해한다. 여성들이 이러한 근원적 정체성을 발견할 때야 비로소, 여성들은 다른 여성들과도 관계를 맺을 수 있다.

여성/생태학의 이러한 영역들을 통과하면서 여성들이 자아의 핵심에 진입할 수 있는 과정이 연속된다. "이것이 여성/생태학의 과정이다. 우리가 영혼/정신/신체의 오염을 씻어내는 것은 이러한 과정에 속하는 것으로, 이러한 오염은 남성들에 의해서 꾸며졌고 우리의 자아를 말소시키는 신화들, 의식적 만행, 학문 및 학문의 언어와 같은 메타-의식을 통해서 야기되었다."149) 데일리가 밝혀내는 것은, 새로운/근원적인 여성적 자아의 경험을 통해서 여성의 외형

---

147) 같은 책, 362ff쪽.
148) 같은 책, 364f쪽.
149) 같은 책, 331ff쪽.

도 변하게 되는데, 여성이 더 자각적이게 되고, 자기 방어를 배우게 되며, 자신의 환경에 대한 의식적 지각을 발전시키게 된다고 한다. 이러한 새로운 빛의 발산에 의해서 다른 여성들도 고무될 수 있으며, 이들 여성도 자신의 용기 및 에너지를 확장시키고 자아로의 여행을 떠날 수 있게 된다.[150]

데일리는 가부장제적 지배로부터 벗어나기 위한 다양한 활동들을 제안한다: 실잣기(*Spinnen*), 길쌈(*Weben*), 불꽃을 일으킴(*Funkenschlagen*). 실잣기[실뽑기]와 함께 데일리는 여성적 생산성을 표현하는데, 이 여성적 생산성을 통해서 여성들은 초월성으로 넘어가게 된다. 여성들은 실 잣는 자(*Spinsters*)로서 빙빙 돌리는 작업을 행하는데, 이 활동과 함께 여성들은 창조에 참여하는 것이며, 이 실잣기는 존재-함의 통합성에 기원하는 것이다. 이에 속하는 것으로 적응력, 유연성, 풍부한 감수성이 있다. "우리 실 잣는 자는 우리 고유의 통합적 직관을 척도로 삼으며, 이 척도에 따라서 우리는 구별, 분할, 분리, 조합 그리고 가부장제 신화와 가부장제 언어가 의식을 통제할 수 있게끔 해주는 모든 범주들의 타당성을 판단한다."[151]

실 잣는 여성은 자신의 고유한 자아를 선택하며 자신을 한 남편 혹은 한 가족의 소속임을 통해서 정의하지 않는다. 실 잣는 여성은 "… 선회시키는 수도승으로, 이 수도승은 새로운 시간/공간 속으로 몸을 흔들어 움직인다."[152]

실잣기의 빙빙 돌리는 활동으로부터 여행에서 나선모양의 형태

---

150) 같은 책, 357f쪽.
151) 같은 책, 406쪽.
152) 같은 책, 23f쪽.

를 나타내는 거미줄이 생긴다. "진정한 실잣기는 나선형태의 순환으로, 우리를 하나님 아버지의 갑문 위로 오르게 하고, 그의 아래를 통과시키며, 그의 주위를 빙 둘러서 배경으로 나아가게 한다."153)

실 잣는 여성들의 첫 목표는 가부장제 속에서 살아남는 것으로, 데일리는 이 살아남음을 저지의 위반으로 또한 **그것을 넘어서는 삶**(*darüberhinausleben*)으로 정의하기도 한다. 실 잣는 일은 여성들을 가부장제적 실재성의 겉치레 표면 배후로 인도하고, 새로운 배경 속으로 안내하며, 그 자신의 중심으로 이끌고, 아울러 세계와의 만남 및 다른 여성들과의 만남을 시작함으로써 그리고 가부장제적 이분법을 극복함으로써, 인위적으로 만들어진 주-객-분리를 파기한다.154)

데일리에 있어서 남성들의 훼방에 대응한 또 다른 무기는 길쌈이다. 이를 통해서 마녀들이 연합할 수 있고 추억을 회복할 수 있으며 자신의 근원적 마력을 자유롭게 행사할 수 있다. 무엇보다도 **연장자/지혜로운 여성들**(*Cronen/weisen Frauen*)에 있어서 길쌈은 중요한 무기이다.

여성들 간의 유대의 실마리를 데일리는 **불꽃을 일으킴**(*Funken-schlagen*)이라고 표현한다. 이 개념은 여성적 에너지의 해방, 새로운 상징의 생산 그리고 여성들의 고립을 돌파하기 위한 가부장제 세계 내에서의 유대를 대변하기 위한 것이다. 여성들은 새로운 형태의 여성들 간의 우정을 발전시키며 여성적 의사소통을 개시하게 되는데, 이 의사소통을 통해서 여성들은 서로서로 현존하게 된

---

153) 같은 책, 423쪽.
154) 같은 책, 26쪽.

다.155)

이러한 토대 위에서 여성들은 남성중심적이고 남성적으로 정의된 우주로부터 벗어날 수 있으며, 자신의 여성적 공간들을 실잣기[방적]할 수 있고 다른 여성들과의 관계를 길쌈[직조]할 수 있다.

다른 여성적 세계(*andere weibliche Welt*) 속으로의 여행을 데일리는 무지가 사라지는 것과 동일시한다. 여행하는 여성은 무지로부터 움직여 앞으로 나아가며, 강제로 가부장제의 공범자가 됨으로써 이미 초기 유아시절에 상실했던 자신의 순수성을 재발견하기 시작한다. 마녀적 여행을 통해서 그녀는 순수성을 배울 수 있으며, 순수성을 증대시킬 수 있다. 순수하다는 것은 데일리에게 있어서 부단히 능동적 초월을 경험하는 것을 의미하며 여성/생태학적 창조를 실행하는 것을 의미한다.

3. 순수한 욕망

1984년에 메리 데일리의 세 번째 급진적 여성주의 연구서인 『순수한 욕망』이 출판되었다. 이 책에서 그녀는 여성적 초월성에 다가가는 것을 목표로 삼는 **근본적 여성주의 철학**(*Elemental-feministische Philosophie*)을 전개한다. 데일리는 이 철학에서 여성주의 존재론의 출발점이 되는 **근본적**(*elemental*) 의식에 초점을 맞춘다. 이러한 의식형식은, 데일리에 따르면, 중세철학에서는 여전히 존재하고 있었지만, 르네상스기에 억압되었고, 오늘날에는 완전히 사라져 버린 것이다.156)

---

155) 같은 책, 335f쪽.

여성주의 존재론의 대상은 존재에 대한 물음이고 그 소명은 지혜의 추구이다: "근본적인 고쳐-쓰기 속에서 우리는 존재-함의 철학에 제1 철학이라는 이름을 수여한다. 그것은 근본적이라는 의미에서 제1 인데, 그 이유는 근본적인 것은 제1의 원리이기 때문이다. 이러한 근본적 제1 철학은 존재-함을 다루기 때문에, 그것은 철저히 형이상학적이며, 존재론적 잠재력, 지혜, 열정, 덕, 창조, 변환을 포함한다."[157]

데일리는『순수한 욕망』을 자신의 근원적인 여성적 잠재력과 존재론적 힘을 상기하려는 여성들을 위한 초대로 이해한다. 이를 위해서 여성들은 근본적인 여성적 영역으로의 여행을 떠나야 하며 근본적 여성철학을 발견해야 한다. 여기서 페미니스트들의 최고목표는 메타가부장제적 의식, 곧 **순수한 욕망**(*reine Lust*)에 이르는 것이다.

순수한 욕망을 정의함에 있어 데일리는 남근적 욕망[쾌락]개념(Lustbegriff)을 전도시켜 이 개념을 여성들의 창조적 에너지 및 힘과 연결시킨다. 이렇게 해서 욕망은 집약적 열망 및 불타는 열의를 함의하게 된다. "근본적인 여성적 욕망은 창조능력이라 할 수 있는 모든 우주적 일심동체에 대한 집약적 열망/강렬한 욕구이다."[158] 그 때문에 순수한 욕망 역시 갑자기 도달될 수 있는 상태가 아니다. "순수한 욕망은 신성한 탐색으로 나아가려는 펼침이며 현실화이다."[159] 이러한 토대 위에서 데일리는 여성을 기쁨과 힘을 소유

156) Mary Daly: *Reine Lust*, 194쪽.
157) 같은 책, 43쪽.
158) 같은 책, 11쪽.
159) 같은 책, 206쪽.

하고 있는, 욕망으로 충만한 야생녀(*wildes lustvolles Weib*)라고 표현한다.

『순수한 욕망』의 또 다른 목표는 옛 언어들의 말소를 저지하는 것이다. 이를 위해서 여성들은 고유언어를 발굴해야 하며 언어와 그 언어의 근원 사이를 새로 이어줘야 한다. 옛 언어와 의미의 말소(*Vervizid*)를 데일리는 근원적인 말뜻의 가부장제적 왜곡 및 파괴로 이해한다. 그것은 말하는 여성과 그녀의 자아의 근본적 핵심 간의 연결을 차단시킨다. 데일리의 분석에서 그것은 또한 여성의 성의 말소(*Gynozid*) 및 생명의 말소(*Biozid*)로 나아간다.[160] 왜냐하면 가부장제는 여성억압을 파괴적 형식으로 자연 및 모든 생명에 확장시키기 때문이다.

여행하는 여성들의 과제는 이들이 옛/새로운 명칭들을 발굴하고 생명친화적 언어들을 자유롭게 설정함으로써 이러한 절멸의 과정을 돌파하는 데 있다. 여행하는 여성들은 근원적 분노에 의해서 고무되는데, 이러한 분노를 이들은 자신의 여성 동지들과 함께 표현한다. 데일리는 이러한 여성들을 여성 예언자들, 양조장 여주인들, 보물의 여성 수호자들, 숲의 요정들, 불사조들, 세 자매의 괴물, 무녀들, 문예의 아홉 여신들, 물의 요정들, 땅의 정령들, 운명의 세 여신, 불의 요정들, 빈틈없는 여인네들, 바다의 요정들, 여성 점쟁이들, 새침이들, 길쌈하는 여성들, 잔소리쟁이 여성들로 표현한다. 데일리는 남성들에 대해서도 일련의 강렬한 표현의 명칭들을 내놓는데, 그 명칭들은 다음과 같다: 무료한 사람/구멍 뚫는 선반공, 돌팔이 의사/푸주한, 게으름뱅이, 무위도식자, 투기꾼, 무례한, 사기꾼, 아첨

---

160) 같은 책, 166쪽.

쟁이, 광고 선전자, 폭력배, 교활한 녀석, 현혹자, 위선자, 밀정, 시시한 잡담꾼, 정부 그리고 형편없는 녀석.[161]

데일리는『순수한 욕망』에서 여행하는 여성들이 통과하여 지나가는 세 가지 영역-권을 내용적으로 분석한다: 가부장제의 역할모델과는 상이한 자아의 근원 및 추억이 놓여 있는 **원형영역**(*Archesphären*), 여성들이 자신의 고유한 열정, 욕망, 혐오, 웃을 수 있는 능력을 발견하는 불의 권역인 **발화영역**(*Pyrosphären*), 여성들의 근원적 마녀-능력이 자리 잡고 있는 **변형[변신]영역**(*Metamorphosphären*).[162] 각각의 영역은 다음 영역의 전경을 이룬다. 그것은 뒤이은 영역의 전방에 가로 놓여 있으며 데일리에 의해서 여행하는 여성들을 기만하고 훼방하는 가면의 정체가 폭로되는 장소로 정의된다.

첫 번째 권역은 원형영역으로 이루어져 있는데, 이 영역에서 여성들은 자신의 근본적 능력들을 현실화할 수 있다. 데일리는 원형영역을 가부장제 신화를 은폐시키고 가부장제 신화의 진실을 간파하지 못하게끔 도와주는 감각영역으로 이해한다. 이 부분에서 데일리는 남근적 욕망개념에 기초하고 있는 가부장제적 **가학사회**(*Sadogesellschaft*)를 다루고 있다. 기독교는 욕망을 죄악으로 이해한다. 가부장제는 욕망을 공격성, 여성들에 대한 폭력 그리고 생식기적 고착과 결부시킨다. 데일리는『순수한 욕망』에서 특히 두 가지 형식의 **가학심리 증후군**(*sadospirituellen Syndroms*)을 연구한다: 금욕주의(예를 들면 여러 성인들, 간디 등등이 있다)에서 욕망으로

---

161) 같은 책, 22ff쪽.

162) Mary Daly: Reine Lust: Laster, Tugenden und neue Verhaltensweisen. In: Fröse: *Utopos — kein Ort*, 115쪽.

부터의 남근적 도피 그리고 가학적 리비도 방출을 통해서 나타나는 변형된 색욕(포르노그래피)에서 욕망으로부터의 남근적 도피.163)

그녀는 가학심리를 명명하고 또한 가학심리와 싸우기 위해, 이러한 형태의 가학심리와 대결한다. "이러한 앎/이름-붙임/깨물어 뜯음과 함께 우리는 이미 남근적 욕망의 근원적 증발과 만난다."164) 데일리는 이러한 과정을 귀신을 내쫓는 의식으로 정의하는데, 이 의식을 통해서 여성의 근본적인 시원적 언어가 해방되며, 여성들의 실재현존 및 근본적 힘들을 보증하는 시원적 마녀의 상이 명료해진다. **시원적 마녀**(*Urhexe*)의 개념은 여기서 일인 그리고 다수를 위한 은유로 쓰인다. 시원적 마녀는 존재-함의 힘, 여성들의 능동적 힘으로, 메타존재를 가리켜 보이는데, 이 메타존재에 여성들이 참여할 수 있다.165)

원형영역 내에서의 특별한 문제는, 『여성/생태학』에서와 마찬가지로, 알리바이 여성이다. 이에 대한 사례는 순결하게 수태한 여성으로서 자신에 대한 폭력과 철저한 자기 파멸에 동의한 마리아이다. "완벽한 알리바이 여성은 완벽한 배신자로서, 그녀는 자기 자신 및 모든 다른 여성들을 배신한다. 그녀는 폭력이데올로기에 동의한다. 그녀의 배신극은 가부장제가 여성들 마음속에 심어준 여성혐오를 키운다."166) 이러한 맥락에서 데일리는 가학국가 내에서 여성의 동등권을 위해 노력하는 자유주의적 페미니즘 역시 비판한다. 그녀는 이 자유주의적 페미니스트들이 비천한 노동, 우둔하게 만드

---

163) Mary Daly: *Reine Lust*, 50ff쪽.
164) 같은 책, 100쪽.
165) 같은 책, 113쪽.
166) 같은 책, 141쪽.

는 교육, 남성들을 선발하는 법을 변호해 주는 국가에 자신들을 감금시켜 놓은 채로 있다고 비난한다.[167]

데일리에 따르면, 가학사회의 특징은 응축, **가학적 리비도 방출**(*Sado-Sublimation*), 원형들에서 발생한 틀에 박히고 고정된 형식들의 형성이다. 원형들은 그 근원적 형식에 있어 가변적이며 따라서 다양한 현상들로 등장할 수 있다: 그것들은 인물들로 혹은 제도들로 옮겨지며, 견고한 형태를 취하게 되고, 스테레오판으로 고정된다.[168]

데일리는 남근체제의 또 다른 특징을 그녀가 **현존함의 부재**(*Abwesenheit der Anwesenheit*)로 일컫는, 의미부여의 결핍으로 본다. 그녀는 이를 대화에 있어서 의미의 소멸, 마음 씀, 혹은 지성의 부족 그리고 영혼의 부재로 정의한다. 데일리는 남근주의의 현존을 환영적(phantomisch)이라고 기술한다. 남근주의는 공적 표명들 및 틀에 박힌 역할들을 발전시킬 것이므로, 여성들은 그것들의 특징을 표현함(Be-Zeichnung)으로써 그로부터 자유로워져야 할 것이다. "여성은 보물의 수호자/숲의 요정으로서 부재의 남근적 편재를 신성한 이름/기호를 사용해서 추방하는 것이 아니라, 전체적으로 특징을 표현하는 행위, 관념, 상징, 정서를 통해서 추방한다. 즉 우리는 이러한 불유쾌한 사실들을 여성/생태학의 맥락에서 그 특징을 표현한다."[169]

이와 함께 데일리는 가부장적 부재에 대항하여 여성들의 실재현존을 내놓는다. 이 참된 현존함에 속하는 것은 자아의(*der*) 현재와

---

167) 같은 책, 72쪽.
168) 같은 책, 155쪽.
169) 같은 책, 188쪽.

존재-함의 활동에의 참여이다.

원형영역에 이어서 데일리는 **발화영역**(*Pyrosphären*)을 분석한다. 이 영역의 전면은 잘못된 열정에 의해서 점령당해 있는데, 이 잘못된 열정으로 인해 여성들은 자신의 고유한 능력을 펼치는 데 방해받는다. 그렇기 때문에 여성들은 가부장제의 틀에서 탈출해야 하며 열정에 대한 자신의 고유한 이헤를 발전시켜야 한다. 이러한 참된 열정을 데일리는 **마음의 뜨거운 움직임**(*E-motion*)이라고 표현한다. 그것은 불, 곧 전경[겉모습]을 극복할 수 있게 해주는 열기와 같은 것이다.

실질적인 변화를 가져오는 활동들 그리고 존재-함에 있어 결정적인 활동들은 이러한 형식의 열정에 속한다. 이 활동들은 일정한 계기에, 그리고 어떻게 그것들이 여성들과 관련되는지의 방식에서, 식별된다. 이에 대한 예로서 데일리는 사랑, 기쁨, 증오 혹은 슬픔을 들고 있다.[170]

이러한 참된 열정들을 은폐하기 위해서 가부장제는 여성들을 마비시키고 여성들의 참된 동경들을 질식시켜 버리는 일련의 사이비 열정을 발전시켜 왔다. 데일리는 이를 **합성 및 분재 열정**(*Plastik- und Bonsai Leidenschaften*)으로 표현한다. 합성-열정을 그녀는 "점점 더 냉담해지게 하고 점점 더 열정을 분산시키게 하는 방만하게 표류하는 감정"[171]으로 정의한다. 그것은 대용품으로, 결코 특정한 계기 내지 특정한 대상을 가지지 못하며, 그렇기 때문에 맥락 밖에 서 있는 것이다. 데일리는 합성-열정을 기만으로 보는데, 그

---

170) 같은 책, 247ff쪽.

171) 같은 책, 252쪽.

이유는 그것이 진정한 것인 양 여성들을 속여서 여성들로 하여금 스스로 결정을 내린 것으로 믿게 만들기 때문이다. 합성-열정에 속하는 것으로는 무엇보다도 죄책감, 불안감, 우울, 욕구불만, 무료, 체념, 사이비 만족이 있다.[172]

두 번째 형식은 분재-열정이다. 그것은 보존된, 감금된, 축소된 감정으로, 표면적으로는 흥미를 유발시키지만 사실은 위축된 감정이다. 데일리는 이를 여성들을 움츠러들게 하고 길들이는 데 조력하는, 진정한 열정의 비틀린 표현으로 이해한다. 이에 속하는 것으로 갈등, 여성들 간의 경쟁의식, 혼인에의 고착 등이 있다.

사이비 열정에 결부되어 있는 것이 **사이비 덕목들**(*Pseudotugenden*)이다. 여기서도 데일리는 합성과 분재라는 두 가지 범주를 구분한다. 합성-덕목들은 자기 분수를 앎, 사양함, 삼감, 그리고 특히 여성들에게 귀속시키는 특성들이다. 분재-덕목들은 분재-열정과 마찬가지로 편협하고 위축된 것이다. "우리 한번 분재-열망(야심)에 사로잡혀 있고 분재-불안(사람들이 어떻게 생각할까?)의 영향 아래 있는 여성 지도부, 여교수, 여성 정치인을 상상해 보자."[173]

이러한 잘못된 감정에 대항하여 여성들은 발화영역을 지나는 여행에서 맞서 싸워야 한다. 데일리는 사물에 이름을 붙이고, 그것을 표현하고, 아울러 그것을 현실화시키는 것을 자신의 과제로 본다. 그것은 겉모양뿐인 사이비 행동방식의 묘사에서 탈피해야 하고, 이를 통해 옛 습관들을 돌파해야 하며, 전형적인 태도들을 변화시켜야 한다. "불같은 덕목들을 새롭게 표현하기 위해서, 우리는 근본

---

172) 같은 책, 254쪽.

173) 같은 책, 277쪽.

적으로 다른 행동들을 취해야 하며, 이를 통해 우리는 책략사회의 지배자와 그의 알리바이들/꼭두각시들에 의해서 우리 마음속에 새겨졌던 사이비열정 및 사이비덕목을 추방해야 한다."174) 사이비덕목의 정체가 폭로될 때야 비로소 여성들은 독립적으로 행동할 수 있다. 그 후에 여성들은 자신의 근본적인 마음의 뜨거운 움직임들을 펼칠 수 있고 기존의 터부들을 돌파할 수 있는 발화영역의 권역에 발을 들여놓게 된다.

터부에 힘입어 가부장제는 여성들을 **손댈 수 있는 카스트**(Kaste der Berührbaren)로 만들었다. 인도에서 손댈 수[접촉할 수] 있는 여성들과 손댈 수 없는 최하층 천민들 사이의 유사성은 두 그룹 모두 선택권이 없다는 데 있다. 여성들은 억압과 가부장제적 폭력에 대해 다른 선택을 할 수 없으며 여성들의 모든 결정은 매우 제한된 영역 내에서만 자유롭다. 그럼에도 불구하고 이들에게 이들의 억압자가 잘못된 것을 옳은 것인 양 믿게 한다면, 이들은 자신의 낮은 지위를 자발적으로 선택할 것이다. 두 경우에 있어서 자존감은 결코 승인되지 않거나 혹은 늘 상처를 입을 것이다. 이들은 자아사랑이 깨진 것에 대해 그리고 자아-욕망이 정지된 것에 대해 고통스러워한다. 두 체제에서 이들에게 일어난 불공평은 공평한 것이며 신의 섭리인 것으로 전도되어 정의된다. 두 그룹은 더러운 것으로 간주되는데, 특히 여성들은 남성들의 색욕에 노출되어 있기 때문에, 자연히 남성들이 아니라 여성들이 더럽혀진 것으로 여겨진다.175)

카스트제도는 여성들이 남성들에 의해 설정된 경계를 넘어서지

---

174) 같은 책, 283쪽.
175) 같은 책, 293ff쪽.

못하게끔 저지시키는 터부를 통해서 한계선이 그어진다. 그럼에도 여성들이 이를 넘어설 경우, 여성들에게 이들의 능력이 자신의 자아를 거스르는 방향으로 나아가고 있다고 거짓 설득된다. "누구의 능력에 대한 누구의 불안이 문제가 되는지, 여성들이 분명히 볼 때, 이러한 앎은 자아를 강하게 한다. 앎은 우리를 적극적으로 손댈 수 없게 만드는데, 그 이유는 우리가 자유롭게 카스트 밖에, 완전히 다른 자로서, 만만치 않게, 발화에 기원하여 손대고 또한 손댈 수 있는 자로서, 서 있을 수 있기 때문이다."176) 데일리는 여성들에게 경계를 넘어섬으로써 자신의 상황을 손댈 수 있게끔 전도시키고, 자신을 손댈 수 없게 만들도록 촉구한다.

이를 위한 에너지는 여성들의 격분과 정당한 분노 속에 있다. 이를 통해 여성들은 사랑, 동경, 기쁨과 같은 참된 감정들은 현실적으로 그리고 비감상적으로 체험할 수 있으며, 아울러 절망과 희망도 적절히 조율할 수 있다. 여성들은 또한 자신의 분노를 통해서 여성의 심성에 대한 남근적 침해를 저지할 수 있으며 새로운 태도 모델을 발전시킬 수 있다. 데일리에게 있어 여성들을 **처녀들**(*Viragos*, Jungfrauen)로 만드는 여성적 순결의 귀로도 이에 속한다. 이들은 덕에 대한 옛 정의로부터 전향하여 자신의 고유한 정신적, 신체적 능력을 펼친다. 처녀의 덕은 영리함이다. 데일리는 이를 **불꽃같은 영리함**(*pyromantische Klugheit*)으로 정의하는데, 그 이유는 그것이 최고치의 경험과 활동을 포함하기 때문이다. 이러한 영리함을 통해서 여성들은 내밀한 열정적 앎을 표출시키며 불/열정을 갖고 자연에 대한 새로운 앎은 표출한다.

---

176) 같은 책, 318쪽.

126

영리함과 더불어 처녀들은 상기[추억]의 덕을 발전시킨다. 이와 함께 이들은 남성적 덕목들을 돌파하며 심원한 정서적 **상기**(*Er-innerung*)를 통해서 내밀한 개인적 및 집단적 경험에 참여할 수 있다.177)

이 밖에 처녀들은 남성적 지성과 구별되는 순결한 지성의 덕을 형성할 수 있는데, 그 이유는 그것이 더 깊고 더 근본적이며 궁극적 토대에 대한 통찰을 열기 때문이다. "다시 말해, 이러한 통찰은 여성의 궁극적 토대를 밝혀주며, 여성 자신의 깊은 삶의 목표를 드러내 보인다."178)

또 다른 덕은 가르쳐 계몽함이다. 남의 가르침을 받아들이는 것이 이들의 능력으로, 그것은 처녀들로 하여금 지혜로운 여성들로부터 배울 수 있게 해준다. 이와 함께 또 다른 덕목들로 명민함, 이성, 선견지명(미래의 존재를 미리 예견함), 사려 깊음, 신중함 등이 있다.

여성들이 가부장제 경계선을 넘어서려고 감행하는 용기를 데일리는 **존재론적 용기**(*ontologische Courage*)라고 명명한다. 존재론적 용기는 열정적 의연함을 지원하는 것으로서 **죄를 짓는**(*sünd-hafte*) 덕이다. 이러한 용기를 통해서 여성들은 죄를 범할 수 있고, 자신의 열정과 자신의 지성을 결합시킬 수 있으며, 자신의 고유한 능력들을 인식할 수 있고, 아울러 고유한 의미론적 연관을 발전시킬 수 있다. "이와 함께 용기는 여성운동의 핵심이 된다. 자신의 마음을 파악함은 이제 메타존재의 은유로 되며, 이와 함께 여성은 발

---

177) 같은 책, 330ff쪽.
178) 같은 책, 337쪽.

화영역권으로 옮겨지는데, 이 곳에서 여성은 덕목들을 변경하고 재평가하며, 화산활동 같은 덕의 태도를 취하게 되고 또한 도달하게 된다."179)

이러한 과정의 본질적 요소는 다른 여성들에게도 불을 붙여서 이들이 용기를 갖게 하고 자신의 고유한 마음을 파악할 수 있게 하는 것이다. 이렇게 해서 용기 있는 여성은 다른 여성들을 격려할 수 있다.

세 번째 영역과 함께 데일리의 『순수한 욕망』은 이제 **변형[변신] 영역**(*Metamorphosphären*)으로 진입하게 된다. 이를 위해서도 가부장제의 전경을 여행하면서 통과해야 하는데, 여성들에게 제시되고 강요되는 잘못된 정체성 — 곧, 남성들과의 우정이란 명목의 기만과 잘못된 인간관계를 통한 여성 에너지의 도둑질 — 은 이러한 가부장제 전경에 속하는 것이다.

데일리는 남성들 편에서 내놓는 잘못된 우정의 사례로 미국 대학들이 제공하는 특정한 여성교육 프로그램을 들고 있는데, 이러한 여성교육 프로그램은 참된 여성존재를 말소시키는 데 기여하는 것이다. 남성들은 여성해방의 전개를 더욱 잘 통제할 수 있는 목표를 갖고 친구로 자청한다.180)

원칙적으로 데일리가 출발점으로 삼는 것은, 개개 여성은 자신의 마음속에 감춰진 근본적인 능력들을 사용할 수 있어야 하는데, 유감스럽게도 이러한 능력들이 습성이 된 역할태도에 의해 차폐되어 있다는 점이다. 이러한 코드의 분석을 통해서 개개 여성은 자신의

---

179) 같은 책, 355쪽.
180) 같은 책, 401ff쪽.

고유한 능력을 발견할 수 있고 자신의 고유한 언어를 통해 **메타모델을 길쌈**(*Metamuster weben*)할 수 있다. 메타모델을 데일리는 꿈을 꿈/숙고함으로부터 변형을 실행하는 것으로 정의한다. "우리가 은유를 사용하는 뮤즈들에게 메타모델 길쌈이라는 개념을 적용하는 것은, 이를 통해 부권적 모델의 돌파과정을 표현해 내고자 함이다. 가부장제적인 사고모델, 언어모델, 행위모델의 참된 초월은 메타모델 길쌈[직조]에 속하는 것이다."181) 메타모델 길쌈의 활동은 많은 행위들을 포괄할 수 있는데, 가령 여행, 긴 대화 혹은 철학을 발전시킬 수 있다. 그리고 아주 표준적인 일상적 체험이 이러한 과정의 계기를 부여할 수 있다.

고유한 통합성 발달에 대한 은유는 여성의 모든 부분들 속에 온전히 현존하는 영혼과 일치하는 상이다. 자신의 통합성을 펼침으로써 여성은 사전에 정해진 사이비 자아를 넘어서고 자신을 전체로서 파악하는 존재-함에 이른다.

이러한 정체성에 이르기 위해서 여성들은 추억을 상기해 낼 수 있어야 하는데, 이 상기를 통해서 여성들은 심원한 여성적 과거 속으로 이행할 수 있는 것이다. 단편으로 끊어지고 배제되어 버린 잊혀진 실재성을 다시금 모아서 길쌈하는 것은 이러한 근원적 체험에 속하는 것이다. 그것의 집중성과 목표지향성 때문에 데일리는 이러한 상기를 **메타-상기**(*Meta-Erinnerungen*)라고 표현하는데, 그 이유는 이러한 상기는 평범한 상기[추억] 너머에 있기 때문이다. 유년기의 체험들, 매우 집약적인 체험의 순간들과 경험들은 근원적 상기에 속하는 것이다. 이러한 근원적 상기를 통해서 여성은 경직된

---

181) 같은 책, 431쪽.

성인 범주들에서 벗어날 수 있으며 더 깊은 관계들을 끄집어낼 수 있다.[182]

이러한 방법론을 데일리는 명백히 정신분석학적 프락시스들과 거리가 있다고 보는데, 후자를 데일리는 오히려 가부장제 가치들에 충실히 순응하는 방법론들로 이해한다. 프로이트는 이를 "흔한 일상적 불행함에 적응시키는 사도"(Apostel der Anpassung an das gewöhnliche, alltägliche Unglücklichsein)[183]로 표현한다. 이에 반해 메타가부장제적 여행의 목표는 여성들 간의 생명사랑적 의사소통에 의해서 도달되는 행복함의 형식이다. "이와 같은 의사소통은 존재론적이며, 모든 존재-함과의 깊은 결속을 함축한다."[184]

여성들 간의 이러한 참된 마음 씀을 근본적으로 방해하는 것은 가부장제가 여성들의 의식에 강제해 왔던 상실에 대한 불안이다. 이러한 불안은 가부장제에서 남근적으로 제시된 자아와 여성분리주의자라는 꼬리표 간의 구분에서 생긴다. 데일리는 이렇게 거의 부정적으로 평가되는 여성분리주의자라는 개념을 새롭게 평가하여 이 개념을 가부장제에 대한 투쟁 속에 통합시킨다. 이렇게 해서 그녀는 남근적 태도모델들로부터의 분리를 보여주며 여성분리주의자이기도 한 급진적 페미니스트를 권장한다.[185]

메타가부장제적 변신[변화]의 출발점은 자신의 다름에 대한 여성의 **존재론적 직관**(ontologische Intuition)이다. 이를 통해서 여성은 다른 여성들을 그 자체로서 인식할 수 있고 자신의 자아를 파악할

---

182) 같은 책, 432ff쪽.
183) 같은 책, 452쪽.
184) 같은 책, 455쪽.
185) 같은 책, 456ff쪽.

수 있으며 이와 함께 다른 사람의 마음을 움직일 수 있다. 다름의
정서는 또한 다른 여성들과의 동맹의 기쁨, 곧 **마음 씀**(*Zu-
Neigung*)에 대한 바람을 포함한다. 그렇기 때문에 여성들의 사안에
대한 참여도 메타가부장제적 변신에 속한다. 데일리에 의하면 변신
은 창조가 아니라 현존하는 질료의 변환이다. 이를 통해서 여성들
은 가부장제의 상징 및 이념 형태의 토대 위에서 여성들의 새로운
자기 이해의 출발점을 구상할 수 있다.186)

여기서 중요한 매개도구는 은유적 표현이다. 은유적 표현은 단순
히 새로운 단어형성을 통한 특징의 표현에 도움을 줄 뿐만 아니라,
다른 의미론적 맥락의 발전에도 기여한다. "마법을 거는 은유적 표
현을 통해서 의식과 태도의 형태가 주제화되는데, 곧, 은유적 표현
은 지각의 내용을 변화시킨다. 은유적 표현은 불일치하는 이미지들,
되살린 추억들, 강조된 모순들의 도움을 받아 이루어진다. 은유적
표현은 무의식중의 전통적 전제들을 전복시키며 실례되는 웃음을
불러일으킨다. …"187) 데일리는 단어들의 모습이 변화되는 과정을
통합성 및 변환하는 상호작용의 나선운동으로 정의한다. 다름에 대
한 지속적 의식 또한 여기에 속한다.

변신의 목표는 여성들이 다른 여성들과 함께 체험할 수 있는 과
정을 특징적으로 나타내는 행복함이다. 이를 위해서 요구되는 것이
여성적인 마음 씀으로, 이 마음 씀은 변신이 일어날 수 있는 맥락
의 창조를 의미한다. 여성들은 자신의 힘과 잠재성에 대한 확신을
통해서 고무된다. 변신의 행위는 도약으로, 이 도약을 통해서 욕망

---

186) 같은 책, 499f쪽.
187) 같은 책, 508쪽.

과 희망이 명료해지고, 이 도약을 통해서 여성들은 자신의 정신적 능력을 서로서로 강화시킨다.[188]

여성들 간의 진정한 우정을 위한 선결은, 데일리에 따르면, 앙가 주망에 있어서 서로의 창조적 조화와 강한 결속이다. "마음 씀에 속하는 것이 맥락의 길쌈인데, 이 길쌈 속에서 여성들은 우리들의 자아를 변화시키는 메타모델을 길쌈하는 존재에의 참여를 실현시킬 수 있다. 이를 위해서 우리는 여성들로 하여금 벗들이 될 수 있도록 분위기를 조성해야 한다. 이러한 분위기 조성에 기여하는 개개 여성은, 다른 여성들의 변화에 있어 그리고 진정한 우정의 탄생과 개화에 있어 촉매역할을 수행한다."[189] 데일리에 의하면 마음 씀은 동경(Sehnsucht)과 결합된다. 그녀는 **열망함**(Er-Sehnen)을 여성들 상호간의 소망과 격려로 이해한다. 왜냐하면 행복함이란 참된 존재론적 열정의 전제이기도 한, 동경을 통해서만 도달될 수 있기 때문이라는 것이다.

마음 씀은 도덕적 격분에 의해서 지지되는데, 이 도덕적 격분은 능동적 힘으로서 여성들이 일체되는 맥락을 보존하게끔 하며, 새로운 생활양식을 발견하도록 고무시킨다. 이러한 구성은 여성들이 일체되는 지식과 함께 길쌈노동을 통해서 지속적으로 견지되어야 한다. 여기서 데일리는 여성들이 이러한 길쌈에 참여하는 것을 단지 어휘들에 국한시키는 것이 아니라, 재담, 시선, 다감한 언행, 옷맵시, 직업선택 및 주위환경선택 등에도 연결시킨다. 데일리는 메타모델에 있어 길쌈의 능동성을 단순히 사적 영역 안에만 놓는 것이

---

188) 같은 책, 486f쪽.
189) 같은 책, 470쪽.

아니라, 오히려 여성들로 하여금 정치적 활동들, 이론적 작업 혹은 예술적 작업 안에서도 그러한 형식으로 표현할 것을 촉구한다.190)

4. 데일리의 급진적 페미니즘에 대한 비판

데일리의 관점에 대한 여성주의적 측면에서의 비판은 대체로 본질주의 및 생물학주의에 대한 비난을 포함하며, 세분화[차이에 대한 고려]의 결핍도 지적된다. 본질주의 및 생물학주의에 대한 비난은, 데일리가 여성의 생물학적 기능들도 강조한 고정된 여성적 본질을 여성들에게 덮어씌운다는 비판이다. 이렇게 해서 그녀가 성별 간의 차이의 사실을 자연적 소질로 환원시켜 버린다는 것이다.

이러한 비판은, 데일리에 의해서 널리 알려진, 원칙적으로 여성들이 도덕적으로 우월하다는 가정에도 향한다. 데일리는 여성들이 더 우월한 성이라는 것을 출발점으로 삼고 있으며, 이에 따라 여성들에게 도덕적 교정의 역할을 위임한다는 것이다. 아울러, 거트루드 포슬(Gertrude Postl)이 밝히듯이, 데일리는 가부장제에 대한 현실적 대결을 피하고 있다고 지적된다. 데일리는 여성들로 하여금 분리주의를 권유함으로써 특수한 여성적 현실성을 목표로 삼고 있는데, 이러한 방식으로는 가부장제 구조들이 변화되지 않는다.

더 나아가 데일리의 분석은 대다수 여성들의 실제 삶을 간과하고 있다는 점도 비판된다. 포슬이 확인한 바로는, 데일리는 단지 백인 중산층 여성의 입장을 마치 자기 스스로인 듯 이해할 뿐, 여성들 간의 차이는 등한시하고 있다.191)

---

190) 같은 책, 483f쪽.

진 그림쇼(Jean Grimshaw)는 데일리가 여성들 간의 이상화된 영적 하모니를 목표로 한다고 지적한다. 메타가부장제적 여행으로의 데일리의 초청은 특권층 여성들에게만 맞춰진 것으로, 유색의 빈곤층 여성들은 이를 결코 따라갈 수 없다는 것이다. 아울러 데일리는 잘못된 상에서 출발하고 있다고 보는데, 그 이유는 그녀가 가부장제 내의 여성들을 단순히 남성적 권력행사의 꼭두각시로 여기며 이렇게 해서 여성들을 사회적으로 미리 주어진 지위에 고정시켜 버리기 때문이다.[192]

데일리의 기이한 언어사용은 독일의 여성언어학자인 루이제 푸시(Luise Pusch)에 의해서 비판된다. 그녀는 개인적으로 데일리의 언어창안을 매혹적인 것으로 인정하긴 하지만, 근원적이고 여성적인 어휘들의 힘이란 것은 존재하지 않는다는 것을 학자로서 밝히지 않을 수 없다고 한다. 전체 언어역사는 남성적인 것으로 각인되어 있으며 데일리가 소개한 어원학적 기원 역시 가부장적 발생사와 관련되어 있고 가부장적 사전들에서 유래한다고 본다.[193]

---

191) Gertrude Postl: *Weibliches Sprechen*, 221ff쪽.
192) Jean Grimshaw: *Feminist Philosophers*, 120ff쪽.
193) Luise Pusch: Mary, please don't punish us any more. In: Fröse: *Utopos — kein Ort*, 22쪽.

4. 샌드라 하딩과 『여성주의 과학철학』

학문과의 여성주의적 대결을 미국 여성 샌드라 하딩(Sandra Harding)은 『여성주의 과학철학』(*Feministische Wissenschftstheorie*)에서 매우 정교하게 분석하고 있다. 분석의 중심은 제도{권}학문에 대한 비판과 과학철학이라는 주제에 대한 여성주의적 여성 학자들(Wissenschaftlerinnen)의 다양한 관점들이다. 여기서 하딩은 기존 여성주의적 구상들을 분석 검토함과 아울러 여성 학자로서의 여성의 역할도 논의한다.

제도학문에 대한 분석틀 내에서 하딩은 제도학문이 학문체제와 사회체제를 구축하고 유지하는 세 과정을 소개한다: 첫째, 제도학문은 이분법으로 이루어져 있는데, 이 이분법은 가부장제적 이원론을 토대로 하며 사회에 성별에 따른[입각한](geschlechtsspezifisch) 이원화를 부과한다. 두 번째, 이 이원론으로부터 여성억압의 상황과 젠더화[성별화]된 사회를 이끄는 사회적 행위들이 귀착된다. 세 번째, 사회적으로 구성된 정체성은 이러한 젠더화(Vergeschlechtli-chung)에 의존하고 있으며, 이를 통해서 억압상황은 피억압자의 정체성으로 이어지게 된다.[194]

하딩은 연성학문과 강성학문이라는 남성중심적 분리에 대해서도 문제를 제기한다. 연성학문의 범주에 속하는 것은 정신과학과 사회과학이며, 강성학문의 범주에 속하는 것은 자연과학이다. 하딩은 이러한 구분이 남성들보다 여성들이 훨씬 더 많이 활동하고 있는 소위 연성학문에 대한 암묵적 평가절하라고 비판한다. 하지만 반론하자면, 사회과학은 자연과학이 제한된 지평에서 커버할 수 있는 것보다 훨씬 더 광범위한 영역에서 주체의 관심사를 고려해 넣을 것이다.[195]

여성주의적 시각은 특히 인식론과 방법론의 근본문제들을 다루며, 과학철학의 관점 또한 형성하는 제도권의 경험연구에 대해 물음을 던진다. "그러한 개념적 도식과 방법론이 시사하는 바는, 무엇보다도 남성들의 본성과 능동성은 사회과학과 자연과학에 대해 관심을 가질 것이라는 것이며, 또한 그것들은, 바로 남성들이 여성들에 대해 인지하고 경험하는 바와 같이, 여성들의 본성과 능동성을 사회과학과 자연과학에 부적절한 것으로 기술하고 있다. 오늘날의 사회과학과 자연과학 이론들은 여성과 여성의 삶에 대한 우리들의 상을 체계적으로 왜곡시키는 개념적 틀에 기초하고 있으며— 또한 이 개념적 틀을 정당화한다."[196] 하딩은 제도권의 경험연구가

194) Sandra Harding: *Feministische Wissenschaftstheorie*, 14쪽.
195) Alison Wylie: The Philosophy of Ambivalence. In: Hanen und Nielsen (Hginnen): *Science, Morality & Feminist Theory*, 61쪽.
196) Sandra Harding: Geschlechtsidentität und Rationalitätskonzeptionen. In:

여성들의 입장과 관련해서는 제 기능을 발휘하지 못하고 있다고 지적한다. 그것은 여성들의 관심과 경험, 아울러 인식객체로서의 여성을 기존모델의 틀 속에서 적절하게 파악할 수 없을 것이다. 철학에 대해서도 하딩은 정신, 이성, 의지가 신체, 감정, 자연, 기타 다른 것을 통제하게끔 규칙들을 정해 놓고 있다고 지적한다. 하지만 구체적 개인에 대한 책임과 같은 문제들은 이러한 규칙들에 의해서 해결될 수 없을 것이다.197)

1. 여성주의 과학철학

과학철학의 여성주의적 관점은 제도학문 내의 인식론적, 형이상학적, 윤리적, 정치적 요소들이 기본적으로 남성중심적이라는 것에서 출발한다. 제도학문의 성차별적, 인종차별적, 문화적대적 입장은 학문의 진보성이라는 믿음의 방패막이에 의해 지지되며 더욱 확산된다. 이러한 토대 위에서 여성주의적 여성 학자들은 기존의 정신적, 사회적 질서에 대해 물음을 제기하며 성상징주의 및 성별에 따른 노동분업과 같은 문제들에 전념한다. 여기서 여성주의철학이 수행하는 연구는 두 가지 측면에서 제도학문의 실체와 만난다: 첫째, 여성주의철학은 성별에 따른 노동분업 — 학문의 경우도 포함하여 — 및 사회체제 전체를 문제삼는다. 둘째, 여성주의철학은 여성주의적 관점으로 명명되는 대표가치에 대해서 비판적으로 맞선다.198)

남성중심적 학문들에 대한 페미니스트들의 비판은 다양한 차원

List und Studer(Hginnen): *Denkvehältnisse*, 428쪽.

197) 같은 책, 443쪽.

198) Sandra Harding: *Feministische Wissenschaftstheorie*, 7ff쪽.

에서 시도되고 있다: 여기에 속하는 것으로 제도학문 구조에 대한 숙고와 그것의 전통에 대한 문제제기가 있다. 아울러 개혁은 실행되어야 하고 제도이론과 실제는 변화되어야 한다. 페미니스트들의 목표는 현행의 남성중심적으로 나타나는 세계상보다 덜 일면적이고 덜 왜곡된 세계를 제시하는 것이다.

제도연구에 대해서 여성주의이론이 우선적으로 비판하는 것은, 그것이 여성의 경험을 고려하고 있지 않다는 점이다. 제도연구는 대부분 보편적인 것으로 규정된, 하지만 남성적 규범에 맞춰진 자료들에 기초해 출발한다. 이로부터 사회체제 및 사회제도의 상이 형성되는데, 이 상은 양성을 적절히 파악하고 있지 못하다.

그렇기 때문에 여성주의 과학철학은 자신의 연구를 여성들의 경험에 관련시킨다. 이를 많은 여성 학자들은 남성의 경험을 통해 획득될 수 있는 지식보다 더 완전하고 덜 왜곡된 지식을 위한 더 나은 출발점으로 보고 있다.[199]

제도연구들이 강조하는 보편타당성의 요구와 다르게, 여성주의이론은 어떠한 보편성도 요구하지 않는다. 여성주의이론은 보편적인 여성의 경험을 가정하는 것이 아니라, 여성들이 다양한 인종, 계층, 문화 출신이라는 것을 고려하며, 남녀 관찰자 및 학문적 입장의 맥락을 포함시킨다.

여성주의 과학철학은 고유한 이론들을 전개하고, 여성들의 상황에 대한 경험적 연구를 수행하며, 새로운 그리고 동등한 권리에 기반을 둔 학문프로젝트 전략을 논의한다. 특히 사회과학 분야에서는

---

199) Sandra Harding: Feminism, Science, and the Anti-Enlightenment Critique. In: Nicholson(Hgin): *Feminism/Postmodernism*, 95쪽.

공적 삶에서의 여성의 역할을 설명하기 위해서 여성들의 활동이 연구된다. 이 밖에 여성 학자들은 우리 사회의 여성억압을 다루는데, 성폭력과 포르노그래피와 같은 일상적 범죄와 아울러 백인지배와 동시에 남성지배 아래서 고통받아 온 흑인여성들의 특별한 상황 역시 이러한 여성억압에 속한다.[200]

몇몇 페미니스트들은 지금까지 알려지지 않았던 여성 학자들의 연구도 발굴할 수 있었고 이러한 방식으로 학문에서의 여성사를 부각할 수 있었다.

하딩은 과학철학에 대한 자신의 연구에서 여성주의 과학철학에서 주된 연구대상을 이루는 다섯 가지 상이한 연구관점을 소개하고 있다:

(1) 동등권에 대한 연구들로, 이 연구들은 너무 비교될 만큼 권한이 부여된 남성들에 비해 극단적으로 불리한 여성들의 모습을 명료히 보여준다.

(2) 생물학 및 사회과학들의 성차별적이고 인종차별적인 남용에 대한 연구들.

(3) 순수학문의 존재에 의구심을 갖게 하는 생물학 및 사회과학들에 대한 비판. 이러한 비판은 연구될 문제영역의 선정도 남성의 판단의식 아래 놓여 있다는 것을 명백히 보여준다.

(4) 사회적 성의 상징적 의미와 구조적 의미를 설명하기 위한, 또한 소위 가치중립적인 책략을 성차별적인 것으로 폭로하기 위한,

---

200) Sandra Harding: Is there a Feminist Methode? In: Dies.: *Feminism and Methodology*, 4쪽.

문예비평 및 정신분석의 방법론적 연관들에 대한 비판.

(5) 인식과 존재 간의, 인식론과 형이상학 간의 관계에 대한 연구 및 사회경험의 분석.201)

방법론적으로 여성주의적 여성 학자들은 대체로 성차별적 학문과 동일한 장치를 사용한다. 하지만 이들은 일반적 이론구조들과 그것들의 개별학문들로의 적용에 대해 물음을 던지기 위해 자신의 방법론을 활용한다. 그래서 인식론의 영역에 있어서도 근본적인 물음이 제기된다: 누가 알 수 있는가? 여성들은 알 수 있는가? 지식 있는 자로 인정받기 위해서 여성들은 어떤 테스트들을 통과해야 하는가?202)

학문들과의 여성주의적 대결의 첫 번째 입각점으로서 하딩은 생물학 및 사회과학에 있어 편향된 남성태도에 대한 비판을 기술한다. 여성성 및 남성성의 본질에 대한 특정한 이해 그리고 성별에 따른 과제분담에 대한 특정한 이해의 주된 책임은 이러한 학문들 탓으로 돌려진다. 여기서 페미니스트들의 관점은 사회과학의 일면성과 왜곡에 초점을 맞추고 있으며, 또한 여성들의 경험을 배제하려 하고 우리 사회에서의 성별에 따른 사고와 행위를 은폐시키려 하는 사회과학의 의도에 초점을 맞춘다.

여성 학자들의 또 다른 비판은 여성 특유의 것으로 분류되는 일정한 주제들 — 가령 정서의 사회적 역할과 같은 — 을 등한시하는 사회학적 현지조사의 적용영역들에 겨냥된다.

---

201) Sandra Harding: *Feministische Wissenschaftstheorie*, 21f쪽.
202) Sandra Harding: Is there a Feminist Methode? In: Dies.: *Feminism and Methodology*, 3쪽.

이 밖에 하딩은 경험적 사회연구에 대해 비판하는데, 경험적 사회연구가 공적이고 가시적인 역할태도의 연구에 집중되어 있는 반면, 사적이고 비가시적인 사회의 영역들(가령, 가사노동과 같은)은 미미하게 혹은 전혀 주제화되지 못하고 있다는 것이다. 이렇게 공적 사회활동에 한정시키면, 결코 총체적 문화의 모습이 그려질 수 없다. 덧붙여 이러한 고정에 의해서 일차적으로 여성들의 활동과 경험은 소리 없이 사라져버리게 되는데, 그 이유는 그것들이 대부분 사적, 비-공적 영역에서 이루어지기 때문이다.203)

또 다른 비판점은 사회학의 현지조사들이 생물학적 성이 사회구조의 핵심변수임에도 불구하고 태도요인으로서의 생물학적 성을 등한시한다는 사실에 있다. 아울러 일원적 사회로부터 출발하여 이로부터 의당 여성들 및 남성들에게 타당하다는 일반적 주장들을 제시하는, 사회학에 대해서도 비판이 제기된다. 여기서 이러한 일원적 시각은 무엇보다도 남성의 시각이다. 여성과 남성은 단지 이론적으로만 공통세계 속에 살고 있을 뿐 실천적 삶에 있어 여성은 배제되어 있다는 점이 간과되고 있다.204)

이러한 그리고 이와 유사한 여성주의적 비판의 입각점들은 단순히 사회과학들만이 아니라, 심리학, 인류학, 역사학 내지 경제학도 겨냥하고 있다. 하딩은 개개 학문이 자기만의 왜곡과 일면성을 드러내 보이면서도, 이들 학문이 객관적이고 가치중립적이라는 모순된 주장을 편다고 진단한다. 여성주의 과학철학은 "학문은 단순히 진술명제들의 특별 앙상블 혹은 명백히 설정된 방법론을 제시하는

---

203) Sandra Harding: *Feministische Wissenschaftstheorie*, 89f쪽.
204) 같은 책, 91ff쪽.

것이 아니라, 일련의 의미를 간직하고 있는 사회적 실천양식들의 포괄로 판명됨"205)을 설명한다.

페미니스트들의 목표는 학문 내에서의 자신들의 현존을 통해서 인간행위에 대한 더욱 포괄적인 상을 제공하는 데 기여하는 것이다. 단지 여성들이 남성들과는 다른 자료들의 접근통로를— 가령, 타문화권의 여성공동체와 관련된 자료들을— 보유하고 있기 때문만이 아니라, 여성들은 다른 감각능력과 해설능력을 갖고 있기 때문이다.

물론 '어떤 분야들에서 사회적 성이 분석범주로서 필수적인가' 라는 물음과 관련하여 여성주의적 여성 학자들 간의 의견의 불일치가 지배적이다. 그래서 몇몇 여성주의적 여성 학자들은 자연과학에 대해 사회과학 혹은 정신과학보다 더 큰 객관성을 인정하며 성을 부차적 기준으로 생각하기도 한다. 반면 급진적 페미니스트들은— 하딩도 여기에 속하는데— 학문적 인식모델로서의 물리학과 같은 자연과학도 원칙적으로 문제삼아야 한다는 데 인식을 같이한다. 그래서 여성주의 과학철학의 과제는, 자연과학에서도 사회적 성의 상징적, 구조적, 개별적 의미들이 결정적 영향을 미침을 보여주는 것이다. 하딩에 따르면, 물리학의 패러다임적 지위가 시대에 뒤떨어진 것은 아닌지, 그리고 남성중심적 부르주아적 관점에 대한 반성이 제시되었는지, 주의 깊게 질문해야만 한다.

이러한 맥락에서 여성주의적 연구에 있어 필수적인 것은 자연과학의 남성중심주의를 설명하는 것이 아니다. 오히려 과학연구의 모델을 총체적으로 문제삼아야 한다. 여성주의적 비판은 소위 자연과

---

205) 같은 책, 96쪽.

학의 객관적인 존재론적, 방법론적 기준들이 실은 주장되는 가치중립성을 보장할 수 없다는 점을 분명히 한다.206)

하딩의 경우, 하나의 가능한 관점은 과학을 사회적 기관으로서 정의하는 것, 즉 다수의 자연법칙들로서가 아니라 사회적으로 인정된 지식활동의 형식으로 정의하는 것이다. 이렇게 되면 비판이 일차적으로 틀에 박힌 남성의 인식형식들에 향해져야 한다는 점도 분명해질 것이다. 여성주의이론 구성의 과제는 이렇게 해서 덜 남성적 혹은 현대적으로 표현되고 역사 및 과학[학문]에 대한 더 신뢰할 만한 해석을 전달할 수 있는, 합리성 개념의 재구성에 놓이게 된다.

그래서 **합리성 개념의 성별에 따른 분리**(*geschlechtsspezifischen Verteilng von Rationalitätskonzeptionen*)를 추적해 가는 것, 다시 말해서 합리성 측면에서 여성과 남성에 대한 상이한 사회적 규범들을 밝혀내는 것이 여성주의 철학의 과제로 등장한다. 이와 아울러 여성주의철학은 합리적 인간의 결정, 신념, 행위에 있어서 남녀 간에 어떠한 차이가 보이는지, 그리고 이러한 상이한 파악의 근거가 어디에 놓여 있는지, 물음을 제기해야 한다.

하딩은 여성 학자들에게 단순히 성만이 아니라 성정체성에도 주의를 집중할 것을 촉구한다. 사회적 성의 정의와 그것의 정밀한 차이들을 분석하는 것도 성정체성의 문제에 속하는 것이라 하겠다. 여기서 문제가 되는 사실은, 이러한 개념이 서구문화에 있어 미리 부여된 기능적 성차를 토대로 구축되어 있다는 점이다.207)

---

206) 같은 책, 49쪽.

207) Sandra Harding: Geschlechtsidentität und Rationalitätskonzeptionen. In: List und Studer(Hginnen): *Denkvehältnisse*, 426ff쪽.

하딩은 여성주의철학의 중심문제를 단순히 백인 특권중산층에만 초점을 맞춘 철학이 아닌 모든 여성들을 위한 철학을 발전시킬 과제에 있다고 본다. 탈식민지적 관점들에 대해 연구하고 타문화 및 타문화의 해석형식들을 주제화하는 것도 여기에 속한다. 토착역사를 간섭해 왔던 구미중심적 역사서술의 지배를 밝히는 것은 여성주의철학의 내용이 될 수 있다. 여성주의 과학철학에 있어서처럼 탈식민지적 연구들에 있어서도 서구 가부장제 학문의 보편성은 문제로 제기된다. 이러한 배경 아래서 이제 더 이상 제3세계에 제국주의적이고 파괴적인 영향력을 행사할 수 없는 민족학이 정립되면 좋을 것이다.208)

여기서 하딩은 남성적/인간적 합리성 개념이 여성 학자들에 의해서 수정될 수 있으며 수정되어야 하는가, 아니면 여성 학자들이 하나의 다른 여성적 합리성을 발전시켜야 하는가, 그리고 이 여성적 합리성은 어떠한 모습을 보여줄 수 있는가라는 근본적인 물음을 던진다.209)

하딩은 기존의 성차별적이고 남성중심적인 관점과 대결할 수 있는 여성적 학문이 요구된다는 입장을 멀리한다. 그녀는 여성주의 역시 현행의 학문담론과 완전히 거리를 둘 수는 없음을 전적으로 인정하는데, 그 이유는 그렇지 않을 경우 현행의 학문담론을 진지하게 받아들이지 않기 쉽고 또한 일반비판에 있어 중요한 모든 것을 현행 학문담론에서 쉬이 박탈할 수 있기 때문이다. 아울러 이미

---

208) Sandra Harding: Ist die westliche Wissenschaft eine Ethnowissenschaft? In: *Die Philosophin* 9(1994), 26ff쪽.

209) Sandra Harding: Geschlechtsidentität und Rationalitätskonzeptionen. In: List und Studer(Hginnen): *Denkvehältnisse*, 427쪽.

존재하는 모델을 반복하는 것은 여성주의이론을 충족시키지 못한다.

더 나아가 여성주의적 비판의 입각점도 의문이 제기된다. 문제는 여성주의적 비판이 밖으로부터 혹은 안으로부터 기존담론을 파악할 수 있는지 여부이다. 하딩의 주장에 따르면, 외재적 접근을 통한 여성주의적 비판은 모든 여성들에게 꼭 들어맞는 것이 아니다. 내재적 비판은 거리 취함이 부족하며 이로 인해 논증의 예리함이 결핍되어 있다. 하딩은 중용의 길로 좀더 유연할 것과 여성주의적 관점들을 상호 보완할 것을 요구한다.

전체적으로 하딩은 다원주의적 관점에 찬성하는데, 여성주의적 입장이 결코 폐쇄적이지 않고 다양한 노선들을 포괄하고 있다는 점도 이러한 다원주의적 관점에 도움이 된다. 정치이론의 변화 및 여성의 권력참여에 힘을 기울이는 자유주의적 페미니즘, 노동계급 여성들의 지위에서 출발하여 마르크스적 분석들을 변양시키고 있는 사회주의적 페미니즘, 사회시스템과 현실해석의 모든 형식을 남성적인 것으로 파악하는 급진적 페미니즘, 프랑스 이론에 의해 영향받은 포스트모던적 페미니즘, 그리고 탈식민지적 관점에서 출발하는 유색여성들의 페미니즘.210)

적절한 여성주의 과학철학의 목표설정은, 하딩이 꾀하는 바, 객관주의와 해석학의 지배담론에 맞선 전략과 대안의 발전이다. 여기서 그것은 실험을 통해 가설을 검증하고 귀납적, 연역적 추론을 사용하며 모든 가정과 주장을 근본적으로 비판 가능한 것으로 간주하는 남성중심적 방법론의 도움을 기꺼이 받을 수 있다.211)

---

210) Sandra Harding: *Feministische Wissenschaftstheorie*, 16-19쪽.

이러한 작업을 위해서 여성주의이론은 고유한 인식론적 원천들도 필요로 하는데, 이 원천들의 토대 위에서 제도경험연구의 해석들을 비판할 수 있다. 그것은 학문적 문제들의 성별화를 설명해야하고, 명증성이 어떻게 이해될 수 있는지 새롭게 정의 내려야 하며, 어떻게 이해와 설명의 적절한 방법론이 정립될 수 있는지 밝혀야한다. 아울러 여성주의 과학철학은 이론, 연구, 정치에 있어서 고유한 결정을 가능케 하는 특별한 평가형식을 필요로 한다.212) "그리고 우리는 여성주의적 혁명의 결과로 생각되고 제시되는 인식추구의 모든 형식의 목적과 목표를 비판적으로 평가해야만 한다. 우리가 이러한 혁명을 자연과학들에 옮기고자 한다면, 우리는 학문의 다양한 성별화형식들 간의 다층적 관계에 대한 이해를 심화시켜야하고 경험론의 도그마들을 궁극적으로 치워버려야 한다."213) 하딩에 따르면, 자연과학 내에서 여성주의적 연구가 문제될 때, 이러한 행보는 매우 회의적이다. 왜냐하면 이 맥락에서 페미니스트들 역시 부분적으로 전통적 도그마들에 붙잡혀 있기 때문이다.

여성주의 과학철학의 연구 틀 속에서 하딩이 비판적으로 언급하는 것은, 동등권에 대한 연구들에 있어서도 여성들의 상황에 적절하지 않은 관점들이 존재한다는 점이다. 그러므로 개별적인 성별관련 문제와 학문활동 내의 여성차별에 대한 연구에 있어, 여성들의 관심 및 동기화의 부족 그리고 그러한 원인을 다루는 것도 잊어서는 안 될 것이다. 마찬가지로 페미니스트들이 남성중심주의의 극복

---

211) 같은 책, 43쪽.
212) Sandra Harding: Feminism, Science, and the Anti-Enlightenment Critique. In: Nicholson(Hgin): *Feminism/Postmodernism*, 88f쪽.
213) Sandra Harding: *Feministische Wissenschaftstheorie*, 57쪽.

을 위해서, 여성적 사고 및 태도방식에 대해 주의를 기울이는 것으로 충분하다고 생각하고 출발한다면, 이 역시 맞지 않는 것이다.[214)

하딩은 전통적인 남성의 목소리를 여성의 목소리를 통해 대체시키고자 하는 관점 혹은 여성들을 위한 특수한 학문을 요구하는 관점들이 간과하고 있는 것도 비판한다. 하딩은 여성주의적 연구가 덜 왜곡된 세계관을 제공해 줄 수 있는지의 여부 그리고 여성주의적 연구가 제도권의 학문논리와 이분법적 사고를 완전히 물리칠 수 있는지의 여부에 대해 불확실한 것으로 본다.

물론 여성들이 젠더화된 학문에 참여하고 있다는 사실로 해서 젠더화된 학문이 중립화되는 것은 아니다. 무엇보다도, 남성들이 자연에 대한 실질적 통제를 행사할 수 있게 되고 그렇게 해서 자신들의 남성적 정체성을 보호할 수 있게 된 이래로, 남성들은 여성들을 비로소 학문 내에 허용하고 있기 때문이다. 하딩에 따르면, 남성적 학문을 여성적 학문으로 대체하는 것은 단지 하나의 과도기적 국면으로서만 가능하다. 훨씬 더 중요한 것은, 남성중심적 학문에 있어 통례적인 초월론적 자아의 표상을 극복하는 일일 것이며, 이러한 일원화된 정체성 대신에 **상호간에 서로 연결된 자아됨을**(*wechselseitig aufeinander bezogene Selbstheiten*) 발전시키는 것이요, 이러한 자아됨이 그 다음 연대적으로 결합될 수 있을 것이다.[215)

---

214) 같은 책, 53f쪽.
215) 같은 책, 57f쪽.

2. 여성주의 경험론, 여성주의 관점론, 여성주의 포스트모더니즘

하딩은 『여성주의 과학철학』에서 기존의 관점들이 갖는 강점과 약점에 대해 상세히 논의한다. 여기서 그녀는 지금까지 개진된 여성주의 인식론들 중 어떤 것도 인식론이 제기하는 요구들을 완전히 충족시킬 수 없다고 밝히고 있다. 이를 위해서는 평가전략이 필수적인데, 이 평가전략은 이제야 구성되어야 하는 것이다. 아울러 문제점으로 지적될 수 있는 것은, 여성주의 인식론들이 부단히 여성의 목소리를 축출, 고립, 회유코자 했던 학문적, 지적, 사회적, 경제적, 국가정치적, 법적, 의학적 세계 내에서 여성의 목소리를 대변할 공간 확보 투쟁에 갇혀 있다는 것이다.

여성주의적 산물은 성차별주의적 산물보다 낮게 평가받는데, 그 이유는 여성주의적 산물이 성차별주의적 요구들과 충돌하기 때문이다. 이러한 이유로 해서 하딩은 하나의 여성주의 인식론을 요청하는데, 그것은 여성주의적 연구결과들의 명증성을 제시해 보일 수 있어야 하고, 여성주의적 연구결과들이 성차별주의적 연구결과들보다 더 정당한 것으로 인정받을 수 있도록 해야 한다.216)

여성주의 인식론의 출발점은 전통적 경험론의 비판이다. 하딩은 이 비판의 세 가지 입각점을 설명한다: 첫째, 하딩은 연구자 및 그의 정체성이 연구결과에 아무런 영향을 미치지 않는다는 것에 대해 회의적이다. 둘째, 하딩은 과학 내의 남성중심적 왜곡들은 제거될 수 없다는 사실에서 출발하고 있으며, 셋째, 하딩은 과학이 정치적

---

216) Sandra Harding: Feminism, Science, and the Anti-Enlightenment Critique. In: Nicholson(Hgin): *Feminism/Postmodernism*, 90ff쪽.

영향들로부터 보호되어야 한다는 견해를 비판한다.[217] 이러한 비판점들로부터 여성주의 과학철학의 핵심적 문제설정들도 분명해진다. 이러한 문제설정에 속하는 것들로 제도과학들, 그것들의 응용영역, 방법론, 해석들에 대한 분석이 있으며, 아울러 과학과 사회의 연계에 관한 연구도 이에 속한다. 하딩은 기존의 관점들을 — 가령 포스트모던과 같은 — 여성주의적 문제들에 적용하는 것이 아니라, 가부장제 이론들의 분석을 통해서 고유한 입각점들을 제시하는 것이 여성주의의 당면과제라고 본다.

이 지점에서 여성주의이론은 갈라진다. 몇몇 여성 학자들은 인식과정에의 여성참여란 측면에서 기존 인식론의 변화를 이끌어내고자 한다. 다른 여성 학자들은 기존 인식론을 대체할 수 있을 만한 후속과학의 개발을 목표로 한다. 하지만 하나의 통일적인 여성주의이론을 발전시키는 것은 가능하지 않은데, 그 이유는 이론의 대상을 형성하는 사회적 관계들 역시 변화 속에 포함되기 때문이다. 하딩은 통일적인 여성주의이론의 확립 역시 여성주의 과학철학의 핵심문제는 아니라고 본다. 왜냐하면 여성주의 과학철학은, 가부장적 준거에 일치하는 것 같은, 보편적 척도로서 타당할 수 있는 정합적 이론을 제시하고자 노력하지 않기 때문이다. 그 대신에 페미니스트들은 담론에 있어서의 불협화음 또한 고려하고자 할 것이다. 하딩은 제도과학의 해체와 마찬가지로 후속과학의 발전도 필수적인 것으로 보는데, 그 이유는 이들이 서로를 제약하기 때문이며, 또한 후속과학이 일반이론의 여성주의적 목소리의 다양성을 채택하게 되면, 이제 이 다양한 여성주의적 목소리는 하나 되어서 제도과학

---

217) Sandra Harding: *Feministische Wissenschaftstheorie*, 174쪽.

의 반대편에 서게 될 것이기 때문이다. 바로 이렇게 해서 생기는 여성주의적 관점들 내에서의 긴장은 대안적 생각들을 반성하기 위한 가치 있는 버팀목이 될 것이다.[218]

여성주의 과학철학의 최소한의 공통분모를 하딩은 과학 내의 사회적 성의 문제점으로 표현한다. 하지만 이러한 젠더문제의 우선시가 모든 이론들 혹은 각론들에 있어서도 마찬가지인 것으로 고정되어 있지는 않을 것이다.

이와 더불어 여성들이 단일한 그룹이 아니라 인종, 계급, 문화에 따라 구별된다는 점을 고려하는 것도 여성주의이론에 있어서 중요할 것이다. "과학철학의 제1 명제가 말하는 바는, 우리는 불확실하고 불안정한 요소들을 다룰 수는 없다는 것이다. 이러한 명령을 우리는 위반해 왔고 외면해 왔다. 우리가 물리쳐 온 두 번째 명령은 학문과 가치와의 관계에 얽혀 있다. 가치중립성은 결코 객관성의 최대치를 확보하기 위한 수단이 아니다. — 물론 제도과학 담론이 이 개념을 구성해 온 측면에서의 객관성을 말하는 것은 아니다. 내가 출발점으로 삼는 것은, 단지 강요된 가치들 — 인종차별주의, 계급지배, 성차별주의 — 은 객관성을 파괴하는 반면, 참여공동체적 가치들 — 반성차별주의, 계급 없는 사회, 반인종차별주의 — 은 왜곡과 신비화를 우리들의 문화적으로 조건지어진 설명방식과 이해방식 속에서 점차 사라지게 한다는 것이다. 내가 이 연구에서 여러번 제안했듯이, 이 참여공동체적 가치들은 객관성의 재정식화를 구성하는 조건들로 간주될 수 있을 것이다."[219] 하딩은 성, 인종, 계

---

218) 같은 책, 265ff쪽.
219) 같은 책, 272쪽.

급을 강조함 없이 사회문화적 측면에서 동등성을 창출하는 데서 객관성의 개념이 새롭게 정립될 수 있다고 전망한다.

『여성주의 과학철학』에서 하딩은 후속과학의 세 관점 — 즉, 여성주의 경험론(der feministische Empirismus), 여성주의 관점론(die feministische Standpunkttheorie), 여성주의 포스트모더니즘(der feministische Postmodernismus) — 이 여성주의 인식론의 요구들을 충족시킬 수 있는지 여부의 측면에서 각각을 고찰한다.

경험주의적 노선이 출발점으로 삼는 것은, 성차별주의와 남성중심주의는 사회적 왜곡으로, 이러한 왜곡은 기존[제도]규범들을 더 잘 준수함으로써 시정될 수 있다는 것이다.220) 여기서 이 경험주의적 노선의 목표는, 여성들이 과학 내에서 동등권이 더욱 신장될 수 있도록 돕는 것이다. 아울러 여성주의 경험론은 합리론과 긴밀히 연관되어 있다. 여성주의 경험론은 성차별주의와 남성중심주의를 사회적 분열과 동일시하지만, 만약 우리가 더 강력하게 과학적 인식의 기존[제도]규칙들을 보호한다면 이러한 사회적 불화는 변화될 수 있을 것이라고 본다. 더 나아가 여성주의 경험론은 남성중심적 이원론을 제거하기 위해 고유한 학문적 규범과 방법론을 발전시킨다.

여성주의 경험론은 전통적 경험론의 일정한 기본전제들에 물음을 제기한다: 고전적 경험론의 제1 원칙은 여성 연구자 혹은 남성 연구자의 사회적 정체성은 중요하지 않으며 경험적 연구의 결과들은 이론의 여지가 없다는 것을 출발점으로 삼는다. 이에 반해 여성주의 경험론은 그룹으로서의 여성들이 남성들보다 나뉘지 않는, 객

---

220) 같은 책, 22쪽.

관적 결과들을 특히 여성적 경험의 맥락에서 제시할 수 있다고 논증한다.

전통적 경험론은 인간을 사회그룹 혹은 문화 속에 통합될 수 있는 고립된 개인으로 간주한다. 이를 보충하여 여성주의 경험론은 이러한 개인들이 여성이거나 아니면 남성이고, 여성주의적이거나 아니면 성차별주의적이며, 하나의 계급 혹은 인종에 속하는데, 이를 통해서 여성주의 경험론이 개별적 주체에 대해 더 올바르게 평가할 수 있다고 확언한다. 둘째로, 전통적 경험론이 주장하는 바는, 고전적 경험론에 의해서 발전된 규범들은 발견의 맥락이 아니라 평가의 맥락에서만 타당하다는 것으로, 다시 말해 문제들이 식별되고 정의되는 차원에 있어서만 타당하다는 것이다. 전통적 경험론은 그러한 근원적 차원은 과학탐구 과정에 있어 관련성이 없는 것이라고 주장한다. 이에 반해, 여성주의 경험론은 남성주의적 상이란 비-여성주의 남녀들이 그들의 생활세계 속에서 지각하는 그러한 가설들이 검토될 때에 비로소 생기는 것이라고 단언한다. 이러한 이유로 해서 여성주의적 비판은 이미 발견의 차원에서 시작되어야 하는데, 그 이유는 연구대상 혹은 연구주제로서 흥미로운 것은 그곳이 결정적이기 때문이다.[221]

하딩은 여성주의 과학철학의 두 번째 형식인 관점론을 분석한다. 그녀가 진단하는 바로는, 여성주의 경험론도 제도과학과 비교해 볼 때 일련의 개선을 이끌어 내겠지만, 관점주의는 여성주의 경험론에 비해서 포괄적 이론을 발전시킬 더 큰 가능성을 제공할 것이다. 여

---

221) Sandra Harding: Feminist Justificatory Strategies. In: Garry und Pearsall (Hginnen): *Women, Knowledge and Reality*, 192f쪽.

성주의 관점론을 통해 탐구에 있어서도 여성적 활동의 관점에서의 수행이 가능해질 것이라고 한다.[222]

여성주의 관점론의 입각점은 남성중심적 학문에 대해 근본적인 물음을 제기하며, 남성적 제도과학이 해방적 목적들에 유익할 것이라는 데 회의적이다. 기본적으로 관점론은 헤겔(Hegel)의 주인과 지배의 변증법 및 마르크스(Marx), 엥겔스(Engels), 루카치(Lukács)에 의한 헤겔 변증법의 전복에 기초하고 있다. 관점론의 주장자들이 출발점으로 삼는 것은, 남성들은 그들의 사회적 지배권으로 해서 부분적으로 왜곡된 표상들을 발전시켜 온 반면, 여성들은 그들의 낮은 지위로 해서 이를 갖고 있지 않다는 것이다. 여기서 여성주의적 시각은 사회현상에 대한 새로운 해석 및 설명의 기초를 형성하는 관점으로 변한다.[223]

여성주의 관점론은 그녀/그의 고유한 현실 밖에 서 있는 무관계의 여성/남성 관찰자가 중립적 관점을 갖고 출발하는 것이 아니다. 여성주의 관점론에 있어 주체는 신체적이고 가시적인데, 그 이유는 이 주체에게 사회적 지위가 할당되어 있기 때문이다. 그래서 주체는 원칙적으로 객체들과도 구분되지 않는다. 이러한 주체는 경험과학의 통일적 주체와 달리 다면적이고 비통일적이다.[224]

이와 함께 여성주의 관점론은 현실과 과학개념의 전적인 신기획을 꼭 필요한 것으로 만드는 여성적 시각과 연결된다. 단 문제가

---

222) Sandra Harding: Feminist Justificatory Strategies. In: Garry und Pearsall (Hginnen): *Women, Knowledge and Reality*, 196f쪽.

223) Sandra Harding: *Feministische Wissenschaftstheorie*, 24쪽.

224) Sandra Harding: Rethinking Standpoint Epistemology. In: Alcott und Poller(Hginnen): *Feminist Epistemologies*, 63ff쪽.

되는 것은, 이러한 후속과학이 의지할 수 있는 통일적인 여성주의적 혹은 여성적 관점이 존재하지 않는다는 점이다. 하지만 다양한 관점들과의 관련을 통해서 여성주의 관점론은 생물학주의, 관념론, 백인 중산층 여성을 모든 여성으로 일반화시키는 것에 대해 반대를 표명한다. 이 관점의 주장자들은 특히 엘리자베스 페(Elizabeth Fee), 제인 플랙스(Jane Flax), 낸시 하트속(Nancy Hartsock), 이블린 폭스 켈러(Evelyn Fox Keller), 도로시 스미스(Dorothy Smith)이다.

하딩은 여성주의 관점론의 과제를 사회적 질서의 다양한 구조 및 교차를 분석하고 설명하는 데 있다고 본다. 이 입각점은 젠더화된 사회의 비판에 기초하며 여기서 여성의 경험을 우선순위에 둔다. 여성주의 관점론의 목표는 시민사회의 세계상 및 그것의 가부장적 이분법에 문제를 제기하는 것이다. 여성주의 관점론은 근대과학을 경질하고 다른 전제들 아래서 재구축하는 것을 목표로 하는 후속학문으로 이해된다.

하딩은 다섯 가지 해석의 관점들을 주제화하는데, 이 해석의 관점들과 함께 여성주의 관점론은 남성의 경험으로는 불가능한 자연과 사회의 결합에 대한 새로운 시각을 던져준다. 첫 번째 측면은 힐러리 로제(Hilary Rose)의 후기마르크스적 관점에 기원하다. 그녀는 여성주의 인식론이 단순히 데카르트적 이원론에 반대할 뿐만 아니라, 부권적 과학보다 더 완전한 유물론을 가능케 한다는 것을 출발점으로 삼는다. 손수 조직한 연구영역들 내에서 여성 학자들은 자연 및 사회연관에 대한 새로운 해석을 이끌어낼 수 있을 것이며, 그 속에 여성해방의 기회가 놓여 있다는 것이다.[225]

두 번째 관점 역시 데카르트의 이원론 및 사고와 행위의 분리를 넘어서고자 하는 목표와 함께 여성주의적 후속과학을 발전시킨 낸시 하트속의 후기마르크스적 관점의 일부이다. 이에 따르면 사회적 삶에 있어 여성들의 기여가 적절히 평가될 수 있는 조건들이 마련되어야 하며, 또한 그것은 성의 투쟁에 있어 길잡이를 제공해야 한다. 여성적 시각에 적절한 새로운 세계상을 건설하기 위해서 한편으로는 제도과학의 억압적 특성이 밝혀져야 하고 다른 한편으로는 교육을 통해서 관계변화를 위한 투쟁이 지도되어야 한다.226)

관점지향적 후속과학의 세 번째 측면은 제인 플랙스가 발전시켰다. 그녀는 여성주의이론을 직접적으로 포스트모던[탈근대성]과 결합시키는데, 이 포스트 모던을 그녀는 더욱 원칙적인 후속과학으로 이해한다. 플랙스에 있어서 여성주의 인식론은 전체 여성주의이론의 부분이며 정치 및 자연에 걸맞은 이론의 핵심요소이다. 여성주의 인식론은 사회적 관계의 조성에 관한 질문을 제기해야 하며 이를 통해서 여성주의적 관점의 앞길을 터 주어야 한다.227)

네 번째 해석은 도로시 스미스에 의해서 개진되었다. 그녀의 구상은 사회주의적으로 정향되어 있으며 연구대상이 된 사람들에게 객체지위를 눌러 씌우려고 하지 않고 그의 현존을 행위하는 주체로서 보존코자 하였다. 이를 통해서 태도규범들 대신에 사회관계들이 해석되어야 하고 또한 이러한 방식으로 여성들의 경험들이 설명되어야 한다. 스미스는 이러한 형식의 과학에 더 객관성을 부여하였는데, 그 이유는 그것이 남성중심적 관점보다 더 포괄적이면서도 덜 왜곡된 범주들을 사용하기 때문이라고 한다.

---

225) Sandra Harding: *Feministische Wissenschaftstheorie*, 151f쪽.
226) 같은 책, 156ff쪽
227) 같은 책, 162ff쪽

하딩은 관점론의 마지막 주요시각을 과학사의 기술로 본다. 그것은 사회구조의 변화와 추이를 밝히는 데 도움을 주며, 그로부터 그 다음 이해 및 설명의 새로운 형식들이 정립될 수 있다.[228]

여성주의 포스트모더니즘은 여성주의 과학철학 내에 후속과학의 세 번째 관점을 이룬다. 하딩은 여성주의 포스트모더니즘에서 구체적인 미래표상을 발전시키고 반대의식을 형성할 수 있는 가능성을 본다.[229] 어느 정도 이 세 번째 입장은 앞선 두 관점에 대해 물음을 제기한다. 여성주의 포스트모더니즘은 미셸 푸코(Michel Foucault), 자크 라캉(Jacques Lacan), 리차드 로티(Richard Rorty)와 같이 잘 알려진 포스트모던 철학자들과 관련되어 있으며, 실존, 본질, 이성, 학문, 언어, 주체에 대한 물음의 측면에서 근본적인 회의주의로부터 출발한다.

제인 플랙스처럼 포스트모던을 지향하는 여성 학자들은 여성주의와 포스트모더니즘의 밀접한 연관에 대해 찬성을 표명한다. 여성주의는 포스트모더니즘의 토대 위에서 움직일 수밖에 없는데, 그 이유는 여성주의적 입장이 단독으로는 무비판적일 수 있으며 인식론의 잘못된 전제들에 기초하고 있기 때문이라고 한다.

물론 여성주의가 포스트모더니즘에 완전히 파묻히는 것에 대한 반론이 있는데, 곧 그렇게 되면 여성주의이론과 정치의 관심이 완전히 성의 의미를 서술하는 데 몰두하게 될 것이고 다른 비판적 측면들은 이제 포스트모던적 요소들이 되어 버릴 것이라고 변론한다.

하딩 역시 포스트모더니즘에 대한 반론을 주장하는데, 첫째, 포

---

228) 같은 책, 167ff쪽
229) 같은 책, 210f쪽.

스트모더니즘은 인식론과 마찬가지로 단지 백인 특권층 남성의 요구 및 필요만을 대변하며, 둘째, 포스트모던의 비판적이고 해체주의적 노력의 대상들은 마찬가지로 똑같이 특수하고 부분적인 토대의 결과들이며, 셋째, 가장 중요한 포스트모던 대변자들은 어떤 형식으로도 젠더에 대한 물음을 다루지 않았으며, 넷째, 포스트모던 프로젝트들은 페미니스트들에 의해서 착수되었는데, 이들은 여성주의 정치에 대해 문제제기하고 주체의 특수한 개념과 파괴에 결부되어 있다는 것이다.[230]

하지만 하딩은 포스트모던적 관점이 분리된 정체성을 통합시킬 수 있다면 그것은 유용한 토대가 될 수 있을 것이라고 인정한다. 그것은 흑인 페미니스트, 사회주의적 페미니스트, 유색인 페미니스트, 기타 다른 페미니스트들을 결속할 수 있어야 하고, 그렇게 해서 인간의 타고난 본성이라는 고정관념과 이로부터 발생하는 왜곡들을 극복할 수 있어야 한다.[231]

요약하여 말하자면, 하딩은 비교를 통해서 후속과학을 위한 세 관점들 가운에 어떤 관점도 비난하지 않고 각각에 대해서 여성주의 인식론을 위한 고유한 의미를 인정한다고 하겠다. 경험론, 관점론 그리고 여성주의 포스트모더니즘은 다양한 대변자, 청취자, 맥락, 목적에 소속해 있기 때문에, 하딩은 이러한 다양한 기획들이 통일적 분석의 편의를 위해서 폐기되어서는 안 될 것이라는 견해이다. 과학의 합리성에 대한 비판의 측면에서 젠더화된 과학을 변화시킬 수 있는 경험론은 필수적일 것이다. 자연과 사회관계에 대한 다양

---

230) Sandra Harding: Feminism, Science, and the Anti-Enlightenment Critique. In: Nicholson(Hgin): *Feminism/Postmodernism*, 84ff쪽.
231) Sandra Harding: *Feministische Wissenschaftstheorie*, 26쪽.

한 이해에 의거해서 사회활동과 제도과학 간의 관계를 제시하고자
하는 관점론 역시 중요할 것이다. 그리고 우리 사회에서 과학은 권
력과 긴밀히 연관되어 있기 때문에, 세계 속에서 지식과 권력 간의
관계를 연구하고 비판하는 포스트모던적 회의주의 역시 필수적일
것이다.232)

하딩의 해결방안은 비록 과도기적 해결로서만 쓸모 있지만 궁극
적으로 인식획득을 가져올 수 있는 관점들의 다양성을 강조한다.
이러한 여성주의 관점론은 제도과학을 비판적으로 남성적 주체성
의 표현으로 보는데, 이러한 남성적 주체성을 통해서 제도과학은
인식을 위한 제한된 통로를 자신의 지배하에 두고 있다. 다수의 여
성주의적 관점들을 통해서 갖가지 부류의 다양한 여성들의 이론들
이 정당하게 평가될 수 있을 것이다.233)

3. 혁명과 개혁

여성주의 과학철학의 다양한 방법론과 관련해서 하딩은 현존하
는 학문들 내에서 개혁 혹은 혁명이 쟁취될 수 있는지 여부에 대한
물음을 제기한다. 그녀는 「개혁 혹은 혁명」(Reform or Revolution)
이라는 자신의 논문에서 여성주의적 개혁주의와 혁명에 대한 통상
적인 찬반논쟁을 정리하고 있다: 개혁주의적 연구에 대해서, 그것

232) Sandra Harding: Feminist Justificatory Strategies. In: Garry und Pearsall
    (Hginnen): *Women, Knowledge and Reality*, 200쪽.
233) Ruth Seifert: Entwicklungslinien und Problem der feministischen
    Theoriebildung. In: Knapp und Wetterer(Hginnen): *Traditionen — Brüche*,
    266쪽.

은 대부분 정말 비효율적이고 시간과 에너지를 소모하는 것이며, 특히 그것이 혁명을 지원하지 못할 때 그러하다고 반대한다. 아울러 몇몇 분야의 학문체계는 근본적으로 잘못되어 있어서 하나의 불공평은 다른 불공평이 비용을 치러야만 처리될 수 있다고 한다. 설령 여성주의적 개혁이 부분적으로 관철된다 할지라도, 그것은 대부분 기존체제를 지원하는 것이다. 또한 개혁주의적 여성주의는 심리학적인, 사적인 문제해결방식들을 발전시키며, 이를 통해 사회와 학문에는 관여하지 않음으로 해서 인간불행의 참된 원인들을 은폐시킨다.234) 총괄하여 하딩은 여성주의적 개혁주의는 정치적 혁명 내에서 결코 결정적 역할을 수행할 수 없다고 단언하는데, 왜냐하면 이러한 여성주의는 단기적이고 이기적인 목표를 갖는 운동에 머물 수밖에 없기 때문이라는 것이다.

개혁주의적 페미니즘을 통한 순차적 변화와 달리 혁명의 길은 전 체제의 근본적 변화를 내세운다. 하딩은 개혁주의적 노선과 혁명적 노선 간의 차이를 양적 및 질적 측면으로도 비교한다. 혁명적 관점을 찬성하는 이유는, 모든 변화가 사회 내에서 몇몇 질의 양적 증감에 영향을 미치기 때문이다. 그러나 작은 변화들은 결코 또 다른 새로운 질을 이끌어낼 수 있는 질에 영향을 미칠 수 없다. 하딩은 사회의 전체 구조와 특징을 변화시키기 위해서는, 다른 형식의 과정이 필수적이라고 진단한다. 하지만 그녀도 일련의 작은 변화들의 끝판에 체제를 완전히 변화시키는 전체적 개조가 완료될 수 있다는 점을 인정한다. 이렇게 해서 일련의 개혁을 도구로 하여 하나

234) Sandra Harding: Feminist Justificatory Strategies. In: Garry und Pearsall (Hginnen): *Women, Knowledge and Reality*, 273ff쪽.

의 혁명을 불러일으키는 것이 가능할 수 있을는지도 모르겠다.235)

개혁주의적인 그리고 혁명적인 여성주의적 실천 간의 차이를 하딩은 사회의 토대[하부구조] 혹은 상부구조의 변화의 측면에서도 비교한다. 상부구조의 변화들은 토대에 거의 영향을 미치지 못하며 대개 자연개혁이다. 더 나아가 혁명과 개혁의 차이는, 혁명적 변화가 폭력적인 반면 개혁주의적 변화는 완만하고 평화적으로 실행된다는 점에 있다. 물론 그렇기 때문에 개혁주의적인 여성주의적 목표설정은 약한 것으로 해석될 수 있겠다.

개혁주의적 변화와 혁명적 변화의 차이를 해석할 또 다른 가능성은 실천과 원리 간의 차이의 동일시이다. 개혁주의 여성들은 여성들의 형편이 나아지고 여성들의 경험이 기존 도덕원리들에 통합된다면, 그것으로 만족한다. 혁명주의 여성들은 지금까지 행해지던 통례의 원리들과는 다른 원리들을 관철시키고자 한다.

전체적으로 하딩은 여성주의적 활동의 두 형식을 비-억압적 사회를 목표로 삼는 여성주의적 노선의 전략들로 본다. 그것이 효과적 전략들이라면, 이데올로기를 변화시키는 데 유용한 실천의 변화 혹은 의식의 변화를 착수하는 발걸음이 될 것이다. 하딩은 페미니스트의 과제를 두 가지로 본다: 페미니스트는 가장 효과적으로 여성주의적 목표를 위해 노력할 활동들을 선택해야 하고 동시에 지속적으로 목표 갱신 및 활동효과에 대해서 검토해야 한다.236)

---

235) Sandra Harding: Feminism: Reform or Revolution. In: Gould(Hgin): *Woman and Philosophy*, 275f쪽.

236) 같은 책, 280ff쪽.

4. 여성주의와 아프리카인의 세계관

하딩이 몇몇 논문에서 연구했던 주제는 여성의 세계관과 아프리카인의 세계관 간의 유사점을 다루고 있다. 그것은 여성도덕 및 남성도덕의 분석의 맥락 및 가부장제적 이원론의 문제점의 맥락에 닿아 있다. 여성주의적 세계관과 아프리카인의 세계관의 합치에 대한 물음은 여성주의 과학철학의 관점들과 가능성의 예이기도 하며 또한 그것의 새로운 자극의 예이기도 한다.

하딩은 이러한 묘사와 함께 도덕표상들을 사회적 조건에 의해 생겨나는 일반적 특징들로 정의함으로써, 성별에 따라 도덕표상들이 다르다는 고정관념을 약화시키고자 한다. 하딩은 여성적 세계관과 아프리카인의 세계관의 관계를 결부시키는데, 이는 이러한 특수한 관점들이 단순히 성별특성에 따른 결과가 아니라, 억압상황 자체의 귀결이라는 것을 보여주기 위한 것이다.237)

민족학적, 인류학적 연구의 토대 위에서 하딩은 여성들과 아프리카 민족들 간에 주목할 만한 유사성들이 있다는 테제를 주장한다. 양 관점간의 유사성은 우선 남성사회 내지 유럽사회의 관점이 갖고 있는 상과 관련된다. 하딩이 확인한 바로는, 서구 남성들은 특별히 유럽 남성적 세계관을 옹호하는데, 이 세계관은 여성의 시각과 아프리카 남성의 시각을 배제하고 있다. 하지만 아프리카 여성들은 이 연구에 포함되지 않는데, 그 이유는 아프리카 여성들이 남성들로부터 그리고 백인들로부터 당하는 이중억압은 이러한 도식화로

---

237) Sandra Harding: Die auffällige Übereinstimmung feministischer und afrikanischer Moralvorstellungen. In: Nunner-Winkler(Hgin): *Weibliche Moral*, 163ff쪽.

적절하게 파악될 수 없기 때문이다.[238]

하딩은 아프리카의 남성적 세계관이 갖는 주요측면을 다음과 같이 정리한다: 첫째, 출발점이 되는 것은, 지각이 인간으로부터 고찰대상에 향하는 것이 아니라, 그 주체지위가 의심할 여지없는 다른 인간에 향한다는 점이다. 둘째, 자아와 자연의 사물화를 가져올 수 있는 자아와 자연의 분리가 일어나지 않으며, 오히려 자연현상들은 자아의 확장으로 이해된다. 따라서 인간은 자연과의 조화 속에서 살 수 있다. 셋째, 개인은 다른 개인과 연관되어 있고 이렇게 해서 사회적 질서의 구성요인이 된다. 여기서 사회공동체는 개개 인간들의 집단이 아니라 개개인의 다양한 부분들 이상의 전체로 간주된다.

아프리카 남성들의 세계관의 이러한 중요요소들은 이미 유럽 남성들과의 근본적 차이를 설명해 준다. 하딩은 이러한 측면들을 서구 여성들의 세계관과 연관시키며, 여성적 세계관에서도 마찬가지로 스스로를 자신이 맺고 있는 관계들을 통해서 정의하고 집단의 복지에 관심을 갖는 자아가 그려지고 있다고 밝히고 있다. 이러한 세계관 속에서 자연과 문화는 긴밀히 결합되어 있다.

이에 반해 유럽의 남성적 세계관 속에서 그려지는 자율적, 개인주의적, 이기적 자아는 자기 관련적이고 자연에 대한 지배를 행사하고자 한다. 여성적 세계관은 책임윤리학을 전개하는데 이 책임윤리학은 맥락관련적 결정으로 특징지어진다. 이와 대비해서 추상적 규칙들에 의해 규정되는 유럽 남성적 윤리학은 기본적으로 권리요구의 타당성을 문제삼는다.[239]

---

238) Sandra Harding: *Feministische Wissenschaftstheorie*, 179쪽.

이러한 유사점들에도 불구하고 하딩은 여성적 세계관과 아프리카인의 세계관을 완전히 동일시하는 것에 대해서는 반대한다: 한편으로, 아프리카 여성들이 고려되지 않았기 때문이고, 다른 한편으로, 그들의 핵심적 전제들 사이에는 간과해서는 안 될 중요한 차이점들도 있기 때문이다. 그녀는 여성의 세계상과 아프리카인의 세계상 간의 놀라운 유사성으로부터, 그리고 마찬가지로 남성적으로 정의되는 세계상과 유럽적으로 정의되는 세계상 간의 놀라운 유사성으로부터, 결코 일반화된 결론이 추론될 수 없다고 밝히고 있다. 마음속으로 원하는 결과를 얻기 위해서 각각의 차이들을 소리 없이 없애 버리는 것은 위험하다고 본다.240)

하딩에 따르면, 이러한 차이들은 여러 이유로 해서 중대하다: 이 차이들은 대립범주들의 형성을 통해서 차이를 강조하는 사회적 지배연관의 맥락 속에 유사점들이 있음을 보여준다. 이렇게 해서 공통성들 역시 차이들의 희생을 대가로 명백히 제시되는 것이다. 그리고 아프리카의 남성적 세계관은 해방적인 것으로 표현될 수 없는데, 그 이유는 그것이 단지 남성들에게만 연관되어 있고 여성들은 하위그룹으로서 배제되어 있기 때문이다. 마지막으로, 통일적인 아프리카인의 세계관이 존재하는 것 또한 아니며, 다양한 혈통에 따른 세계관들이 존재한다는 것이다.

양 세계관 사이의 유사성은 식민지 민족들의 억압과 여성들의 억압이 전적으로 비교가능하다는 사실에 있다. 사람들이 여성들/아프리카인들을 타자로 분류함으로써 양자의 신원이 인정되는데, 이

---

239) 같은 책, 182ff쪽.
240) 같은 책, 191ff쪽.

렇게 해서 이들은 **정상적, 남성적**(*normalen, männlichen*) 인간존재 밖에 거주할 수 있을 뿐이다. 이들은 여성의/아프리카인의 세계관이 비-남성적이고 비-유럽적인 것으로 배제됨을 통해서 규정된다. 남성적/유럽적 세계관의 영상[반사](Spiegelbild)으로서의 이러한 기능에 의거하여, 하딩에 따르면, 범주적 명칭도 서로 비슷하다.241)

---

241) 같은 책, 185ff쪽.

성 차

1. 서 론

성차(Geschlechterdifferenz)는 1980년대 여성주의철학 및 여성주의이론 구성에 있어 중심이 되는 주제이다. 물론 이 시기에 앞서서도 여성의 성을 평가절상하려는 관점들이 있기는 하였지만, 성차개념과 함께 비로소 이러한 관점들에 하나의 공통된 태도가 마련되었다. 여성주의철학의 전 영역에서와 마찬가지로 성차담론 안에서도 다양한 구상들이 존재하는데, 이 구상들은 이성비판 및 가부장제 비판과도 교차된다. 성차논의와 긴밀하게 연관된 것은 여성주의 윤리학인데, 그 이유는 여성적 가치들의 발굴이 이 성차의 토대 위에서 이루어졌기 때문이다.

성차이론의 중심은 여성들과 남성들 간의 관계의 분석 그리고 그 관계의 상부구조 — 즉, 어떻게 그들이 경험하게 되며, 무엇에 대해 생각하는지, 또는 그들이 무시되지는 않은지 여부 등 — 이다. 이와 함께 여성주의이론의 대상 역시 더 이상 여성들의 상황 및 남성들로 인한 그들의 억압에 국한되는 것이 아니라, 성차의 맥락 내에서 모든 사회적, 정치적, 경제적, 철학적 주제들을 다룬다.[1]

이러한 맥락에서 중요한 것은 성차[성적 차이]라는 여성주의적 이념이 가부장제적 차별개념과 근본적으로 구별된다는 점이다. 가부장제에서 차별은 불평등, 대립 혹은 이원론과 동일시되는 반면, 여성주의적 의미에서 차이는 비위계적 구조로 되어 있다. 차이는 비이데올로기적이고 가치평가들을 포함하지 않으며, 양측의 자율성을 해치지 않으면서, 그 양측 사이에 존재한다.

페미니스트들은 차이의 개념을 단순히 여성과 남성의 관계에만 관련시키는 것이 아니라, 여성들 간의 관계에도 관련시킨다. 이 때 차이는 여성들 자신의 규정에만 영향을 미치는 것이 아니라, 현실에 대한 여성들의 시각에도 영향을 미친다.

성차라는 사고의 형성은 남녀평등[동등권]에 대한 요구로 소급된다. 평등이념은 현대 여성운동의 자유주의적 내지 인도주의적 페미니스트들에 의해서 진척되었다. 단순히 생물학적 차이에만 관련되는 것이 아닌, 성차 강조의 반대요구는 여성주의 및 여성주의철학의 최근 토론을 지배하고 있다. 성차는 목하 평등[동등성] 요구를 밀어 제치기는 했지만, 평등관점의 현대적 여성지지자들 역시 존재한다.

평등에 대한 요구와 성차의 사고 간의 차이를 코르넬리아 기제 (Cornelia Giese)는 성중립적(geschlechtsneutral) 이해와 성별에 입각한[따른](gechlechtsspezifisch) 이해의 대비를 통해 설명한다. 『평

---

1) Jane Flax: Postmodernism and Gender Relations in Feminist Theory. In: Nicholson(Hgin): *Feminism/Postmodernism*, 40쪽.

등과 차이』(*Gleichheit und Differenz*)라는 저서에서 그녀는 성중립적 관점을 남녀 성별 간의 차이의 강조를 반대하는 이론들로 정의한다. 기제는 성별에 입각한 관점에 반대하여 성 중립적 입장을 지지하는 여성들의 몇몇 논거를 정리해 보여준다: 비판점은 성별에 입각한 입장은 여성성의 정의로부터 출발하는데, 이를 통해 여성들이 가부장제적 틀에 박힌 역할에 고정된다는 것이다. 그렇기 때문에 여성성의 강조는 여성주의이론 내에서조차 가부장제의 출발점으로 되돌아가는 것이며 여성의 허구적 다름의 강조일 뿐이라는 것이다.

더 나아가 성별에 입각한 사고는 비역사적이라는 비난을 받는데, 그 이유는 그것이 성차를 오로지 문화현상으로만 간주하기 때문이다. 그래서 여성억압의 뿌리는, 평등주의적 급진주의 페미니스트인 크리스틴 델피(Christine Delphy)의 견해에 따르면, 여성성의 생물학적 자명성에 놓이게 된다.[2]

기제는 성중립적 관점에 대해 여성의 본성에 대한 결정론적 이해를 들어 논박한다. 성중립적 관점은 여성의 본성을 유전학적 토대로 환원시키며 여성들을 표현형(Phänotypus)으로, 곧 "환경적 요소와 유전학적 소질의 영향에 의해 외부로 나타난 성질"[3]로 이해하지 않는다는 것이다. 아울러 성중립적 관점은 생물학을 가부장제 토대 위에서 해석하며 생물학적 과정과 역사적 과정의 분리불가능성에서 출발한다는 것이다.

기제는 성중립적 관점을 지지하는 몇몇 여성들이 남성적, 여성적

---

2) Cornelia Giese: *Gleichheit und Differenz*, 43쪽.
3) 같은 책, 55쪽.

이라는 개념의 폐지를 찬성하고 있다고 소개한다. 그래서 크리스타 물락(Christa Mulak)은 여성성을 성을 간섭하는 어떤 것으로 이해하는 것에 찬성한다. 총괄하여 기제는 성중립적 관점에 대해 여성성을 부정하고 부인하게 되면 가부장제적인 판에 박힌 역할을 해결할 아무런 가능성도 마련될 수 없음을 지적한다. 일정한 여성적 능력들은 인정되어야 하며, 생물학은 자연과 환경의 상호작용으로 정의되어야 한다는 것이다.4)

기제는 성중립적 관점을 지지하는 여성들로서 여성 인류학자인 마가렛 미드(Margaret Mead)와 여성 사회학자인 에블린 쉴레로(Evelyne Sullerot)를 언급하고 있지만, 에블린 쉴레로는 원래 그녀가 견지했던 성중립적 입장을 그 사이 부분적으로 수정하였다.

이에 반해 뤼스 이리가라이와 줄리아 크리스테바와 같은 페미니스트들의 성별에 입각한 관점은 여성적 본성의 유전자를 포함하는 여성성의 개념을 발전시키고 있다.

기제는 성별에 입각한 사고 내의 관점들을 두 그룹으로 나누고 있다: "(1) 여성의 차이를 강조하지만, 이 차이에 대해서 명시적으로 높은 가치를 승인하지 않는 그룹, (2) 차이를 강조하며 이 차이를 긍정적으로 평가하는 그룹."5) 첫 번째 그룹에 속하는 진 베이커 밀러(Jean Baker Miller)는 『여성적 약함의 강함』(*Die Stärke weiblicher Schwäche*)이란 저서에서, 어떻게 여성들이 자신의 약함을 받아들일 수 있으며 더 잘 그 약함과 관계 맺는 법을 배울 수 있는지 보여준다. 아울러 캐롤 길리건도 이 그룹에 속하는데, 그녀

---

4) 같은 책, 61ff쪽.
5) 같은 책, 71쪽.

는『다른 목소리』(Die andere Stimme)에서 여성과 남성의 상이한 도덕표상을 논하고 있다. 앤 윌슨 셰프(Anne Wilson Schaef) 역시 『여성의 현실』(Weibliche Wirklichkeit)에서 성별에 따른 상이한 생활세계를 다루고 있다.[6]

두 번째 그룹에 속하는 뤼스 이리가라이는『성차의 윤리학』(Ethik der sexuellen Differenz)에서 가치성의 전복을 꾀한다. 더 나아가 재니스 레이몬드(Janice Raymond)는『여성들 간의 우정』(Frauenfreundschft)을 특별히 여성적이고 질적으로 더 나은 마음 씀의 형식으로 해석한다. 이 밖에 밀라노의 페미니스트들(Mailänder Feministinnen)도 이 그룹에 속하는데, 이들은 아피다멘토(affidammento)의 관점을 두 측면에서 구별하고 있다: 한편으로 그것은 성별 간의 차이를 나타내며, 다른 한편으로 그것은 여성들 간의 차이를 나타낸다.

성별에 입각한 관점에 대해서 가부장제적 이원론에 고착될 수 있고 남성적으로 정해진 지평들에로만 제한될 수 있다는 비판이 제기된다. 성별에 입각한 관점은 여성의 본성을 증거로 내세우는데, 이는 가부장제적으로 여성을 자연으로 정의하는 것과 결합되어 있다는 것이다.[7] 기제 자신은 급진적인 성별입각의 관점을 지지하는데, 이 관점의 목표는 여성들로 하여금 자신의 힘을 의식할 수 있도록 하고, 가임성의 장점 역시 사회정치적으로 이용하며, 가부장적으로 정의된 여성의 열등함을 극복하는 것이다.[8]

---

6) 같은 책, 72ff쪽.
7) 같은 책, 47쪽.
8) 같은 책, 95쪽.

1. 철학에서의 성차의 문제

가부장제 철학권 내에서 성차는 하나의 주제로서 문제되지 않았고 문제되지 않는다. 오히려 특히 철학적-문화적 학문들 영역에서 여성과 남성 간의 차이는 항상 부정되었다. 하지만 본래 철학담론에서 성차는 숙고되지 않은 채로 있지 않았고 현실적 평등에 의해서 결코 사라지지 않았다. 피상적으로 선전된 여성 및 남성주체의 평등에도 불구하고 철학은 매우 잘 성별 간을 구별짓고, 또한 이를 조심스럽게 변화시키기도 한다. 하지만 철학사 내에서 이 주제에 관한 구체적인 언급들은 미미할 뿐으로, 매우 흩어져 있으며, 수고스러운 잔일 속에서 여성철학자들에 의해서 반드시 밝혀져야 될 것이다.

철학에서 성차를 무시하게 된 원인을 주느비에브 프레세 (Genevieve Fraisse)는 철학전통의 원칙을 통해 설명한다. 철학은 일찍이 항구성이 특징인 것으로 대변되었기 때문에, 인간의 성별특성은 중요하지 않았다. 하지만 후에 계몽주의와 함께 그 토대가 극복되면서 근대철학은 이러한 잘못된 평가를 의식하지 않을 수 없게 되었다고 한다. 디오티마(Diotima) 그룹의 여성철학자들은 성차가 이미 신화적 영역 및 예술 속에 표현되어 있었다는 증거를 제시하면서 이러한 비판을 지지한다. "이러한 사실이 시사하는 바는, 성차별적 지배 그 자체만으로 성차에 대한 모든 상징적 표현을 저지할 수는 없었다는 것이다; 성차별적 지배의 세공작업은 특히 인간의 사고가 진리를 증명하고자 노력하는 곳에서 실패하고 만다."9)

---

9) Cristina Fischer u. a.: Die Differenz der Geschlechter. In: Diotima: *Der*

따라서 철학이 남성지배에 대해 아무런 결정적 또한 필수적 교정들을 취하지 않았다는 지적 역시 타당하다. 그렇기 때문에, 프레세에 의하면, 철학에서 여성의 배제 역시 비-성별이라는 소박한 가정으로 환원되는 것이 아니라, 고의적인 것이다.[10] 여성을 남성보다 하위에 놓음과 함께, 이제 남성이 사회적, 정치적 삶을 지배하게 되자, 학문은 철학적 주체에 한 존재라는 속성을 부여하고 이 주체를 성별적 신체로부터 자유롭게 만드는 해결책을 발견하였다.

이탈리아의 여성철학자 아드리아나 카바레로(Adriana Cavarero)는 원칙적으로 두 개의 길이 열려 있다고 밝히고 있다: 한편으로 우리는 여성존재와 남성존재를 근원적인 어떤 것으로 생각할 수 있을 것이고 양자를 이원성으로 파악할 수 있을 것이다. 혹은 우리는 인간을 양성 중 어떤 성과도 관련되지 않은 보편적 중성으로 정의할 수 있을 것이다. 그렇게 되면 보편적인 중성인간은 아무것도 포함하지 않을 것이고 그것은 여성에 대해서도 남성에 대해서도 완전한 동일시가능성을 제공하지 못할 것이다.

인간과 남성의 동일시가 사회적, 철학적으로 진행되면서 남성의 형식이 절대화되는 가운데, 성별특성은 아주 사라져 버리고 말았다. 중성인간의 고유한 본질인 차이는 고려되지 않는다. 이렇게 해서 남성은 남성임과 인간임의 동일시를 획득했고 스스로를 보편적 중성과 동일시할 수 있다.[11]

Mensch ist zwei, 33쪽.

10) Genevieve Fraisse: Zur Geschlechtlichkeit des Geschlechtsunterschiedes. In: Nagl-Docekal und Pauer-Studer(Hginnen): *Denken der Geschlechterdifferenz*, 96쪽.

11) Adriana Cavarero: Ansätze zu einer Theorie der Geschlechterdifferenz.

철학에서 주체는 성중립적이라고 일반적으로 주장되긴 하지만, 좀더 엄밀히 분석해 보면 모든 개념성들이 오직 남성과 남성의 현실에만 맞춰져 있다는 것이 분명해진다. 주체는 대개 중성으로 표현되는데, 그 이유는 주체가 보편성을 나타내고 있기 때문이라고 하지만, 실제 그것은 남성적인 것으로 점령되어 있다. 이론적으로 두 가지 성이 허용된다 하더라도, 남성이 일반성, 규범인 것이다. 반대로 여성은 남성과 대조적으로 타자이며 부정적으로 정의될 뿐으로, 여성은 비-남성이다. 이로부터 나오는 결론은, 보편적 개념인 인간은 원칙적으로 성별에 있어 남성을 위해 존재한다는 것이다.

세계를 말하고 사고하는 자는 일차적으로 남성이다. 남성은 세계를 전체로서 파악하며 자신과 존재와의 동일시를 느낀다. 남성의 이러한 보편화 및 중성적 인간과의 동일시로 해서 남성의 성을 언급하는 것도 더 이상 필요하지 않게 되는데, 왜냐하면 남성에 의해 생각된 것 외에는 아무것도 존재하지 않기 때문이다. 이렇게 해서 남성은 보편타당한 것으로, 아니 유일하게 보편타당할 수 있는 것으로 선전된 언어 역시 장악하게 되었다.

여성은 이러한 정의 밖에 서 있다. 여성은 고유한 언어를 갖고 있지 못하며 남성들의 소위 중립적 언어에 의존한다. 자기 자신에 대해 말할 경우에도, 여성은 이를 위해 남성들이 생각해 낸 개념들만을 사용할 수 있으며 그 표현들을 자신에게 투사시킨다. 이런 이유로 해서 카바레로는 모국어라는 개념 역시 사실상 잘못된 것으로 간주하는데, 왜냐하면 우리 모두는 아버지의 언어를 말하고 있기 때문이다.

In: Diotima: *Der Mensch ist zwei*, 68ff쪽.

언어문제 및 동일시 문제의 제약 아래 철학적 사고는 여성을 다른 어떤 존재, 자신의 고유한 사고에 상응하지 않는 이미 상정된 어떤 존재에 이르게 한다. 여성은 자기 자신을 철학사 속에서 전해지는 여성성의 표상과 동일시할 수 없다. 남성과의 완전한 동일시 역시 있을 수 없기 때문에, 여성은 원칙적으로 사고의 영역에서 거절된다.[12)]

정신과학에서 발전된 개념들인 정치적 인간, 경제적 인간, 혹은 이성적 인간(*homo politicus, oeconomicus* oder *rationalis*) 등에서 여성의 배제는 명백한데, 이 개념들은 전적으로 남성적 특징들을 담고 있으며 여성의 상은 이러한 개념들에 대립되어 있다. 엘리자베스 리스트(Elisabeth List)는 정치적 인간(*homo politicus*)의 몇몇 측면을 다음과 같이 정리한다: 그는 "(1) 이성적 존재로, (2) 본래 혼자서 독립적 삶을 살아갈 수 있는데, 한편으로는 자신의 이성능력에 의거하여, 그러나 또한 (3) 땅과 소유물의 자연스런 획득을 통해서이다."[13)] 반대로 여성의 상은 "(1) '타고난'(natürlichen) 열등함으로 인해 남성처럼 권력과 독립성을 추구하지 않고, 사랑과 예속을 추구하는 존재이며, (2) 참으로 이성적이지 못하고, 이성이 아닌 감정에 의해 이끌리는 존재이며, (3) 그렇기 때문에 아무런 소유권도 획득할 수 없고, 경제적으로나 정치적으로 다른 사람에게 의존하여 머무는 존재"[14)]로 대비된다. 정치적 성년은 여성들로서는 결코 체계적으로 부정할 수 없는 기준들에 의거했기 때문에, 그 사

---

12) 같은 책, 72ff쪽.
13) Elisabeth List: Homo Politicus — Femina Privata? In: Conrad und Konnertz(Hginnen): *Weiblichkeit in der Moderne*, 81f쪽.
14) 같은 책, 82쪽.

회적 귀결은 명백한데, 여성들은 성숙한 시민으로 간주될 수 없고 정치적으로 행위할 수 있는 능력이 없다는 것이다.

개별성과 연대성의 대비는 시민사회질서의 부분으로, 그것은 남성적/여성적이라는 대조로 투사된다. 문화는 남성성을 일차적으로 개별성, 자신감, 경쟁력, 분리, 형식을 갖춘 정의와 동일시한다. 다른 한편 문화는 여성성을 연대적-정서적인 보살핌, 도움, 협동관계들과 동일시한다.

철학 내에서 여성들에게 씌워진 역할의 분석은 성차에 관한 다양한 목하 관점들의 출발점이다. 이 관점들은 철학의 주체가 성적 주체이며, 그 성이 남성이라는 확인에 기초한다. 이러한 이론들의 설명목표는 담론을 기존의 지배형식으로부터 해방시키고 여성들이 학문적 담론 안에 통합될 수 있도록 하는 것이다. 하지만 이러한 과정은 회의적으로 보이는데, 그 이유는 기존담론이 여성적인 것의 다름을 전혀 수용할 수 없다면, 여성들이 자신의 지식을 간단히 기존지식에 부가할 수 없기 때문이다.

여성들이 철학 및 다른 학문들에 참여하고자 했을 때, 이들은 지금까지 자신의 성을 부인해야만 했고 자신의 고유한 경험들을 조용히 사라지게 해야만 했다. 이렇게 해서 학문적 활동과 여성들의 여성적 경험 간의 불균형이 형성되었다. 이러한 불일치는 지금까지 여성들은 학문에 있어 필수적인 객관성과 학문성이 결핍되어 있다는 혹평의 단서가 되었다. 여성임은 남성적 합리성에 동화되기 위해서 극복되어야만 할 방해물로 간주되었다.15)

---

15) Cristina Fischer u.a.: Die Differenz der Geschlechter. In: Diotima: *Der Mensch ist zwei*, 48ff쪽.

성차의 토론 안에서 새로운 상징적 형식들이 제시되어야 하고 여성의 경험에 상응하고 여성이 학문활동에 참여할 수 있게끔 해주는 특별히 여성적인 매개형식들이 발굴되어야 한다.

2. 여성주의철학과 포스트모더니즘

성차이론은 종종 포스트모던 철학의 맥락에서 제기된다. 한편으로는, 중성적 주체에 대한 비판처럼, 몇몇 공통된 주제가 다뤄지기 때문이며, 다른 한편으로는 성차를 주장하는 몇몇 주요 여성들이 포스트모던 혹은 후기구조주의 철학자들로 분류되거나 아니면 그들의 제자로 (가령, 이리가라이 혹은 크리스테바) 간주되기 때문이다.

철학 내의 포스트모던 혹은 후기구조주의 이론들이 여성철학자들의 주의를 끄는 이유는, 이 이론들이 언어, 주체 혹은 사회와 권력의 상호작용과 같은 주제들에 중점을 두기 때문이다. 우리는 이러한 이론들이 여성주의적 그리고 비-여성주의적 관점들을 포함하고 있으며, 이 관점들 안에서 부분적으로 페미니스트들에 대한 거부 혹은 적대가 명백해진다고 말할 수 있다.

후기구조주의에 속하는 것은 특히 소쉬르(Saussure) 혹은 방브니스트(Benveniste)의 언어이론, 알튀세르(Althusser)의 이데올로기이론, 라캉(Lacan)의 정신분석학적 관점, 데리다(Derrida)의 차연(*difference*)의 이론 그리고 푸코(Foucault)의 권력이론 및 담론이론 등이다.[16] 포스트모던 개념은 본래 일정한 미학적 실천을 서술하는

---

16) Chris Weedon: *Wissen und Erfahrung*, 25f쪽.

데 사용되었는데 지금은 사회이론으로 재평가받고 있다. 포스트모던 철학은 특히 세 가지 큰 주제영역으로 분류된다: 그것은 선동적으로 주체의 죽음, 역사의 죽음, 형이상학의 죽음을 선언한다.

'인간(주체)의 죽음'이라는 슬로건 아래서 포스트모던 사상가들은 인간존재에 대한 본질주의적 파악을 소멸시키고, 인간을 사회적, 역사적, 언어적으로 각인되고 정의되는 개인으로 규정할 뿐, 초월론적 존재로 규정하지 않는다.17) 의식적 혹은 무의식적 정서, 개인의 고유한 지각, 그리고 개인과 세계와의 관계를 파악하는 인본주의적 주체성의 표상과 달리 포스트모던의 주체성은 불확실하며 모순적이다. 주체는 부단한 과정 중에, 곧 주체가 말하거나 사고하는 바로 그곳에, 존재한다. 우리 문화와 사회에 의해 생산된 주체성으로 해서 본질적 주체성은 폐기된다. 주체성은 역사적으로 산출되며, 그것이 구성되는 가지각색의 담론장의 다양성을 파악한다. 개인 역시 여러 모순되는 주체성들의 무대이다.

역사의 죽음은 주체의 죽음과 긴밀한 연관 속에 있는데, 그 이유는 역사는 일차적으로 인간의 역사이기 때문이다. 역사는 현존하는 인간의 정의에 기여하며, 그의 실존이 그의 가치를 조건 지운다.18)

형이상학의 죽음은 포스트모던 사상가들에게 있어 필수적인데, 그 이유는, 이들이 밝히는 바와 같이, 서구철학은 절대적 체계를 구축하고 이 체계에 통일적, 불변적 본질을 부여함으로써, 세계를 지배할 목표를 갖고 있기 때문이다. 이에 반해 포스트모던 사상은 철학을 실재의 재현으로 보며, 철학의 과제를 진리요청의 이면을

---

17) Seyla Benhabib: Feminismus und Postmoderne. In: Dies. u. a.(Hginnen): *Der Streit um Differenz*, 10쪽.
18) Chris Weedon: *Wissen und Erfahrung*, 49f쪽.

문제삼는 데 있다고 본다.19)

전통철학 지주들의 비판에 기반한 여성주의적 사고와 포스트모던적 사고 간의 유사점도 있다. 겹치는 부분은 우선 주체개념과 관련해서이다. 여성주의철학 내에서 주체의 죽음은 이성의 남성적 주체가 탈신비화되는 것 그리고 성정체성이 새로운 주체개념 속에 등록되는 것을 보증하는 것이다.20) 보편적인 이성적 남성/인간 주체가 문제로 제기되며 이와 함께 여성주의철학은 주체가 모든 개인에 대한 단독대표 요청을 제기할 수 없음을 분명히 한다.

유사하게 포스트모던 관점 역시 주체의 보편타당성을 부인하며 주체를 담론의 산물로 본다. 포스트모던 관점이 진단하는 바로는, 인간본질에 대한 추구는 무익한 일로, 그 이유는 그러한 추구는 단지 그 다음의 주체정의들을 탄생시키며, 그 정의들이 다시금 기준이 되어 새로운 배제전략이 정해지는 일이 계속되기 때문이다. 포스트모던 관점에서 중요한 것은 오히려 역사적, 가변적 연관들로부터 생기는 특정한 주체개념의 출현조건들을 연구하는 것이다.21)

역사의 포스트모던적 죽음은 성차의 확립과 비교될 수 있다. 성차의 확립은 역사 이야기를 함에 있어 성차 또한 중요한 것이며, 성차를 시종일관 고려하는 가운데 전체 역사와 현재를 다시 고쳐 쓰는 것을 의미할 것이다. 형이상학의 죽음은 초월론적 이성의 요

19) Seyla Benhabib: Feminismus und Postmoderne. In: Dies. u. a.(Hginnen): *Der Streit um Differenz*, 10f쪽.

20) 같은 책, 11쪽.

21) Ruth Seifert: Entwicklungslinien und Probleme der feministischen Theoriebildung. In: Knapp und Wetterer(Hginnen): *Traditionen — Brüche*, 272쪽.

청에 대한 여성주의의 회의적 태도와 연관된다. 여성주의는 인간을 초역사적, 초월론적 존재로 보는 것이 아니라, 역사적, 성적, 정치적 존재로 본다.[22]

포스트모던 철학의 핵심요소는 언어비판이다. 중성적인 보편주의적 주체의 폐허에서 탄생한 불안정한 개인은 과정 중에 존재하는 주체로서, 이 주체는 일차적으로 그의 언어를 통해서 규정된다. 여기서 여성주의적 후기구조주의 측으로부터도 언어에 고유의미는 부여되지 않으며, 그 의미는 언어의 담론적 적용을 통해서 비로소 생기는 것이다. 이 때 서로 모순되는 해석들이 생길 수 있으며, 이 해석들은 다양한 이익관심들에 사용될 수도 있다. 그렇기 때문에 언어 자체는 아무런 사회적 영향력을 가질 수 없으며, 이러한 영향력은 개인의 행위에 의해서 비로소 생기는 것이다. 담론체계는 세계에 의미를 부여하고 사회제도들을 형성하는 데 기여한다. 따라서 담론은 사회구조의 원리라 하겠다.[23]

언어는 사회체제 및 주체구성의 장소로 이해된다. 이와 함께 분명해지는 것은, 주체성은 선천적인 것이 아니라 사회적 산물이라는 것이다. 주체는 더 이상 통일적이고 합리적인 것이 아니라, 갈등 및 가변성의 장소이다.

언어 분석을 할 때에도 여성주의적 포스트모더니즘에서 중요한 것은 특히 권력관계의 파악이다. 사회의 의미, 사회적 실천과 변화는 언어로 표현된다. 언어는 지배적 이익관심에 봉사할 수도 있고 혹은 권력관계에 문제를 제기할 수도 있다.[24]

---

22) Seyla Benhabib: Feminismus und Postmoderne. In: Dies. u. a.(Hginnen): *Der Streit um Differenz*, 11ff쪽.
23) Chris Weedon: *Wissen und Erfahrung*, 51ff쪽.

하지만 포스트모던 철학은 주체됨 및 인간됨의 여성적 개념들과의 구체적 대결이 결핍되어 있다. 포스트모던 철학은 전통적 관점들과 마찬가지로 대부분 비성별적인 주체를 강조한다. 아울러 여성주의와 포스트모던은 해체의 급진성, 자아에 대한 문제제기, 권력비판, 언어와 학문 같은 일반화된 구조에 대한 비판 등의 측면에서 서로 양립하지 않는다. 여성주의철학과 달리 포스트모던 철학은 여성들에 대한 관심에서 철학하는 것을 목표로 하지 않는다.25)

3. 성차에 대한 여성주의이론들

철학 내의 성차에 대한 여성주의적 연구의 틀에는 다양한 태도 방식이 존재한다. 몇몇 여성철학자들의 입각점은 여성들에 대한 남성지배의 의견 및 영향을 설명하는 데 있다. 이들은 세밀한 분석을 통해서 다양한 철학자들의 여성에 대한 적의 혹은 드물게 존재하는 여성에 대한 호의를 소개한다. 여기서 이들의 일차적 관심사는, 어떻게 주체로서의 여성이 철학담론으로부터, 다소간 조심스럽게 공들인 방식으로, 배제되었고 배제되는지, 밝히는 것이다. 이러한 맥락에 철학자 장 자크 루소(Jean-Jacques Rousseau)에 대한 사라 코프만(Sarah Kofmann)의 연구가 있다. 우줄라 피아 야우흐(Ursula Pia Jauch)의 연구주제 『칸트와 성차문제』(Kant und das Problem der Geschlechterdifferenz) 역시 여기에 속하는데, 이 연구에서 그녀는 칸트철학이 성차라는 주제와의 잠재적 대결로 읽힐 수 있다는

---

24) 같은 책, 34f쪽.
25) Ann Garry und Marilyn Pearsall: Introduction. In: Dies.(Hginnen): *Women, Knowledge, and Reality*, 2f쪽.

결론을 내린다.

전통철학에 대한 비판의 다른 형식을 낸시 제이(Nancy Jay)는 「성차와 이분법적 사고」(Geschlechterdifferenz und dichotomes Denken)라는 논문에서 선보이고 있다. 여기서 그녀는 논리학의 주요법칙들에 의거하여 여성의 지위를 분석한다. 토대는 세 가지 논리적 법칙인데, 이를 그녀는 사회구조에 응용한다: "동일성의 명제(동일률: 어떤 것이 A이면, 그것은 A이다), 모순명제(모순률: 어떤 것도 A이면서 동시에 비A일 수 없다), 제3자 배척의 명제(배중률: 모든 것은 A이거나 비A이어야 한다. 즉, A와 비A 사이에는 어떤 것도 있을 수 없다)."26) 제이가 출발점으로 삼는 것은, 사회 역시 이분법으로 조직되어 있으며, 그렇기 때문에 A/비A의 구분이 사회에 응용될 수 있다는 것이다.

가부장제 사회는 당연히 남성을 A로 그리고 여성을 비A로 정의한다. 그래서 논리적 이분법인 A/비A는 가부장적 이분법에서 남성/여성, 강한/약한, 공격적인/정서가 강조된, 합리적/비합리적으로 반영된다. 여성은 타자로, 남성의 반대로 간주되며, 많은 철학자들에 의해서 여성은 또한 남성보다 더 하찮고 열등한 존재로 표현된다.

이러한 A/비A 구분은 문제가 있는데, 특히 남성을 A와 동일시함으로 해서 다른 모든 존재, 가령 여성, 유아, 말 등등은 비-남성이 되기 때문이다. 제이는 이러한 과정을 하나의 예를 통해서 설명한다: A/B/C 구분인 남성/여성/유아는 정당하다. 이로부터 이분법인 남성/여성 + 유아로 되면, 이 이분법은 끝없는 부정을 열어놓게

---

26) Nancy Jay: Geschlechterdifferenzierung und dichotomes Denken. In: Schaeffer-Hegel und Watson-Franke(Hginnen): *Männer, Mythos, Wissenschaft*, 249쪽.

된다. 여기서 여성＋유아의 공통적 특징으로 비-남성-임이 나타나는데, 이 비-남성-임은 이들을 모든 비-남성-존재자와 함께 한 차원에 놓인다. 이렇게 해서 동등한 가치의 주체로서의 여성은 완전히 소멸되며 단지 남성의 부정적 상으로서만 정의된다.[27]

여성주의적 비판은 가부장적, 중성적, 보편적 사고의 토대 위에서는 성차이론이 불가능하다고 확정짓는다. 여성주의적 비판은, 캐롤 굴드(Carol Gould)가 「여성 물음」(The Woman Question)이라는 논문에서 전개했던 바와 같이, 보편주의에 대한 비판을 전제한다. 그녀는 가부장적 보편주의를 추상적인 것으로 특징짓는데, 그 이유는 가부장적 보편주의는 남성과 인간의 동일시를 통해서 성별 간의 차이를 도외시하며 이렇게 해서 여성에 대한 물음을 철학으로부터 배제하는 것을 과제로 삼기 때문이라는 것이다.

보편주의적 관점의 재해석을 통해서 굴드는 차이 또한 통합하고자 한다. 굴드는 자신의 관점을 구체적 보편주의라고 일컫는데, 그 이유는 이 구체적 보편주의는 비판적 질문 및 여성물음도 포함하기 때문이다.

개별화는 구체적 보편주의에 있어서 실질적인 것인데, 이를 통해서 성차가 체계적으로 해석되고 개개 인격에 부속된다. 구체적 보편성에는 어떠한 고정된 내용도 씌워지지 않으며, 오히려 그것은 시간, 역사, 그가 처해 있는 사회에 의존한다. 이러한 이유로 해서 보편적인 것은 변화될 수 있으며 확장될 수 있다.

구체적 보편주의 관점에서 사회는 사회적 차이의 토대 위에서 구성되며, 여성 역시 더 이상 추상적인 명의가 아닌, 사회 내에서

---

27) 같은 책, 250ff쪽.

의 개개 인간관계를 통해서 정의된다.

구체적 보편성은 늘 특정한 역사적 국면에 관련되며 그러한 역사적 국면을 이끈 맥락과 배경에 대해 주목한다. 이렇게 해서 구체적 보편성은 과거의 변화가 파악되고 앞으로의 변화가 가능한 하나의 과정으로 이해된다.[28] 구체적 보편주의의 기반 위에서 철학 역시 자기 비판적일 수 있을 것이며 편견과 이데올로기적 왜곡을 교정할 수 있을 것이다.

4. 여성적 주체

성차이론의 본령은 여성적 주체성의 여성주의적 개념 및 이와 결부된 '중성적인'(neutral) 남성주체의 무력화이다.

여성적 주체의 개념과의 여성주의적 대결은 포스트모더니즘이 초월론적 주체의 죽음을 선언했던 1970-80년대의 철학적 담론으로 소급된다. 그 이후로 여성주의철학 내에서 옛 개념성에서 해방된 풍요로운 새 관점을 발굴하려는 노력이 있어 왔다. 현재 이를 두 개의 주요노선으로 정리할 수 있겠다: 첫 번째 노선은 주로 영미지역에서 볼 수 있다. 이 노선은 신마르크스주의적 관점으로 특징지어지며, 정신분석학적 배경 아래서 여성적 주체성을 긍정적으로 규정하고자 한다. 다른 노선은 후기구조주의를 토대로 하며 그로부터 여성적 주체의 새로운 이해를 발전시키고자 한다.[29] 양 노선의 출발점은 철학 내에서 주체의 중립성이 틀린 것임을 폭로하며 여성의

---

28) Carol Gould: The Woman Question. In: Dies.(Hgin): *Woman and Philosophy*, 25ff쪽.

29) Einleitung. In: *Die Philosophin* 4(1991), 5쪽.

주체지위를 승인하는 것이다.

가부장적 사고에서의 여성적 주체의 문제점을 브리기테 바이스하우프트는 「자기헌신적 자아존재」(Selbstloses Selbstsein)라는 논문에서 주제화하고 있다. 그녀는 철학하는 주체를 반성하는 주체로 규정하는데, 그 이유는 철학에서 사고는 일차적으로 자아에 관련되기 때문이다. 그래서 이성에서 늘 이성의 주체가 중요하며 그 주체의 자의식에 대한 물음이 중요한 것이다.

이 때 인격의 동일성은 타자와 다름에 기초하며 또한 이러한 다름 및 동일성의 상호인정에 기초한다. 이렇게 자기 동일성은 의사소통과 상호작용에 의해서만 가능이다. 바이스하우프트는 가부장적 사고가 자기헌신[무자아성]을 여성적 가치로 설명함으로써, 여성들에게서 자기 동일성의 가능성이 박탈될 수 있다고 가부장제적 사고를 비판한다.

자기헌신(*Selbst-Losigkeit*)의 정의에서 바이스하우프트는 자아존재로의 발전의 전단계인 자아-결핍 존재와 자아를 형성했지만 타자를 위하여 자아를 뒤로 물리는 인격의 윤리적 태도를 구별한다.

여성의 규정에 양 형식이 해당한다.[30] 여성의 자기헌신은 여성의 사회적 현실도 규정한다. 여성은 고유한 정체성을 갖고 있지 못하기 때문에, 보호자로서 또한 제 2의 정체성으로 남성을 필요로한다. 동시에 자기헌신은 자의식 및 이와 연관된 결정능력으로부터의 도피로 쓰인다.[31]

샬롯 앤얼(Charlotte Annerl)은 『근대의 남녀관계』(*Das neuzeit-*

---

30) Brigitte Weisshaupt: Selbst-loses Selbstsein. In: Krüll(Hgin): *Wege aus der männlichen Wissenschaft*, 57ff쪽.

31) 같은 책, 66쪽.

liche Geschlechterverhältnis)라는 저서에서 여성적 주체개념의 발전을 위한 관점을 펼치고 있다. 이 관점은 **역사적-실재적**(*geschicht- lich-real*) 주체와 **철학적-관념적**(*philosophisch-ideal*) 주체 간의 원칙적 구별에 기초한다. 그녀는 철학적 주체를 합목적적 행위로부터 발전되었고 사회에서 합리성의 확대로 구체화된 전형적인 관념적 구성으로 이해한다. "철학적-관념적 주체로서의 인간은 무조건 동일한데, 다시 말해서, 인간은 자기 법칙적 목적에 따라 행위할 동일하게 추상적인 자유를 스스로 규정한다."32) 이러한 틀에서 주체화는 어떠한 문화적 혹은 자연적 전제에 얽매이지 않으며, 그러므로 어떠한 성적인 전제에도 얽매이지 않는다.

이에 대해 실재적 주체는 반대 극을 이룬다. 실재적 주체는 실재 역사적 관계 속에 있으며, 이를 통해 그것은 관념적 유형의 주체와 구별된다. 실재적 주체의 정체성은 다양한 요소의 혼합으로 이루어지며, 이 요소에 속하는 것으로 일정한 생활양식, 개인적 취향, 욕구 등이 있다. 관념적 유형의 주체와 달리 앤얼은 실재적 주체를 성중립적인 것으로 생각하지 않는다. 오히려 여기서 주체와 남성은 합치하는데, 이는 실재 역사상으로도 그러하다.

여성은 이러한 주체개념 속에서 결코 동일시의 가능성을 발견할 수 없다. 여성은 문화적 진공상태에 있는데, 그 이유는 여성이 남성적으로 특징지어지는 전통과의 대결을 직시한다 할지라도, 여성적 주체문화의 형식으로서의 대안이 존재하지 않기 때문이다.33)

여성이 자신을 독립된 자아로 실현시킬 수 있게 된다면, 여성적

---

32) Charlotte Annerl: *Das neuzeitliche Geschlechterverhältnis*, 155쪽.
33) 같은 책, 157쪽.

주체화는 또 다른 문제에 부딪히게 된다. 이 경우 여성은, 앤얼이 밝히듯이, 소위 여성의 경쟁주체로서의 주체적 남성에 대립된다. 이러한 상황은 특히 가부장제 철학의 근간인 주-객-분리의 맥락에서 문제가 된다. 왜냐하면 여성 또한 스스로 주체지위를 요구할 경우, 이러한 이분법 내에서 남성은 객체로 되지 않을 수 없기 때문이다.

여성주의철학은 이와 관련해 다른 대안들을 내놓는다: 모든 인간이 주체가 되거나, 아니면 여성 혹은 남성이 때로는 객체이고 때로는 주체일 수밖에 없다. 여성이 주체세계에 통합됨으로써, 여성적 특성과 남성적 특성이 나란히 존재하는 주체존재의 새로운 차원이 탄생될 수 있을 것이다. 물론 여기서 여성적 특성이 남성적 특성과 동등한 것으로 의미 있게 생각되지는 못할 것이다. 앤얼은 이러한 관점을 생물학적이라고 비판하는데, 그 이유는 이 관점이 남성적 본성의 반대 극으로서 여성적 본성에서 출발하기 때문이며 이와 함께 남성적인 여성성 이론들을 포함하는 차원을 내세울 수 있기 때문이다.[34]

앤얼에 있어서 여성적 주체화의 문제로부터 다음과 같은 문제제기를 하게 된다: "주체특성들이 생활양식 징표들과 하나로 결합된 미래주체 개념이 일관된 논리로 구성될 수 있는가? 달리 말해, 합목적적 행위의 남성적 유형과 전통적 형식에 맞는 행위의 여성적 유형이 새로운 행위방식을 위해서 결합될 수 있는가?"[35] 결론은 주체와 생활양식 간의 화해를 의미하기는 하지만 궁극적으로 여성

---

34) Charlotte Annerl: *Das neuzeitliche Geschlechterverhältnis*, 159ff쪽.
35) 같은 책, 165쪽.

주의적 유토피아로 증명되는 양성적 주체(ein androgynes Subjekt)
가 될 것이다.

그러나 여성적 주체지위의 진정성을 해치지 않기 위해서, 앤얼의
결론에 따르면, 사고만이 아니라 행위에 대해서도 반성하는, 차이
의 철학적 관점이 발전되어야만 한다. 그렇지 않으면 철학은 늘 여
성을 관념적 유형으로 보고 행위로부터 배제시키고자 하는 여성의
행위실종을 지지할 위험에 빠질 것이다.

총괄하여 앤얼이 출발점으로 삼는 것은, 현대 여성들이 이미 대
부분 주체이고 남성들과 마찬가지의 실존적 상황에 놓여 있다는 것
이다. 하지만 이는 여성들이 사회적으로도 성공적인 주체라는 것을
말하는 것은 아닌데, 왜냐하면 여성들은 여전히 자신의 선택의 자
유에 있어 제한되어 있고 방해받고 있기 때문이다. 그럼에도 불구
하고 많은 여성들이 자신의 삶을 전반적으로 주체의 범주 속에서
이해하고 있고 자기 법칙적 목적에 따른 행위를 성취하고 있다.[36]

크리스타 슈나이더(Christa Schneider)는 여성적 자기 이해의 비
판을 배경으로 「여성들의 자기 규정을 위한 몇 가지 소견」(Einige
Bemerkungen zur Selbstbestimmung von Frauen)이라는 논문에서
여성적 주체개념에 대한 더 상세한 관점을 제시한다. 여기서 그녀
는 여성들로 하여금 여성적 자의식을 발전시키고, 자신을 더 이상
남성의 짝 혹은 보조로 이해하는 것이 아니라, 자신의 고유한 감정
과 경험에 의해 자신이 지도되도록 촉구한다. 이를 위해서 여성들
은 당연히 남성의 영상에 비친 상으로서의 자신의 역할을 파괴하고
자신의 고유한 주체지위를 요구해야 한다.

---

36) 같은 책, 170ff쪽.

슈나이더가 제시하는 여성적 주체화 모델의 가장 중요한 진보는, 스스로를 더 이상 남성의 부정성으로부터 이해하지 않는다는 점이다. 여성은 주체 혹은 객체로서의 정의와 자신과의 동일시가 필요한 것이 아니라, 오직 자신의 내적, 외적 삶의 상황과의 동일시가 필요할 뿐이며, 또한 스스로 그러한 상황의 가변성에 대해 명료히 해야 한다. "인격의 자의식은 그 인격의 특성들 전체에 대한 앎을 통해 정의되며, 여기서 특성들이란 시간상의 여러 상황 가운데 동일함을 의미한다."37) 여성적 자의식은 상황 및 반복되는 상황의 의식화를 통해서 생기게 되는 것이며, 특성들을 통해 견고해지는 것이다.38) 슈나이더는 이렇게 해서 생긴 여성적 자의식을 고유한 실존의 긍정 혹은 부정으로 표현한다.

자아규정에 있어서 결정적인 것은 슈나이더에 따르면 언어인데, 그 이유는 자아는 말할 수 있는 가능성을 통해서 비로소 자신을 구성하기 때문이다. "언어는 하나의 객체성으로, 이를 통해 의미와 의의가 매개되는 것이다. 언어는 여기와 지금, 특별한 체험과 일반적 의미질서를 초월하는 것이다."39) 주체발전에 있어 언어의미에 기초하여 슈나이더는 자의식이란 얼마나 여성들이 자신의 언어능력을 의식하는지의 정도에 따라 생긴다는 결론에 이른다.

디오티마 그룹 같은 이탈리아 여성철학자들의 요구 또한 언어비

---

37) Christa Schneider: Einige Bemerkungen zur Selbstbestimmung von Frauen. In: Bendkowski und Weisshaupt(Hginnen): *Was Philosophinnen denken*, Band I, 105쪽.

38) 같은 책, 104f쪽.

39) Christa Schneider: Einige Bemerkungen zur Selbstbestimmung von Frauen. In: Bendkowski und Weisshaupt(Hginnen): *Was Philosophinnen denken*, Band I, 108쪽.

판을 배경으로 하는데, 이들은 가부장체제가 결코 여성경험들에 대한 적절한 표현형식들을 제공하지 못한다고 비판한다. 우리가 말하는 언어는 우리들의 언어가 아니다. 여성들은 자신의 본성에 낯선 형식으로 말하고 사고하도록 강요된다. 이러한 이유로 해서 여성들은 자기 자신조차 스스로를 통해서가 아니라, 다른 사람을 통해서만 정의할 수 있다.[40] 고유한 표현형식을 찾는 데 있어 많은 여성들이 글을 사용한다. 여성들은 이러한 글쓰기를, 자신에게 있어 남성적 언어와 교섭하는 것이 힘들다는 것과 자신이 이성(Logos)의 힘에 반항해야만 하는 것에 대한, 위로와 보상으로 이해한다.[41]

그러나 여성들이 자신의 경험을 표현하고자 할 때, 기존 가부장제 언어만을 사용할 수 있기 때문에, 몇몇 여성철학자들은 언어의 새로운 형식화를 과제로 삼게 되었다. 그래서 성차가 수용될 수 있는 양성적 언어가 필수적이라는 견해가 있다. 물론 상이성들은 그와 같은 언어를 통해서 동시에 다시 지양될 것이다. 뤼스 이리가라이 혹은 엘렌 식수 같은 몇몇 프랑스 여성철학자들은 이러한 이유로 해서 몇 가지 언어형식들을 만들었는데, 이러한 언어형식들을 통해 이들은 언어적 변칙, 허사 혹은 빈 여백 등에 새로운 의미를 부여하고 있다. 이와 함께 이들은 남성담론과 대등해질 수 있는 여성담론을 정립하고자 한다.[42]

---

40) Adriana Cavarero: Ansätze zu einer Theorie der Geschlechterdifferenz. In: Diotima: *Der Mensch ist zwei*, 72쪽.

41) Wanda Tommasi: Die Versuchung der Neutrums. In: Diotima: *Der Mensch ist zwei*, 117쪽.

42) Cristina Fischer u.a.: Die Differenz der Geschlechter. In: Diotima: *Der Mensch ist zwei*, 51쪽.

5. 여성적 상호주관성의 실천 ― 아피다멘토

차이에 대한 중요이론은 단순히 성별 간만이 아니라 **아피다멘토** (*affidamento*, **여성적 상호주관성**)라는 개념과 함께 마련되었다. 이 개념은 여성들 간의 유사성의 원리 및 차이의 원리에 기초하며 이들의 상호작용을 주제화한다. 성차에 대한 이 관점은 밀라노 페미니스트들에 의해 발전되었는데, 이들은 이 관점을 통해 여성에 대한 가부장제의 저평가를 거부하고자 했다. 이들의 목표는 여성적 가치들의 복권이다. 여성들은 서로 연대성을 강화시키고 서로 다양성을 인정하는 새로운 자기 신뢰를 구축해야 한다. 이것이 성차의 재편성을 위한 전제조건이다.

이탈리아 페미니스트들 사이에서 매우 잘 알려져 있는 이 관점은, 1983년에 발족된 베로나대학 내 여성철학자들의 그룹 '디오티마'(Diotima)에 의해서도 수용되었고 더욱 발전되었다. 아피다멘토 개념과 함께 이탈리아 페미니스트들의 관심사는, 여성들이 성장할 수 있도록 더 큰 영향을 끼치는 것이고 여성들의 인격적 자유가 실현될 수 있도록 지도하는 것이다. 이를 위해 이들은 아피다멘토 원리를 다양한 생활영역들, 교육학 내부, 여성들에 관한 그리고 여성들을 위한 법적 변론에 적용시킨다.

아피다멘토에서 중요한 것은 자기 인식 및 자기 정체성을 전제조건으로 하는 여성적 주체성의 육성이다. 이를 통해 여성들은 사람으로 소멸되는 것이 아니라, 자신의 특별성을 발견할 수 있어야 한다. "다름, 그럼에도 나인 다름은, 현재 내가 분리되는 경험 속에 존재한다. 내가 이러한 경험을 말함으로써, 나는 소멸에도 불구하고 보존된 것으로서, 또한 이와 함께 자아묘사가 지금까지 보존해 온 형식 속에서만 발견할 수 있는 것으로서, 나의 다-름(die *andere-Sein*)의 근원성을 말하는 것이다."43)

성차에 관한 문제제기와 아울러 아피다멘토의 관점은 여성들 간의 차이도 반성한다. 이 관점은 가부장제에서 여성의 다름은 부분적으로 다른 여성들과의 관계에 의해 무효화된다고 비판한다. 하지만 공통의 기초를 세우기 위해, 모든 여성들이 동일하다는 것에서 출발할 필요는 없으며, 단지 유사성에서 출발하면 될 것이다. 우리는 단지 같은 성이라는 것에 의해서만 비슷한 것이 아니라, 의식 못했던 성차 내의 다름이라는 우리의 공동운명을 통해서도 비슷하다.44)

밀라노의 '리브레리아(Libreria) 그룹' 여성들은 『여성의 자유는 어떻게 탄생하는가』(*Wie weibliche Freiheit entsteht*)라는 그들의 책에서 이탈리아 여성운동과 아피다멘토의 계보를 기술하였다. 밀라노 여성들에 대한 중요한 자극은 시에포(*psych et po*, 정신분석학과 정치회)라는 프랑스 여성들의 그룹이었다. 이 그룹은 여타의 여성그룹과 달리 내적 권력구조들을 완전히 거부하는 것이 아니라, 권위와 카리스마를 가진 여성 지도자를 승인한다. 또한 남성적 표상세계에서 여성들 간의 관계들은 존재하지 않는다고 확정짓고, 그러한 관계들의 실천을 통해 세계를 변화시킬 목표를 설정했다. 이 그룹의 새로운 여성관계의 틀에서 프랑스 여성들은 인간존재와 여성존재의 전 영역을 토론하였다. 이들에게 있어서 여기에 속하는 주제들은 무엇보다도 신체와 정신, 돈과 권력이다.45)

---

43) Adriana Cavarero: Ansätze zu einer Theorie der Geschlechterdifferenz. In: Diotima: *Der Mensch ist zwei*, 72쪽.
44) 같은 책, 96쪽.

밀라노 페미니스트들의 관심사도 일차적으로 새로운 여성관계의 발전으로, 이들은 이 새로운 여성관계에 의미와 가치를 부여하고자 했다. 이들은 이러한 목표설정을 아피다멘토 개념에 우선적으로 두었다.

아피다멘토라는 개념은 신뢰하다, 혹은 마음속을 터 놓다로 직역될 수 있다. 기본적으로 여성들은 아피다멘토 속에서 서로가 세계와 연결된 것으로 생각하며 상호간에 풍부한 지식을 인정해 준다. 여스승들로서 여성들은 서로서로 자신의 삶을 스스로 계획할 능력과 여성적 삶의 연관들에 큰 의미를 줄 수 있는 능력을 주선하는 역할을 한다.[46] 아피다멘토 원리는 여성들 간의 관계에 실천적 자극을 주는 것이고, 서로간의 승인과 존경의 토대에 기초할 뿐 어떠한 권위체계도 허용하지 않는 사랑하는 관계의 전제가 되는 것이다. 여기서 아피다멘토 개념은 여성들 간의 적극적 연대성 및 가부장제 메커니즘에 저항하는 공동투쟁을 포함한다.

아피다멘토는 손위 여성과 손아래 여성 간의 동맹으로 이해된다. 여기서 손위 여성은 여선생으로서 여제자들에게 지식과 지혜가 풍부함을 의미한다. 이 풍부함은 환원할 수 없는 차이인데, 그 이유는 이것이 경험이라는 보물을 그리고 남성존재에 종속될 수도 없고 맞출 수도 없는 여성임을 대표하는 것이기 때문이다.[47] "우리는 같지 않음[비동일성]을 볼 수 있고 같지 않음이 진짜 맞는다고 말할

45) Libreria delle donne di Milano: *Wie weibliche Freiheit entsteht*, 48쪽.

46) Libreria delle donne di Milano: ...Nicht glauben, Rechte zu haben. In: Deuber-Mankowski u.a.(Hginnen): *1789/1989 — Die Revolution hat nicht stattgefunden*, 255f쪽.

47) Libreria delle donne di Milano: *Wie weibliche Freiheit entsteht*, 146f쪽.

수 있는데, 왜냐하면 우리가 다음과 같은 사실을 믿기 때문이다. 곧 한 여성이 다른 여성에게 대해서 느끼는 부족함은 그 여성을 풍부한 여성적 원천으로 이끌며, 그녀 또한 갖고 있는 그리고 바로 이러한 부족함의 경험 속에서 드러나게 되는 풍부함으로 그녀를 이끈다는 것이다."48) 양 여성 간의 관계는 수평적 관계, 자매 같은 관계로 이해될 수 있는데, 오늘날 가부장제에서 일반으로 행해지는 수직적이고 권위주의적인 관계들은 바로 이러한 관계로 대치되어야 할 것이다.

여선생은 배우는 학생이 자신의 고유한 정체성을 찾도록 지원해 준다. 여기서 스승들에게 긍정적인 여성적 권위가 승인되어야 한다. "상징적 관계 틀 없이 여성정신은 풍요롭다. 여성정신은 예측하지 못한 결과들을 출현시키며 지금까지 믿었던 모든 것들을 붕괴시킨다. 여성은 확실성을 법칙이나 법을 통해서 얻지 않는다. 여성이 자신의 실존을 자기 자신으로부터 출발하여 기투하고 사회의 여성적 삶의 연관들 내에서 안정성을 획득할 때, 여성은 불가침의 존재가 된다."49)

스승과 제자 간의 관계의 상호성은, 손아래 여성이 손위 여성으로부터 배운 것을 실제로 자기 것으로 만들 수 있을 때에야 비로소 그것을 승인하고 보답도 한다는 데 있다. 그녀는 자신의 스승에 대해서 상징적 부채를 지고 있는데, 이 부채를 그녀는 공적으로 지불해야 한다. 그래서 아피다멘토의 관계는 일차적으로 사회적 관계인데, 그것은 밀라노 페미니스트들에 의해서 정치적 프로젝트의 내용

---

48) 같은 책, 130쪽.
49) 같은 책, 25f쪽.

으로 되었다.50)

아피다멘토의 이론은 두 가지 축을 기초로 한다. 한편으로 그것은 여성들 상호간의 변증법적 관계로 이루어지며, 다른 한편으로는 정치적 요구로 이루어진다. 밀라노 여성들은 개개 여성들 간의 차이의 승인을 성차수용의 토대로 보고 있다. 이들은 아피다멘토의 전략을 여성들의 자유를 위한 토대 또한 표현하는 정치적 질문으로 이해한다.51)

정치활동에 있어 첫 걸음은 사회 내 지배적인 상징성을 설명하고, 이 상징성이 남성의 성의 특성을 갖고 있음을 분명히 밝히는 것이다. 그 다음 단계로 여성의 성에 정당성을 부여해야 하고 여성들이 사회에 적극 참여할 수 있도록 도와주어야 한다. 이를 위해서 상징적인 것에 대한 연구가 필수적인데, 이 연구의 본질은 "여성의 성에 속하는 것으로부터 여성 자신이 원하는 모든 자유에 대한 사회적 정당성을 인정해 주는"52) 새로운 상의 토대를 마련하는 데 있다.

밀라노 페미니스트들에 의해서 정립된 첫 번째 상은 **상징적 어머니**(symbolische Mutter)였다. 상징적 어머니는 한 여성에 대해서 한 명 혹은 여러 명의 다른 여성들에 의해서 구체화되는데, 이들은 이 상징적 어머니를 세계 내에서 지지한다. 상징적 어머니상은 대부분의 여성들의 삶에서 실재 어머니가 받아들이는 의미에 정향되어 있으며 또한 자신을 여스승으로 받아들일 수 있는 역할에 정향되어 있다. "이러한 의미에서 아피다멘토의 관계는 특정한 정치 혹

---

50) 같은 책, 155f쪽.
51) 같은 책, 26쪽.
52) 같은 책, 125쪽.

은 개인적 선택 이상이다. 물론 그러한 측면도 맞긴 하지만 이를 넘어서서 아피다멘토의 관계는 좀더 깊은 의미에서 여성들과 여성들의 사회적 권위의 기초 지움을 통한 어머니의 위대성의 회복인 것이다."53)

상징적 어머니는 근원의 상으로, 여성의 성의 표시이며 다른 여성들로 하여금 자신의 계획과 요청을 넘어설 수 있도록 이끌 수 있다. 상징적 어머니는 필수적인데, 그 이유는 그것이 여성적 본보기로써 중재를 담보해 주기 때문이다. 중성적 본보기에 의해서는 어머니의 가치가 중재될 수도 없고 의미 있게 전환될 수도 없을 것이다.54)

상징적 어머니의 예를 여성들은 맨 먼저 문학에서 발견한다. 여기서 선호되는 여류문인들로 제인 오스틴(Jane Austen), 에밀리 브론테와 샬롯 브론테(Emily und Charlotte Bronte), 엘자 모랭(Elsa Morante), 게르투르데 슈타인(Gertrude Stein), 실비아 플라스(Silvia Plath), 잉게보르크 바흐만(Ingeborg Bachmann), 안나 케번(Anna Kavan), 버지니아 울프(Virginia Woolf), 아이비 컴튼-버넷(Ivy Compton-Burnett) 등이 있었다.

성차의 관점과 함께 밀라노 여성들은 목하 여성평등의 실무정책에 대해서도 이를 추상적, 모순적인 것으로 보고 문제를 제기한다. 이들은 여성들 간의 사회적 관계에서 탄생한 여성적 자유의 입장에서 성차별적 억압에 투쟁하고자 한다.

이러한 투쟁의 예로 아피다멘토의 교육학 프로젝트로의 응용, 그

---

53) Libreria delle donne di Milano: *Wie weibliche Freiheit entsteht*, 180쪽.
54) 같은 책, 133쪽.

리고 이탈리아 여성들이 재판권을 위해 발전시켰던 **소송절차방식**(*Praxis des Prozesses*)이 있다. "이러한 양상은 한 여성의 다른 여성과의 우선적 관계이고 이러한 관계의 법적 언어로의 상징적 등록이다."[55]

기존의 정의개념의 맥락에서 아피다멘토에서 보이는 바와 같은 여성들의 비동일성[같지 않음](Ungleichheit)은 이해될 수 없는데, 그 이유는 그것이 더 근본적인 차원, 곧 성적 차이(sexuelle Differenz)의 차원으로 소급되기 때문이다.[56] 밀라노 페미니스트들은 정의(Gerechtigkeit)를 여성들이 여성 고유의 관계에서 출발함으로써 여성들 스스로가 만들어내야 하는 것으로 규정한다. 여기서 중요한 것은, 여성들이 여성 변호사들을 선택하고 그렇게 서로의 능력을 존중하는 것이다. 여성과 여성의 계보학으로 소급되는 여성권리의 실천이 창출되어야 한다.

---

55) Libreria delle donne di Milano: ...Nicht glauben, Rechte zu haben. In: Deuber-Mankowski u.a.(Hginnen): *1789/1989 — Die Revolution hat nicht stattgefunden*, 259쪽.

56) Libreria delle donne di Milano: *Wie weibliche Freiheit entsteht*, 162f쪽.

2. 뤼스 이리가라이와 『성차의 윤리학』

　뤼스 이리가라이(Luce Irigaray)는 성차이론(Geschlechterdifferenz)을 주장한 가장 중요한 여성들 중 한 사람으로, 프랑스 후기구조주의 노선에 속한다. 이 여성철학자는 정신분석학파 출신으로 그 중에서도 특히 자크 라캉(Jacques Lacan)의 영향을 받았으며, 에콜 노르말 슈페리우레(Ecole Normale Superieure)의 라캉 세미나도 참석하였다.

　이리가라이는 초기 저술들에서 일차적으로 정신분석학과 언어의 결합을 다루고 있는데, 여기서 관심의 초점은 여성과 남성이 일상적으로 하는 말이다. 그녀의 입각점은 특히 정신분석학적 상황에서의 언어태도이며, 이에 의거하여 그녀는 지배담론이 전적으로 남성적으로 규정되어 있다고 밝힌다. 여성과 여성의 언어에 대해서는 담론체제 밖의 장소, 곧 학문표현과 토론규칙의 지배를 받지 않는 장소가 할당된다.[57] 여성들은 남성적인 학문담론에 대한 대안으로서 남성적 표현형식에 비견될 만한 특별히 여성적인 그 어떤 표현형식도 가지고 있지 않다.

1974년에 발표했던 『반사경 — 타자인 여성으로부터』(*Speculum. Spiegel des anderen Geschlechts*)라는 제목의 박사학위논문의 연구에서 이리가라이는 비판적으로 정신분석학과 철학에 대해서 논한다. 이 책이 출판된 직후 그녀는 라캉이 이끄는 프로이트 학파로부터 즉각 제명되었다.58)

이리가라이는 『반사경』에서 지그문트 프로이트 및 자크 라캉과의 매우 정밀하고 비판적인 대결을 펼치며 플라톤, 데카르트, 헤겔과 같은 철학자들을 분석한다. 여기서 그녀가 우선적으로 주제화한 것은, 가부장제에서 여성들에게 할당되는 그리고 이러한 학문들에 의해서 주제화되지도 해결되지도 않고 오히려 부분적으로 지지 혹은 강요되었고/되는 종속적 하위 역할이다. 그녀는 여성적 사고형식과 고전적 사상가들 간의 새로운 대결의 기초를 마련한다. 자신만의 고유한 해석방식을 통해 이리가라이는 섬세하게 가부장적 텍스트들을 다루고 내재적 관점에서 그것들의 내용을 반성하며 이러한 반성 가운데 그것들의 이질성, 복합성, 모순성을 밝힌다.59)

플라톤, 데카르트, 헤겔, 프로이트의 텍스트들에 대한 여성주의적 강독을 통해서 그녀는 그 이론들의 공통점을 명료히 한다. 토대는 같음의 질서[동일성의 논리], 같음과 남성성과의 동일시, 논리적-합

---

57) Alexandra Busch: Der metaphoriche Schleier des ewig Weiblichen. In: Großmaß und Schmerl(Hginnen): *Feministischer Kompaß, patriarchales Gepäck*, 117쪽.

58) Gertrude Postl: *Weibliches Sprechen*, 122쪽.

59) Andrea Nye: *Feminist Theory and the Philosophies of Man*, 192쪽.

리적 사고를 절대적 가치척도로 보는 태도이다.

『반사경』의 비판적 관점을 더욱 발전시켜 1977년 출판한 『하나이지 않은 성』(Das Geschlecht, das nicht eins ist)에서, 이리가라이는 하나의 다른, 비-남성적 말하기가 존재해야 한다는 테제를 정식화한다. 이 새로운 여성적 말하기 방식은 가부장제 사고의 분석과 비판을 배경으로 하여 명백히 밝혀져야 한다. 이를 위해 이리가라이는 상징계와 가부장제 담론의 기초가 되는 더욱 깊숙한 심적 세계를 증거로 인용하면서 이 세계를 남녀 간의 서로 다른 역할고 정의 원인으로 기술한다.

그녀의 분석목표는 여성적 말하기를 발전시키는 것이다. 여기서 그녀의 관심사는 완전히 새로운 언어가 아니라 사회적으로 결정된 일반적 언어관습의 폐지인데, 이 통례의 언어관습이 지금까지 여성적 정체성을 방해해 왔기 때문이다.[60]

여성적 언어의 발전은 그녀의 최근 연구내용이 상술된 『성차의 윤리학』(Ethik der sexuellen Differenz)의 핵심요소이기도 하다. 이 책에서 그녀는 지배적 사회질서를 성차의 토대 위에서 연구한다. 그녀는 가부장체제가 일반적으로 받아들여지는 것처럼 이성애의 토대 위에서 기능하는 것이 아니라, 남성들 간의 관계 위에서 기능한다는 것을 출발점으로 삼는다. 후자는 공적으로 행해지는 것이 아니라, 여성이 교환되고 여성의 몸이 알선되는 방식으로 행해진다. 이런 이유로 해서 가부장적 책략에 순응하는 것 역시 여성들을 위한 아무런 해결안도 내놓지 못한다.[61]

---

60) Margaret Whitford: Introduction. In: Dies.: The Irigaray Reader, 3f쪽.
61) Luce Irigaray: Neuer Körper, neue Imagination. In: Alternative Zeitschrift für Literatur und Diskussion 8/9(1976), 124쪽.

현대 과학기술에 대해서 이리가라이는 남성만이 성을 독점하는 사회가 초래되고 이로 인해 성차 및 특수한 여성적 관심사들이 부정된다고 지적한다. 그녀는 남성들이 착취와 파괴를 통해서 인류를 멸망시켜 가는 이러한 가부장제적 진퇴유곡에서 사회를 구해 내는 것이 여성들의 과제라고 본다. 성차의 문화-정치적 윤리학의 관점은 오늘날 단지 여성들만이 아닌 남성들에게 있어서도 유일한 기회일 것이다.62)

　　이리가라이는 자유주의적 페미니즘에 대해서도 비판한다. 여성들이 남근적 권력전략에 동참해서는 안 된다는 게 그녀의 견해인데, 그 이유는 남성들이 그들에게 사소한 권력의 일부만을 여성들에게 내어주고 여성 스스로 더 이상 투쟁할 수 없게끔 만들기 때문이다. 아울러 그러한 형태의 여성들의 동화는 부정적 결과들을 함축하는데, 여성들이 자신의 특별성과 여성적 정체성을 상실하기 때문이다.63)

　　이러한 이유로 해서 이리가라이는 성차의 강화 및 여성고유의 경제학, 종교, 계보학, 언어의 발전을 옹호하며 성적 정체성도 재현될 수 있는 상징질서를 지지한다. 이러한 토대 위에서 새로운 유형의 집단관계가 탄생해야 할 것이다: 그녀의 목표는 공간과 시간에 대한 관념적 조합의 변화, 심신분리의 극복, 특별히 여성적인 정체성 및 남성적인 정체성의 상호 승인이다. 이리가라이는 이 안에서 새로운 주체성의 가능성을 보며 또한 목하 기술지상주의 및 합리성 지배에 대비되는 새로운 사회-문화적 질서의 가능성을 본다.64)

---

62) Luce Irigaray: *Die Zeit der Differenz*, 26f쪽.
63) Luce Irigaray: Neuer Körper, neue Imagination. In: *Alternative Zeitschrift für Literatur und Diskussion* 8/9(1976), 125쪽.

이리가라이는 『성차의 윤리학』에서 여성적 정체성 발달을 위한 관점을 펼친다. 몇몇 철학자들과의 비판적 대결과 함께 이 책에서 우선적으로 문제되는 것은 섹슈얼리티, 언어, 모녀관계의 문제, 여성의 권리문제, 사랑이다.

성차의 윤리학을 구상하는 가운데 이리가라이는 지금까지의 지평을 확장시키고 사상, 예술, 문학, 언어의 신기원을 열 가능성을 본다. 사고의 혁명과 새로운 윤리학을 통해서 주체와 담론, 주체와 세계, 주체와 우주의 관계는 새롭게 해석될 수 있을 것이다.[65] 이 새로운 관계는 언어의 혁명을 가져올 것이고, 이 언어의 혁명을 통해서 여성들 간의 새로운 관계형식이 가능해질 것이며, 또한 남성적 교환과는 다른 여성적 차원의 교환이 열리게 될 것이다.

이리가라이는 자신의 관점을 하나의 토대로, 곧 여성적 정체성 발달의 첫 걸음이자 성별 간에 새로운 차원의 관계를 발전시킬 수 있는 첫 걸음으로, 생각한다. 여기서 그녀는 단순히 이론적 기초에만 관심을 두는 것이 아니라, 성차이론을 적용한 실천적 제안들 역시 발전시킨다. 모성적 계보학의 채택을 통해 모성의 전통이 보존되어야 하고 모녀 간의 관계의 회복이 일어나야 한다.

아울러 이리가라이는 자신의 윤리학에서 현대 여성운동의 연관도 정리하며 법적 변론의 변화를 통해서만 해결될 수 있는 실천적 문제들도 다룬다. 그녀에 의해서 제기된 여성의 권리는 여성의 신체적, 도덕적 불가침성의 보호, 모성성에 대한 자유선택권, 여성문화권을 포함한다.[66]

---

64) Luce Irigaray: Women-Amongst-Themselves. In: Whitford(Hgin): *The Irigaray Reader*, 192ff쪽.

65) Luce Irigaray: *Ethik der sexuellen Differenz*, 11f쪽.

1. 정신분석학과 철학

이리가라이의 성차이론은 정신분석학, 특히 프로이트와 라캉 이론에 대한 비판적 분석을 토대로 한다. 그녀 자신이 심리학자이고 훈련받은 정신분석학자이기 때문에, 이리가라이는 정신분석학 안에서 연구에 착수하는데, 그로부터 정신분석학적 담론 내의 이론적 이원론을 밝히고자 한다. 여기서 이리가라이의 목표는 남성적 매개변수들(Parametern)에 의해서만 인간심리의 설명이 이루어지는 것을 당황케 하는 것이며, 이는 기존의 남근중심적 질서를 전향시키기 위해서가 아니라 그것을 교란하고 전복하기 위한 것이다.[67]

따라서 이리가라이의 정신분석학은 여성들을 철저히 배제하는 전적인 가부장체제 사회질서에서 출발한다. 이러한 배제는 특히 섹슈얼리티의 측면에서 두드러지는데, 그 이유는 정신분석학의 기초에 남성적 규범이 놓여 있기 때문이며, 이 남성적 규범이 그 다음 여성에게로 이월되는 데 있다. 이렇게 해서 여성은 기존의 남성질서 속에서 타자화된 몸이 된다. 이리가라이는 특히 프로이트에 대해서, 몇몇 증상들을 인지하긴 했지만 이를 역사적으로 제약된 생활환경으로 해석하지 않고, 여성의 자연적[선천적] 성질 혹은 해부학적 전제로 해석해 버렸다고 비판한다.

라캉 역시 여성과 여성발달을 남성적 파라미터에 종속시킨다. 남성의 과대평가에 의거하여 그는 여성을 남성의 거울상으로 만들며, 여성을 남성의 몸을 준거로 남성의 짝으로 정의한다. 여성은 스스

---

66) Luce Irigaray: *Die Zeit der Differenz*, 16쪽.
67) Luce Irigaray: *Das Geschlecht, das nicht eins ist*, 70쪽.

로 발현할 수 없고, **실존하지 않으며**(*existiert nicht*) 다만 남성 판타지의 투사면일 뿐이다.

이리가라이는 라캉의 거울단계모델을 가상주체일 뿐인 여성개념의 은유로서 채택한다. 이렇게 비반성적으로 동화된 여성은 자신의 고유한 성을 억압하고 자신을 남성과 동일시한다. 그녀는 남성의식의 무의식적 관여에 순응하며, 이렇게 해서 남성은 초-자아(Über-ich)의 지위로 승격된다.[68]

라캉의 인격발달모델에서 또 다른 차별은 여성을 상징계로부터 배제하는 데서 생긴다. 라캉은 오이디푸스 단계의 종결을 자아형성의 중심단계로 보고 있는데, 그 이유는 이를 통해서 상징계 차원에 진입되기 때문이다. 하지만 라캉에 따르면 여성들은 오이디푸스 단계를 완전히 청산하지 못하고 여전히 전상징계 내지 상상계에 깊이 뿌리박고 있다. 이러한 상상계는 상징계 구성의 기초가 되는데 이 상상계에 라캉은 삶, 죽음 혹은 신체성과 같은 단순한 질료적 경험을 귀속시킨다.[69]

이리가라이는 이러한 도식을 기본적으로 받아들이기는 하지만, 라캉이 남성적으로 특징지어진 상상계에서 출발한다고 비판한다. 그녀는 상상계와 여성적 섹슈얼리티의 해석에 대한 근본적 변화를 요구한다.

정신분석학 대부들에 대한 비판적 태도에 기초하여 이리가라이는 자신의 고유모델을 발전시킨다. 마가렛 휘트포드(Margaret Whitford)는 이 관점의 자료내용 및 혁신적인 면을 이리가라이에

---

68) Margaret Whitford: Introduction. In: Dies.: *The Irigaray Reader*, 5ff쪽.
69) Margaret Whitford: *Luce Irigaray*, 60쪽.

관한 연구서에서 다음과 같이 간추려 소개하고 있다:

(1) 여성적 상상계는 단순히 기부장제적으로 지배되는 상징계의 전 단계가 아니라 무의식영역의 요소들도 열어준다.

(2) 이리가라이는 정신분석학적 대화의 연구에서 정신분석학적 상황과 문화적 상황 사이에 유사성이 있다고 설명한다. 이 연구는 여성이 대화 속에서와 마찬가지로 문화 속에서 동등한 파트너로 간주되지 않는다는 점을 드러낸다.

(3) 여성 분석가들은 치료법에서 흉내내기의 전략을 사용하는데, 이는 대화에서 남성적 상상계의 역할도 받아들일 수 있도록 하기 위함이다.

(4) 정신분석학 내의 새로운 해석형식들을 통해 역동적 문화변화를 위한 전제조건들이 마련되어야 한다.

(5) 총괄해서 이리가라이는 심적 증상들과 언어적 현상들 간에 의미 있는 연관이 존재한다는 것을 출발점으로 삼는다.

정신분석학적 구상의 이러한 확장은 치료상황에도 영향을 미친다. 이리가라이는 『성차의 윤리학』의 맥락에서 정신분석학적 대화의 새로운 모델을 발전시킨다. 무엇보다도 무의식영역에 대한 집중적 해석이 여기에 속하는데, 이리가라이는 이 무의식영역을 미래계를 위한 저장소로 혹은 창조적 소생의 원천으로 표현한다. 특히 치료상황에서 무의식영역은 중요한데, 왜냐하면 무의식영역은 간과해서는 안 될 은폐된 욕구를 포함하기 때문이다. 이러한 맥락에서 이리가라이는 정신분석학에서의 작업을 경청으로 정의하고 있으며, 이러한 경청은 분석상황에서 어떠한 위계질서에도 종속될 필요가

없는 것이다.[70]

이 정신분석학적 대화의 모델은 여성들 간의 치료적 관계에서 특별한 의미를 갖는다. 이러한 분석상황은, 여성들이 서로서로 관계들을 말할 수 있는 고유한 언어를 발전시키지 않는 한, 회의적이다. 보통 정신분석학적 대화에서 여성들은 고유한 정체성을 갖고 있지 못하고 자신의 어머니와 연결된 채로 있거나 아니면 자기 자신의 모성성으로 환원된다. 그래서 이리가라이는 여성들이 자신의 표현[재현]형식들(Darstellungsformen)과 표상들을 나타내기 위하여 고유한 상징을 발전시켜야 한다고 말한다.[71]

정신분석학에 대한 비판과 나란히 이리가라이는 철학에 대해서도 성차를 주제화하는 데 관심이 없다고 비난한다. 여기서도 남성은 감춰진 규범이고 남성주체의 우위가 인정된다. 이리가라이는 철학적 담론의 요소들을 새롭게 해석하여, 그 속에 숨겨진 성차를 설명하는 것을 페미니스트들의 과제로 본다. 여기서 이념, 실체 혹은 주체 같은 소위 중성적 개념들이 해부되어야 하는데, 이러한 개념들의 여성적 측면을 명확하게 하기 위해서이다.[72]

『반사경』에서 이리가라이는 플라톤(Platon)에서 시작하는 서구철학이 남성적 표상과 가부장제를 확립하였고 그 후 전승시킨다고 밝히고 있다. 플라톤에 대해서 이리가라이는 무엇보다도 여성을 재생산[생식]을 위한 신체적 기능으로 환원시키고 남성의 쾌락을 만족시키는 존재로 파악하는 것에 대해 비판한다. 플라톤은 명시적으로

---

70) Luce Irigaray: The Poverty of Psychoanalysis. In: Whitford(Hgin): *The Irigaray Reader*, 80ff쪽.

71) Luce Irigaray: *Ethik der sexuellen Differenz*, 125쪽.

72) Luce Irigaray: *Das Geschlecht, das nicht eins ist*, 76f쪽.

여성의 영혼을 부인하지는 않았지만, 그렇다고 여성의 영혼을 언급하지도 않았다. 플라톤에 있어 여성의 무영혼성을 대변하는 것은, 그가 모든 남성영혼의 최고 목표인 이데아계로의 오름길을 여성들에게는 허용하지 않는다는 점이다. 여성은 플라톤에 있어서 모든 측면에 있어서 더 약한 존재이며 신체적으로나 정신적으로나 열등한 존재이다.

아리스토텔레스(Aristoteles)에 있어서도 여성은 비슷하게 평가된다. 그는 여성성을 형편없는 것과 동일시하고 남성성을 훌륭한 것과 동일시하는데, 여기서 그는 여성을 출산능력을 가진 남성으로 정의한다. 이렇게 해서 아리스토텔레스는 여성이 생식능력에 있어서조차 두 번째 순위이며 그렇기 때문에 남성보다 열등하다는 주장을 할 수 있게 된다.[73]

이리가라이는 자신의 비판적 관점을 근대에 이르기까지 서구 고전철학의 주요 대표자들에게 적용시킨다.『성차의 윤리학』에서 그녀는 이러한 시각 아래서 데카르트(Descartes), 스피노자(Spinoza), 메를로-퐁티(Maurice Merleau-Ponty), 레비나스(Claude Levinas) 등도 분석한다.

자신의 비판을 배경으로 이리가라이는 철학 내에서 사고의 전환을 주장한다. 현상학과 윤리학, 주체성과 정체성, 합리성과 무의식에 관한 물음은, 남성적 사고의 요청을 해체하고 주체/객체 혹은 심/신이라는 가부장적 이원론을 극복할 목표와 함께, 새롭게 이해되어야 한다.

이리가라이는 동시대인의 철학적 작업을 새로운 성차 윤리학의

---

73) Luce Irigaray: *Speculum. Spiegel des anderern Geschlechts*, 193ff쪽.

문제설정에 있다고 보며, 이 성차 윤리학의 과제는 기존 존재론을 탈피함과 함께 성차를 수사학과 시학 속으로 이항시키는 것이라고 한다.

이리가라이가 전통철학을 기본적으로 비판하기는 하지만, 그녀는 자신을 여성철학자로 본다. 이리가라이는 철학의 의의를 보편적 연구를 수행하는 것, 다시 말해 삶과 인간의 모든 영역에 대한 성찰로 특징짓는데, 그녀에게 있어 다음과 같은 주제가 여기에 속한다: 교육에서의 여성적, 남성적 고정관념에 대한 비판 및 남성적 단성-질서의 해체, 여성을 여성의 몸 혹은 자연일반과 동일시하는 것의 해체 및 관념적/물질적 혹은 이성/감정의 분리의 해체, 여성을 타자의 지위로 환원시킨 것에 대한 비판, 여성의 희생역할의 폐기, 가부장제적 경제지배의 극복 및 남성적 죽음에의 동경의 극복.74)

2. 성차의 윤리학

성차의 윤리학에서 이리가라이 관점의 핵심을 이루는 주제는 여성적 섹슈얼리티, 여성적 정체성 그리고 언어이다. 그녀는 자신의 구상과 함께 가부장제 질서 및 남성들 간의 동성애적 교환에 기초한 남성지배사회에 저항한다. 이리가라이의 목표는 여성동성애적 경제 및 여성계보학의 기초를 마련하는 것이다. 여기서 중심이 되는 것은 자신을 발육불량의 남성존재로 환원시키는 것이 아니라 자신의 고유한 정체성을 발견해야 하는 여성적 주체이다. 여기서 중요한 것은 하나의 상징으로서 주체존재를 보증하는 언어이고, 마찬

---

74) Luce Irigaray: *Ethik der sexuellen Differenz*, 12쪽.

가지로 중요한 것은 필요불가결한 사랑으로, 이는 주체가 늘 다른 개인들과 교제 속에 있기 때문이다.

이리가라이가 출발로 하는 것은, 여성들이 가부장제 맥락에서 여성적 주체로 생각되는 것이 아니라, 단순히 남성적 관점에서 정의된다는 것으로, 이 남성적 관점은 자칭 중립적인 성별무관의 규범을 형성하고 있다. 알렉산드라 부시(Alexandra Busch)는 개개 담론체계에 대한 이리가라이의 분석 및 기술을 다음과 같은 테제로 정식화한다: "성차란 존재하지 않는다/ 내지는 지금까지 존재하지 않았다. 지배담론 내에서 남성-인{간}(Mann-Mensch)은 동일한 성이다. 그가 모든 담론의 주체이다. 여성은 남성적 경제 안에서 거울, 현장 밖, 결손된 성으로 기능한다."[75] 이러한 확정을 해체하는 것이 여성들의 과제이며, 여성들은 사회 속에서 자신이 이렇게 작동되는 것을 거부해야 하고 독립된 여성적 주체성을 발전시켜야 한다.

이리가라이는 이러한 발전의 최대 걸림돌을 여성들이 아직도 고유한 장소를 발견하지 못했다는 사실에 있다고 본다. 여성들은 삶의 원천이고 이와 함께 자신이 그 장소이지만, 여전히 자신이 지니고 있는 것을 파악하지 못하고 있다. 이렇게 해서 여성들은 전체 남성 앞에서 무로 머물며, 항상 주체인 남성에 연루되고, 남성의 욕구에 의해서 그리고 남성체제 안에서 행동한다. 이리가라이는 여성의 현 상황을 무규정적인 것으로 기술하는데, 그 이유는 여성들에게 고유한 개별성과 정체성이 완전히 부재하기 때문이다.[76]

---

75) Alexandra Busch: Der metaphorische Schleier des ewig Weiblichen. In: Großmaß und Schmerl(Hginnen): *Feministischer Kompaß, patriarchales Gepäck*, 119f쪽.

여성들의 현 장소를 이리가라이는 남성들에 의해 통제되는 세계 밖으로 구획 짓는다. 그것이 여성들에게 할당되었던 장소이다. 여기서 남성은 여성을 그가 의미로 채울 수 있는 덮개 혹은 용기로 여긴다. 이러한 그릇은 움직이지 않고 고정되어 있어야 하기 때문에, 이 그릇은 집에서 유배된다. 여성은 여성에게 들씌워진 고정성과 여성의 용기특성으로 해서 남성의 소유물이 되고 남성에 대한 의존성 안에서 정의된다.

이러한 억압적 감금으로부터 해방되기 위해서, 여성들은 자신의 고유한 이론적 체계를 발전시켜야 한다. 이를 위해 기존의 주체성 형식에 여성적 특징을 덧붙여서 여성들에게 돌려주는 것으로 충분치 않다. "그러나 여성은 닫혀 있지도 열려 있지도 않고, 무규정적이고, 미완이며, **폐쇄적이지 않은 형식**(*die Form, die nicht abgeschlossen ist*)으로 존재한다. 여성은 무한한 존재가 아니며, 하나의 통일체는 더더욱 아니다. {따라서 여성은} 문자, 암호, 일련의 숫자, 고유명사, 감각세계의 유일한 대상, 그러나 또한 개별대상으로서의 감각세계, 예지적 전체의 단일한 관념성, 근본적인 본질성 등등{과 관계없다}."[77]

이리가라이는 지배적인 이론적 기계장치의 원칙적 고장을 의도한다. 이 목적을 위해서 여성들은 제도 속으로 밀고 들어가야 하고 제도를 교란시켜야 하며 제도 안에서 서서히 침투해 나가야 한다.

한 가지 입각점은 이리가라이에 있어 여성운동의 내용적 목표 — 가령, 임신중절과 피임의 합법화 — 에 있다. 여성들은 남성사회 내

---

76) Luce Irigaray: *Speculum. Spiegel des anderern Geschlechts*, 284쪽.
77) 같은 곳.

에서 임신기능을 포함한 특정기능들로 고착되는 것으로부터 자신을 해방시켜야 하는데, 이는 자신을 어머니역할로 환원시킴 없이 여성으로서 자신의 정체성을 지각하기 위함이다.[78] "내 생각에, 우리는 여성을 사회적 재생산, 문화적 불가시성 혹은 중립화로 환원시킬 것이 아니라, 여성에게 고유한 현상학을 돌려주어야 한다."[79] 여성적 정체성의 발달을 위해서 이리가라이는 여성들로 하여금 여성 자신의 고유한 역사를 깊이 숙고할 것을 촉구한다. 여성들은, 여성들에 의한 독자적 사회문화적 창조물들의 뿌리가 소실되어 버린 가부장제 질서 너머로 돌아감으로써, 자신의 역사적 긍정성을 재발굴해야 한다. 이 시점에서 이리가라이는 긍정적인 모-녀-관계의 파괴, 자연존중의 파괴, 평화의 파괴, 손님후대의 파괴도 언급한다.[80]

이리가라이는 주요 해방전략을 여성들이 동맹하도록 그리고 수동적인 가부장제 언어사용에 저항하면서 고유한 능동적 언어를 발굴하도록 여성들에게 요구하는 데 있다고 본다.

두 번째 전략은 여성적 섹슈얼리티에 있다. 이리가라이에 있어 여성적 섹슈얼리티는 다층적인데, 그 이유는 그녀가 자신의 섹슈얼리티 모델이 적용되는 범위를 사회구조에까지 확장시키기 때문이다. 하지만 문제는 우리 문화 속에 여성들에게 적용가능한 근원적인 여성적 정체성이 존재하지 않는다는 것으로, 오히려 여성들은

---

78) Luce Irigaray: The Bodily Encounter with the Mother. In: Whitford (Hgin): *The Irigaray Reader*, 35f쪽.

79) Luce Irigaray: Grenzen zwischen den Geschlechtern. In: Dies.: *Zur Geschlechterdifferenz*, 157쪽.

80) 같은 책, 154f쪽.

자신의 고유한 정체성과 이를 위한 접근방식을 이제 본격적으로 만들어야 한다. 이러한 전략은 이리가라이에 있어 두 가지 요소를 갖는다: 첫째, 남성들은 더욱 강력하게 자기 자신 및 자신의 근원과 관계 맺어야 하며, 여성을 대상으로서 관계 맺지 말아야 한다. 둘째, 여성들 또한 자신의 섹슈얼리티의 필요성을 파악할 수 있어야 한다.[81]

세 번째 전략은 미메시스(Mimesis)에 있다. 여성들은 남성들이 갖고 있는 여성상을 취소시키고 여성들의 강함을 여성상 속에서 분명하게 보여줘야 한다. 흉내내기(Mimesis)의 개념은 자신을 억압시키지 않고 자신의 심중을 남성담론에서도 말로 표현할 수 있도록 하기 위한 것이다. 남성담론규칙에 불가피하게 적응하는 것 외에 여성은 또한 흉내내기를 할 수도 있다. 이러한 흉내내기를 이리가라이는 남성적 의미들을 의도적으로 배치시키는 것으로 이해하는데, 이는 여성역할을 전도시킬 목표로, 여성역할을 유희적으로 실제 보여주기 위한 것이다. 그것은 언어의 전복과 남성적 구조 속으로의 침투를 요구한다. 흉내내기는 고스란히 따라와 되는데, 이를 통해 이중의 속임이 생긴다. 여성은 전통적 여성역할을 꿰뚫어 보긴 하지만 남성을 흉내내는 것처럼 속이고, 또한 여성의 차이를 다른 여성들과의 담론 속에서 거둬들일 수 있다. 이 같은 모방의 극대화, 곧 과도한 흉내내기를 통해서 남근중심적 담론의 영향력은 극복되어야 한다.[82]

---

81) Luce Irigaray: *Ethik der sexuellen Differenz*, 76ff쪽.
82) Luce Irigaray: *Das Geschlecht, das nicht eins ist*, 78쪽.

여성적 섹슈얼리티와 정체성

이리가라이는 여성의 성을 **하나이지 않은 성**[{남성과} 같지 않은 성](*Geschlecht, das nicht eins ist*)으로 기술한다. 여성의 성은 우리 사회에서 사실상 분명하지 않은데, 그 이유는 그것이 형식을 갖고 있지 못하기 때문이다. 여성은 독립적 인격이 아니고, 고유명사를 갖지 못하며, 여성은 단지 남성의 반대[상대]일 뿐이다.[83) 여성 섹슈얼리티에 대한 강요된 가부장제적 정의로 인해 여성은 자신의 고유한 여성성 및 성적 쾌락과의 관련을 잃어버렸다.

이리가라이의 분석은 여성 섹슈얼리티에 대한 가부장제적 상에서 출발하는데, 그녀는 이 상에서 남성 파라미터의 기반 위에서 정의된 부분들을 골라낸다. 이러한 방식으로 그녀는 근원적이고 원천적인 여성성의 형식들을 발굴하고자 한다. 이 관련틀 속에서 근본적으로 남성적으로 각인된 여성상과 구별되는 여성상이 생긴다. "그것은 비정형의, 다면체의, 항상 움직임 속에 있는 존재이다."[84) 이러한 여성은 다양한 쾌락[전신적 기쁨], 곧 **주이상스**(*Jouissance*)를 자유로이 누리는데, 이를 이리가라이는 유아의 욕망과도 비교한다. 이리가라이의 여성적 쾌락은 자기 성애적이고 다채로우며 남성적 감각과 완전히 다른 것이다. 이러한 기초 위에서 이리가라이는 여성에게 이원적 성을 부여한다. 여성은 **다소간 도처에**(*mehr oder weniger überall*) 성기관을 갖고 있으며 여성적 쾌락은 서로 접촉하고 있는 두 입술에 비교할 수 있다. 이리가라이가 은유적으로 음

---

83) 같은 책, 25f쪽.
84) Gertrude Postl: *Weibliches Sprechen*, 128쪽.

순도 생각하는 이 입술은 서로 용해시키지 않고 또한 사실상 분리
될 수 없으며 지속적으로 결합되어 있고 상호 교류한다. 이렇게 해
서 전체로서의 여성은 자기 자신과의 지속적 접촉 속에 있다. "나
는 너를 사랑한다: 우리의 두 입술은 단어를 들여보내기 위해 분리
될 수 없다. 너 혹은 나를 말한다는 유일한 단어. 아님: 같음. 사랑
하는 것은 사랑받는 것. 두 입술은 말한다 — 다물어서 혹은 열어서
—, 하나가 다른 것을 배제함 없이, 이들은 서로 사랑한다. 함께.
정확한 단어를 만들어내기 위해서 두 입술은 서로 껴안고 있어야
할 것이다. 서로 단호하게 헤어진다. 서로 꺼린다. 그리고 두 입술
사이에 한 단어."85)

　말하는 입술은 이리가라이에 의해 구상된 여성적 정체성의 은유
로, 이 여성적 정체성을 통해 여성은 자신의 자아에 대한 지속적
의식 속에서 살아간다. 여성은 항상 자기 자신과의 어루만짐 속에
있으며 이를 통해 자신의 정체성 및 총체성을 보존한다. 그렇기 때
문에 입술은 오직 폭력적으로 가부장제적 남성의 간섭 혹은 침입에
의해서만 분리될 수 있다.

　성차의 윤리학의 이리가라이 관점을 통해 여성들은 이 근원적인
여성적 욕망을 재발견해야 한다. 성에 대한 세분화된 고찰의 도움
으로 그녀는 여성의 특수성과 아울러 남성의 특수성도 재발견하고
자 한다.

　성차의 사고를 이리가라이는 여성을 위한 관점으로, 즉 이 관점
으로부터 여성이 자신의 고유한 정체성을 발전시킬 수 있다고, 보
고 있다. 여성은 여성 섹슈얼리티에 대한 남성적 표상의 길을 빙

---

85) Luce Irigaray: *Das Geschlecht, das nicht eins ist*, 214쪽.

둘러 감 없이 자신의 섹슈얼리티를 올바로 평가해야 한다.[86]

여기서 이리가라이는 성차를 단순히 성적 사실로 보기보다, 오히려 일차적으로 사회적 사실로 보는데, 그 이유는 성차가 경제적, 사회적, 문화적 영역에서도 영향력을 가지기 때문이다.[87] 이러한 전제하에서 성차는 단순히 새로운 윤리학을 제시해야 할 뿐 아니라 주체성의 새로운 개념도 발전시켜야 한다. 이것은 필수적인데, 그 이유는 가부장제적 주객분리가 여성의 배제를 기초 지우기 때문이다. 주체는 그것의 현재의 형식에 있어 단지 객체에 대한 대립에 의거해서만 존재한다. 이리가라이는 양 이원성 사이에 거하는 그리고 그녀가 **문턱**(*Schwelle*)이라는 개념으로 바꿔 말하는 해결안을 지지한다. 문턱이라는 개념은 주체와 객체 사이의 결합에 대한 또한 양자 사이의 이행가능성에 대한 은유이다

이리가라이에 있어 자기애와 긴밀하게 결합되어 있는 사랑의 새로운 개념도 **성차의 윤리학**의 관점에 속한다. 사랑은 여성들 간의 여성적 상징성에 기초하고 신성의 경험을 가지며 여성적 언어를 전제로 한다. 이리가라이가 출발점으로 삼는 것은, 다른 사람을 사랑하기 위해서, 여성들은 우선 자기 자신을 사랑해야 한다는 것이다. "사랑하기 위해서, 우리는 둘이어야 한다. 우리는 분리되어야 하고 재발견할 수 있어야 한다. 개개 남녀는 자기 자신을 찾아야 하고, 그/그녀 자신을 찾는 데 끝까지 충실해야 하며, 그 결과 그들은 서로 인사하고, 서로 더 가까워지며, 축제를 즐기고 혹은 동맹을 결

86) Luce Irigaray: The Limits of Transference. In: Whitford(Hgin): *The Irigaray Reader*, 115쪽.

87) Luce Irigaray: Neuer Körper, neue Imagination. In: *Alternative Zeitschrift für Literatur und Diskussion* 8/9(1976), 125쪽.

성할 수 있다."[88] 이러한 요구는 남성들과의 융합됨을 위하여 여성들의 사랑의 능력 전부를 남성들에게 집중해 줄 것을 요구하는 여성들에 대한 가부장제적 요청에 대립하는 것이다.

여성 계보학

여성적 정체성의 발전을 위한 전제는 이리가라이에 있어 여성 고유의 계보학에도 놓여 있다. 이것도 마찬가지로 이리가라이가 예로서 여성들 간의 — 가령 모녀 간의 — 관계로 전용한 입술은유를 통해서 표현된다. 이리가라이는 우리 사회에서 모녀관계가 적절하기 상징화되어 있지 못한데, 그 이유는 모녀관계가 고대 모친살해로부터 출발하는 남성 계보학만을 기초로 하기 때문이라고 밝히고 있다.

가부장 사회체제에서 어머니는 여성적 주체성으로 인정되지 않고 단순히 생식기능으로만 생각된다. 이렇게 해서 어머니는 가장 중요한 사회질서의 버팀목이 된다. 어머니는 생식의 여성 대리인으로 간주되며, 인간적 욕망을 생물학적 필수성으로 제한시키도록 학습된다. 여성적 힘 혹은 계보학의 가능성은 부정되며 여성들은 집단적 혹은 개인적 욕망을 만족시키는 존재로 환원된다. 여성의 다른 의미를 가부장제는 광범위하게 배제한다.[89]

어머니역할의 사회적 중요성을 하찮게 여기게끔 하기 위해 모녀관계는 죄의식의 짐을 지게 되고 중요한 터부를 이룬다. 종종 어머

---

88) Luce Irigaray: *Ethik der sexuellen Differenz*, 87쪽.
89) Luce Irigaray: The Bodily Encounter with the Mother. In: Whitford (Hgin): *The Irigaray Reader*, 35f쪽.

니는 거세된 괴녀로, 불행을 야기하는 혹은 자녀의 정신이상을 불러일으키는 여성으로 간주된다. 특히 남성들의 원형적 투사들이 이러한 상에 기여하는데, 이 투사들은 정신분석학에 의해서 지지되고 정당화된다. 이러한 가부장제 메커니즘의 목표는 여성을 자신의 고유한 원천으로부터 분리시키고 여성의 어머니와의 관계 및 다른 여성들과의 관계를 봉쇄하는 것이다.

이리가라이는 성차의 맥락에서 모-녀-관계의 근본적 변화를 주장한다. 그녀의 목표는 "여성들로서의 우리 어머니들이 탄생될 수 있도록 {허용}하는"90) 것이다. 침묵과 무능력을 자신과 동일시하는 것은 깨어져야 하며, 이와 함께 여성들 간의 동등한 관계가 형성되어야 한다. 아버지의 권위로부터 벗어나기 위해서, 딸들은 자신의 어머니들과 함께 공동으로 해방되어야 한다.

이러한 혁명적 변혁을 일으키는 모-녀-관계의 결과는 여성 계보학의 발전일 것이다. 여성 계보학을 통해서 핵가족(아버지-어머니-아들)의 가부장제 질서는 문제로 제기되어야 한다. "자신을 성적 정체성으로 구성하기 위해서, 자신의 고유한 성에 대한 계보학적 관계 및 양성에 대한 존경은 필수적이다. 이러한 것은 타당한 성애적 모델을 요구하며 결코 성의 중립화를 요구하지 않는다. …"91)

이리가라이는 어머니와 딸이 자유롭고 자율적인 주체로서 움직일 수 있는 모녀 간의 이원성을 지지한다. 여성 계보학은 어머니가 여성으로도 존재할 수 있게 해주어야 하며 생식기능으로 환원되지 않도록 해주어야 한다. 이를 위해 딸 또한 어머니가 전능하다고 굳

---

90) Luce Irigaray: Der dunkle Kontinent der Frauen. In: Dies.: *Zur Geschlechterdifferenz*, 48쪽.
91) Luce Irigaray: *Die Zeit der Differenz*, 41쪽.

게 믿는 것을 중단해야 하고 어머니를 여성으로 보아야 한다. 여성들은 모-녀-짝이 사회모델을 제시했고 자연의 풍요성 및 신적인 것과의 관계에 책임을 졌던 시간들에 대해 상기하는 것을 배워야 할 것이다.[92]

이리가라이는 여성의 성에 대한 원칙적 존경의 요구를 여신의 소개를 통해 강조한다. 여신은 여성적 주체성에 대한 동일시상으로 기능할 수 있는데, 그 이유는 여신을 통해서 특수한 여성적 경험들과 태도방식들이 신적 재현여성을 얻을 수 있고 여성적 자기 정체성의 장소로 될 수 있기 때문이다.[93]

여성적 말하기

이리가라이에 있어서 여성 섹슈얼리티와 정체성에 긴밀하게 결합되어 있는 것은 언어라는 주제이다. 언어는 의미생성 및 사회적 중재의 본질적 수단이고 그렇기 때문에 여성 계보학의 발전을 위한 전제조건이다. 언어로 말함은 단지 보기에 중립적일 뿐 지배수단으로서 기능하며, 이 지배수단을 통해 가부장제는 여성들을 기존의 남성적 상위개념들 아래 종속시킨다.

성차의 윤리학 맥락에서 이리가라이는 언어의 혁신을 요구하는데, 이 언어의 혁신은 가부장제적 역할 고정관념으로부터 여성해방을 이끌어 나가야 할 것이다. 이렇게 성별에 따라 다른 언어는 주체가 자기 자신을 만들어 나갈 수 있게끔, 주체와 세계와의 관계를

---

92) 같은 책, 33쪽.
93) Luce Irigaray: Göttliche Frauen. In: Dies.: *Genealogie der Geschlechter*, 103ff쪽.

설명해 내야 한다. 이리가라이의 목표설정은 기존의 남근중심주의적 언어를 드러내 보이고 현재 지배적인 남성적 언어를 남성들에게 넘겨주는 것이다.[94]

여성적 말하기라는 이리가라이의 관점은 그녀의 여성적 섹슈얼리티 및 정체성의 관점과 밀접하게 연관되어 있다. 그래서 입술은 유는 여기서도 접촉과 움직임의 상징으로 된다. "그럼에도 불구하고 말하라. 너의 언어가 유일한 끈, 유일한 사슬, 유일한 방향에서 구성되는 것이 아니라는 점이 우리들의 기회이다. 언어는 동시에 도처에서 유래한다. 너는 나를 도처에서 동시에 어루만진다. 모든 감각차원에서. 동시에 일어나는 노래, 말, 글, 어째서일까?"[95]

이리가라이는 언어연구를 통해서 담론 속의 메시지들은 중립적인 것이 아니라 성별과 관련되어 생성된다는 것을 분명히 한다. 여기서 그것의 성별특성은 단순히 내용적 차원에만 있는 것이 아니라 형식의 영역에도 있다. "아무리 단어들이 사전에 없-음이 구조적으로 유의미하다 할지라도, 담론에 있어 성적 차이는 분명 몇몇 단어에만 해당되는 것이 아니다. 성의 표시(남성, 여성, 중성) 역시 성별에 따라 분화된 메시지의 생성의미를 다 길어낼 수 없다. 언어는 종종 사회적, 역사적 현상들에 대해 해명한다. 언어는, 어떻게 하나의 성이 다른 성을 혹은 세계를 지배하여 왔는지, 보여준다."[96]

여성적 담론형식과 남성적 담론형식은 주체, 동사, 시간의 선택에 있어서 다르다. 여성의 언어는 주체와 객체의 관계 혹은 주체와 세계의 관계의 측면에서도 차이가 있다. 여성들은 그 의미가 종종

---

94) Luce Irigaray: *Das Geschlecht, das nicht eins ist*, 78ff쪽.
95) 같은 책, 215쪽.
96) Luce Irigaray: *Genealogie der Geschlechter*, 269쪽.

언어 밖의 맥락에 관련되는 객관적 문장들을 구성한다. 아울러 여성들은 문장에서 주어의 자리를 종종 다른 것에, 세계 혹은 대상에, 양보한다. 여성들은 더욱 귀 기울여 들을 수 있고 객관적 발견들에 대해 더 열려 있다.[97]

그렇기 때문에 이리가라이는 지배담론에 대해 충분하지 못하다고 지적하면서, 가부장제적 언어에 의해 억류되어 있는 여성들의 말 역시 소중히 보존될 수 있는 요소들이 — 가령, 남성들이 과거에 전념하는 데 반하여, 여성들은 현재 및 미래에 대해 관심을 갖는 것, 또한 남성들이 더욱 말놀이에 몰두하는 동안, 여성들이 말을 통해 무언가 표현하려 함에 있어, 그 말 속에 담긴 메시지의 의미 등 — 있음을 강조한다.[98]

여성적 말하기와 달리 남성에 있어서 언어는 자기 접촉의 중요한 도구이다. 언어는 필수적인데, 그 이유는, 이리가라이에 따르면, 남성은 자유로이 자기-성애를 할 수 없으며 자기 자신을 경험하기 위해서 사물, 손, 신체 혹은 언어를 필요로 하기 때문이라는 것이다. 이를 통해서 남성은 남성적 언어 속에서 여성의 자체애가 형성했던 것과는 다른 통어론를 발전시킨다는 것이다.[99] 이에 반해 여성들은, 자유롭게 자기-성애를 할 수 있는데, 이리가라이가 입술은 유를 가지고 돌려 표현하듯이, 여성들은 자기 자신과 맞닿아 있으며 어떠한 매개도 필요하지 않다. 하지만 특수한 여성적 말하기만이 이러한 내밀한 친밀성을 재현해 보일 수 있을 것이다. 그것은 "단어로 자신을 포용하는, 그러나 또한 그 속에 얽매이지 않기 위

---

97) 같은 책, 267ff쪽.
98) 같은 책, 74쪽.
99) Luce Irigaray: *Das Geschlecht, das nicht eins ist*, 137ff쪽.

해서 그로부터 떨어지는"[100] 행위일 것이다.

이리가라이는 지배적인 가부장제 담론 내에서 여성들은 두 가지 표현방식 — 곧, 침묵과 히스테리 — 만이 가능할 뿐이라고 보며, 여기서 여성은 이 두 가능성 사이에서 움직인다고 한다. 여성의 침묵은 이중의 방식으로 실행되는데, 전혀 말하지 않거나 아니면 자신이 말할 때 듣지 않게 된다는 것이다.

침묵에서 빠져 나오는 방법으로 남성적 담론은 남성을 모방할 가능성, 즉 흉내내기를 제시한다. 이와 함께 여성들은 가부장제 담론 안으로 편입될 수 있다. 하지만 여성들을 이를 위해서 남성적 담론법칙에 따라야 하고 남성적 의미들을 받아들여야 하며 여성 자신의 고유한 차이를 포기해야만 한다.[101]

가부장제 담론에서 여성적 말하기의 제 2의 장소를 이리가라이는 히스테리 안에 놓는다. 히스테리 개념은 그리스어의 **히스테라**(*histera*, 자궁)에서 도출된 것이다. 히스테리 여성의 언어는 미숙하고 불완전하다. 히스테리 여성은 사회현실에 대한 반응을 내보이는데, 동등한 위치의 주체들과의 조직적 관계가 그녀에게 결핍되어 있다. 아울러 히스테리 여성은 어머니와 분리되지 않은 관계, 억압된 자아의 고통, 고착으로 특징지어진다.[102]

자기 자신을 여성적 주체로서 적절히 표현하는 과제를 다 하기 위해서, 여성들은 경험적 주체로서의 자신을 다른 주체들과의 변증법적 관계 속에서 보는 법을 배워야 한다. 여성들은 자신의 어머니

---

100) 같은 책, 28쪽.

101) 같은 책, 168f쪽.

102) Luce Irigaray: Orientierungen zu einer gesellschaftlich differenzierten Kultur. In: Dies.: *Zur Geschlechterdifferenz*, 133f쪽.

와 다른 여성들 그리고 그 밖의 다른 사람들도 존경해야 하며 본보기, 계획, 사상 혹은 신성의 기초를 마련해야 한다.103) 아울러 여성들은 언어 속에서 고유한 여성적 상징을 발전시켜야 한다. 이를 통해서 여성들은 텍스트상의 **주이상스**를 생산할 수 있고, 이 향유와 더불어 억압된 에너지를 방출시키며 가부장적 도그마를 파괴한다. "어떻게 말하는가? 우리가 곧 여성이라는 것, 우리가 그들에 의해서 비로소 이런 모습이 되어야 하는 게 아니라는 것, 여성의 노동 없이 이러한 것은 이미 거기에 있다는 것, 그들의 역사가 우리의 강제납치 장소를 구성한다는 것, 우리가 고유한 영역을 갖는 것이 아니라, 그들의 조국, 그들의 가족, 그들의 고향, 그들의 담론이 우리를 더 이상 움직일 수 없고 더 이상 살 수 없는 폐쇄된 공간 속에 감금시킨다는 것. 그들의 소유물은 우리의 유랑, 그들의 보호벽은 우리의 사랑의 죽음, 그들의 단어는 우리의 입술 사이의 재갈."104)

이리가라이의 여성적 말하기 모델의 관심사는 언어 안에서 여성의 장소를 마련하고, 여성적 욕망의 표현형식을 발굴하며, 구두언어 속에서 여성적 상징을 포착하는 것이다. 이러한 언어는 여성의 몸과 여성적 쾌락의 특수성을 표현할 수 있어야 한다. 여성의 언어를 이리가라이는 선-남근중심적으로 이해한다. 여성적 언어는 가부장적 언어보다 더 리듬 있고 더 유연하며 더 열려 있고 덜 직선적이다. 이러한 언어에서 직선적 강독은 더 이상 가능하지 않은데, 여성적 언어는 끝으로부터 시작으로의 소급효과와 아울러 수평적 및 수직적 구조도 고려하기 때문이다. 여기서 여성적 언어의 가장

---

103) Luce Irigaray: *Die Zeit der Differenz*, 71쪽.
104) Luce Irigaray: *Das Geschlecht, das nicht eins ist*, 218쪽.

중요한 과제는 여성적 의식과 여성적 섹슈얼리티를 적절하게 표현하는 데 있으며, 남근중심적 언어가 행하는 바와 같이, 이를 억압하지 않는 데 있다.[105]

3. 성차의 정치

성차의 윤리학 내에서 이리가라이는 성차의 실천적 적용형식들도 구상한다. 이에 대한 전제조건은 보수 및 노동에 있어 여성의 동등권이다. 여성들의 여성시민지위가 법적으로 제정되어야 비로소 여성들은 씩씩한 남/여 시민으로서도 동등하게 고려될 수 있다. 이러한 토대 위에서 그 다음 여성의 차이, 여성의 고유한 상징형식들, 여성의 정체성에 대한 공동의 공적 승인이 가능하다.[106]

성차를 사회 속에서 실제로 적용하기 위해서는 여성에게도 법적으로 고유한 정체성의 권리를 인정하는 것이 필수적이다. 이리가라이는 남성들과 여성들의 특수한 고유성에 맞게끔 조정된 성별화된 권리와 책임성을 요구한다. 가부장제는 남성들에 대해서는 시민으로서 보편적, 윤리적 권리를 인정하고 있고 가족 내에서의 특별한 요구들을 인정해 준다. 이에 반해 여성들은 가정의 필요성과 국가의 필요성에 종속된다.

이러한 남성지배를 극복하기 위해서, 여성들을 등등한 여성시민으로 간주하고 여성들이 적절히 문화에 참여할 수 있도록 해주는 여성들을 위한 권리가 정의되어야 한다.

---

105) 같은 책, 80쪽.
106) Luce Irigaray: *Die Zeit der Differenz*, 89f쪽.

이리가라이는 남성들과 마찬가지로 여성들에게 주어져야 할 일곱 가지 기본권리를 강조한다:

(1) 인간 존엄성의 권리

, 이것은 여성의 몸과 여성 이미지 — 모든 공적 장소에서의 제스처, 말, 이미지를 통한 여성의 적법한 자기 표현 — 의 상업적 이용의 종식을 의미하고 또한 일반시민과 종교권력에 의해서 여성의, 모성의 기능적 부분이 착취당하는 것의 종식을 의미한다.

(2) 인간 정체성의 권리

이리가라이는 인간 정체성의 권리 아래서 적법한 처녀성을 여성적 정체성의 일부로 이해하는데, 이를 통해서 소녀들에게도 시민자격이 주어지게 될 것이라고 한다. 남성들의 교환대상이라는 이들의 상황을 중단시키기 위해서, 이들을 위한 고유한 정체성은 필수적이다. 이미 어린 시절 여성적 정체성의 발달을 통해서만 소녀들은 여성으로서도 자유로울 수 있고 연인과 배우자를 자유롭게 선택할 수 있다. 여성의 몸은 부르주아적 개념에서 처녀성 및 정치적 힘과 같게 된다. 아울러 여성에게 모성성을 자유롭게 선택할 권리가 주어져야 하고 임신의 시기 및 횟수를 정할 수 있는 권리가 주어져야 한다.

(3) 어머니-자녀-관계의 권리

어머니는 폭력성에 대항해 자신의 자녀들을 지킬 권리가 있어야 하고, 이 때 법에 의해 보호받을 수 있어야 한다.

224

(4) 여성적 전통의 권리

여성들은 일방적인 남성적 권리에 저항해 자신의 삶과 자신의 자녀들을 지킬 권리를 가져야 하며, 마찬가지로 남성적인 법칙부여의 결정에 굴복됨 없이 여성의 전통과 여성의 종교를 지킬 권리를 가져야 한다.

(5) 경제적 권리

독신여성들은 직접 혹은 간접 과세를 통해 처벌받아서는 안 된다. 아동이 있는 가정에 대한 경제지원금과 가족법은 모든 아동에 대해서, 정식결혼에 의하지 않는 아동에 대해서도, 동일해야 한다. 왜냐하면 여성들은 남성들과 같은 세금을 내고 대중매체 및 TV에 대한 같은 이용료를 내기 때문에, 여성들도 절반의 분배에 관여되어야 하고 절반의 대표가 되어야 한다.

(6) 동등한 교환의 권리

성별 간에 교환의 동등성은 보장되어야 한다; 이와 함께 이리가라이는 언어적 교환과 아울러 다른 차원의 상호관계도 생각하고 있다.

(7) 여성시민지위의 권리

여성들은 부르주아적, 종교적 결정의 자리에서 동일한 표현가능성을 가져야 한다. 왜냐하면 종교도 부르주아적 권력이기 때문이다.[107)

---

107) Luce Irigaray: How to define Sexuate Rights. In: Whitford(Hgin): *The*

이러한 일곱 가지 기본권을 이리가라이는 남녀 시민지위의 핵심 요소들로 간주하면서, 여성들이 이러한 지위와 일치되어야 한다고 본다. "내가 여성들에게 요구하는 권리들은 여성들이 이러한 사회의 여성시민들로서 스스로 자신에 대해 책임지는 것을 목표로 한다. 여성들은 자기 자신을 책임감 있는 성년의 여성시민들로 만들어야 한다. 이 여성시민들의 과제는 자신들의 처녀성을 보호하는 것이고, 자신들의 모성성, 자연 구석구석, 집, 이미지, 언어, 신 혹은 신들, 여신 혹은 여신들을 보호하는 것이다. 이 여성시민들에게 소중한 것은 주체가 되는 것인데, 곧 자신의 성충동을 승화시킬 수 있는, 자신의 섹슈얼리티를 세련되게 가꿀 수 있는, 자신에게 리듬, 시간, 목표를 부여할 수 있는, 주체가 되는 것이다."[108]

이러한 권리들의 승인에 기반하여 이제 성차 역시 실천적으로 적용될 수 있을 것이다. 여기서 특히, 이리가라이가 강조하듯, 세 가지 측면이 고려되어야 할 것이다: 여성들은 남성들과 같은 리듬에 따르지 않아도 되고 억지로 남성들의 규범 안으로 들어갈 필요도 없다. 학문연관들은 대개 남성들에 의해 규정되기 때문에, 여성들은 이러한 모델들에 따를 필요가 없다. 여성들은 여성적 욕구들에 맞게끔 조정된 여성 고유의 구상들을 발전시켜야 한다.[109]

이리가라이는 현대사회 역시 여전히 여성들에 대한 부르주아적 마음 씀이 부족한 것으로 특징지어진다고 비판한다. 여성들은 남성 후견인의 간섭을 받고, 진지하게 고려되지 않으며, 정치적으로 미숙한 유아처럼 취급된다. 권리가 이러한 해석을 허용하는 한, 여성

Irigaray Reader, 208f쪽.
108) Luce Irigaray: *Die Zeit der Differenz*, 109쪽.
109) 같은 책, 89f쪽.

들은 자신의 여성적 정체성을 쟁취하기 위해서 필히 능동적으로 되어야 한다.

하지만, 이리가라이에 의하면, 지난 세기에 여성들에 의해서 획득되었던 권리들은 성차를 옹호하기보다는 오히려 여성들에게 강제로 남성들의 역할을 이해시키고 남성적 정체성을 받아들이게끔 하는 데 알맞은 것으로 보인다. 이러한 이유로 해서 여성들은 자신의 성적 정체성을 위한 권리를 요구해야 하는데, 그 다음에 이 성적 성체성은 부르주아적 정체성의 부분으로 될 수 있을 것이다.[110]

4. 이리가라이에 대한 비판

이리가라이의 연구는 여성주의적 측면에서 종종 반발을 샀다. 가장 일반적으로 행해지는 비판점인, 생물학주의(Biologismus) 및 본질주의(Essentialismus)에 대한 지적은 어느 정도 성차이론 일반에 대한 비판을 대변한다. 생물학주의의 지적은 특히 이리가라이가 여성의 몸에 고착되어 있음을 강조한다. 그녀가 언어, 섹슈얼리티, 정체성의 긴밀한 결합을 통해서 여성적 주체를 그 주체의 성별특성으로 환원시키고 있다고 지적된다.

본질주의의 논박과 함께 비판되는 것은, 이리가리아가 여성성의 정의를 제시하기 원하고 그래서 여성의 본질을 기초하게 되자, 이 여성의 본질은 이제 여성성에 대한 가부장적 이해를 대표하는 것으로 지정되지 않을 수 없게 된다는 것이다.[111] 이러한 공격은 특히

---

110) 같은 책, 99ff쪽.
111) Margaret Whitford: *Luce Irigaray*, 135쪽.

영미 페미니스트들 편에서 등장하며 특히 이리가라이의 『성차의 윤리학』의 관점에 조준되는데, 여기서 이들은 여성을 여성적 본성으로 환원시킨 것과 역사적 변화들을 거의 고려하지 않은 것을 비판한다.

마가렛 휘트포드(Margaret Whitford)는 이리가라이를 진정한 페미니스트로 간주하지 않는데, 그 이유는 그녀가 여성들을 인종차이도 계급차이도 무시한 채 하나로 보기 때문이다. 이리가라이는 여성의 현실과 무관한 추상적 여성상이 주조를 이루는 본질주의적 이론들을 전개한다.112)

거트루드 포슬(Gertrude Postl) 역시 이리가라이가 여성의 사회적 현실을 손댈 수 없는 것으로 만든다고 지적한다. 그녀는 항상 고전적인 가부장제적 이원론에서 출발하는데, 그 이원론의 한 편에는 하나, 같음의 질서가 서 있고, 다른 편에서는 비합리성 속에 갇혀 있는 여성이 서 있다는 것이다.

더 나아가 여성주의적 비판은 이리가라이가 필요한 여성주의 정책에 부적절한 비정치적 구상을 전개한다고 지적한다. 이에 대해 포슬은 철학적 언어의 규칙에 대한 이리가라이의 비판은 철저히 정치적 연구로 평가될 수 있을 것이라고 인정한다. 이리가라이가 지금까지 순전히 남성적으로 규정되어 있는 정치적 관례의 근본적 변화를 요구하는 것도 이를 대변하는 것이라고 본다.

이리가라이를 변호하기 위해서 포슬은 이리가라이에 의해서 규정된 여성의 본질은 본래 차이 그 자체라고 인정한다. 그것은 비규정적이고, 비균일적이며 늘 변화 속에 있는 것이다. 그러므로 이리

---

112) 같은 책, 4쪽.

가라이가 여성의 본질을 정의하기는 하지만, 내용상 여성의 본질은
정의될 수 없는 것으로 머문다는 것이다.113)

---

113) Gertrude Postl: *Weibliches Sprechen*, 149f쪽.

3. 줄리아 크리스테바와 『시적 언어의 혁명』

불가리아의 여성 언어학자 줄리아 크리스테바(Julia Kristeva)는 여성주의철학의 전형적 대표자들에 속하지 않는다. 특히 여류 문학 비평가로 잘 알려져 있었던 그녀는 현재 파리 7대학 **텍스트자료학 과**(*Instutut Sciences des textes et documents*) 교수이며 정신분석 가로도 활동하고 있다.

크리스테바의 연구는 철학, 신학, 언어학, 문학, 예술, 정치, 정신 분석학의 영역들을 포괄한다. 그녀는 여성성과 여성존재 같은 일반 적인 주제들을 아주 함축적으로 다루고 여성성의 문제를 상세하게 논의한다. 아울러 그녀는 자신의 관점에서 다른 사람들과의 대화를 통해서 구성되는 **과정-중에 있는-주체**(*Subjekt-im-prozeß*)라는 개념 을 발전시킨다. 그녀의 목표는 여성들과 남성들의 다양한 경험에 대해서 균형 있게 열려 있어야 하는 새로운 성중립적 주체개념의 기초를 마련하기 위해 언어의 질서를 흔들어 놓은 것이다.[114)

크리스테바의 관점은, 부분적으로 비슷한 주제들을 논의하며 여러 차원에서 정신분석학과도 관련된 이리가라이의 『성차의 윤리학』과 내용적으로 몇몇 유사점을 보여준다. 두 여성철학자들은 엘렌 식수와 함께 흔히 나란히 불렸는데, 그 이유는 이들이 후기구조주의적 프랑스 여성주의를 대표하기 때문이다.

크리스테바 자신은 자신의 성을 삶의 여러 단계 속에서 문제성으로 지각해 왔다. 그녀는 원래 오직 남성들만으로 구성되었고 그녀가 프랑스로 이주한 후 잠시 가입했던 기호학 저널 **텔켈**-그룹 (*Tel Quel*-Gruppe)의 회원으로서, 자신의 타자임과 마찬가지로 자신의 여성임을 도전으로 느껴왔다. 후에, 크리스테바에 따르면, 대담한 계획을 감당하는 데 있어 또한 의미부여하는 주체의 경계를 넘어서는 데 있어, 여성이라는 것이 그녀에게 많은 도움이 되었다고 한다.[115]

크리스테바는 자신의 연구들을 통해 새로운 윤리학을 주장하는데, 이 윤리학은 그러나 특별히 여성적 경험과 결합되어 있지는 않다. 그녀는 여성성의 개념을 남근중심적 언어 내에서 반란을 일으키는 동인[전복의 힘]으로 이해하는데, 성차화는 이러한 동인을 반영하는 것이다. 자신의 개념을 가지고 크리스테바는 가부장체제의 전복을 꾀하고 이를 통해 같음과 차이의 관점에 대한 깊이 있는 질문을 던질 뿐 아니라, 여성주의 자체에도 일격을 가한다.[116]

---

114) Toril Moi, Preface. In: Dies.(Hgin): *The Kristeva Reader*, VI쪽.
115) Toril Moi, Introduction. In: Dies.(Hgin): *The Kristeva Reader*, 3쪽.
116) Andrea Schröder: Rezension "Denken der Geschlechterdifferenz". In: *Die Philosophin* 4(1991), 9ff쪽.

1. 기호계와 상징계

크리스테바는 저서들에서 특히 언어학과 기호학의 주제들을 다루고 있다. 그녀의 언어학적 관점에 큰 영향을 준 것은 러시아 전통과 마르크스 전통으로, 이로부터 마르크스주의와의 결합 및 형식주의와의 결합이 생긴다. 여기에 구조주의 영향의 증대와 헤겔철학에 대한 크리스테바의 관심의 증폭이 덧붙여진다.

이러한 맥락 속에 있는 것이 1974년에 출간된 그녀의 국가박사학위논문인 『시적 언어의 혁명』(*Die Revolution der poetischen Sprache*)이다. 여기서 크리스테바는 언어형성과정의 이론을 발전시키는데, 이 과정의 중심에 놓이는 것이 말하는 주체(das sprechende Subjekt)이다. 그녀의 언어학연구는 정신분석학의 영향을 크게 받고 있고 특히 심리-언어학적 맥락에서의 주체와 연관되어 있다. 여기서 크리스테바는 주체성 및 여성성에 대한 그녀의 이론을 통해 프로이트와 라캉의 고전적 관점을 넘어선다.

그러나 첫 번째 입각점은 가부장제 사회를 대변하는 라캉의 상징계 개념에 머물러 있다. 상징계는 가부장제 사회의 골격을 나타내는 태도규범, 언어모델, 역할분업으로 대변된다. 아동발달에서 상징계는 전상징계 내지 오이디푸스기가 종결되면 진입된다. 그 이행을 표시하는 것이 거울단계이다. 라캉은 이 거울단계를 어머니의 몸으로부터의 분리과정으로, 오이디푸스 단계로부터의 해방으로 이해한다. 어린이가 상징계에 진입하게 되면, 그 어린이는 현존하는 구조를 만나게 되는데, 이 구조 속으로 어린이는 통합되어야 한다.117)

여성들에 대한 라캉의 태도에서 중요한 것은, 여성들은 상징계의 차원에 진입할 수 없다는 그의 견해이다. 여성들은 성가신 아웃사이더들로 머물 뿐인데, 왜냐하면 여성들은 오이디푸스 단계, 즉 어머니로부터의 완전한 분리를 결코 실제로 완결시키지 못하기 때문이다.118)

크리스테바는 자신의 연구에서 원칙적으로 이러한 모델을 받아들이는데, 여기서 그녀는 전상징계 혹은 기호계를 여성성과 동일시하고 상징계를 남근중심주의와 동일시한다. 이로부터 그녀는 연구의 기초가 되는 기호계(das Semiotische)와 상징계(das Symbolische)의 분리를 발전시킨다.

기호계의 개념은 그리스어에서 유래하며 구별의 기준이 되는 특징, 흔적, 표시, 증거 혹은 기호를 의미한다. 크리스테바는 기호계(das Semiotische)를 가부장체제의 합법적인 경계 밖에 있는 상상력과 소망의 표현으로 정의한다. 기호계는 신체성이 돌연 언어로 외화된 것으로, 이를 통해서 무의식영역이 표현될 수 있다. 기호계는 연상, 융합, 시청각적 인상과의 유희적 만남을 대변한다.

여성성과 모성성의 결합을 통해 크리스테바는 이와 함께 생물학적 특징도 나타낸다. 그녀는 기호학적 파열음들[분절음들](Artikulationen)은 생물학적 코드로 옮겨질 수 있으며 이를 언어의, 의미부여의, 상징기능의 토대로 이해할 수 있다는 테제를 내세운다.119)

크리스테바는 기호계를 억압된 무의식의 언어로 특징짓는데, 이를 그녀는 코라(Chora)라는 개념으로 명명하기도 한다. 코라는 그리스어로 터 혹은 저장소로 번역되고 플라톤은 이를 이름 붙일 수

---

117) Andrea Nye: *Feminist Theory and the Philosophies of Man*, 142f쪽.
118) 같은 책, 170쪽.
119) Julia Kristeva: *Die Revolution der poetischen Sprache*, 38ff쪽.

없는 것, 있을 법하지 않은 것, 혼성적인 것, 유동적인 것, 이름 붙이기 이전, 일자 이전, 아버지 이전, 결과적으로 어머니적인 것을 내포하는 것으로 본다. 크리스테바는 코라를 기호계 영역에 분류해 넣을 수 있는 인간의 충동과 그 충동의 무의식적 파열음으로 이해한다. 코라는 표시도 위치도 아니며, 원칙적으로 운동성의 극히 임시적 파열음이다.

코라는 상징계로 환원될 수 없고 상징계의 합리적 주체성을 넘어서는 의미와 기표의 장소이다. 크리스테바는 코라를 의미부여[의미화](Sinngebung)의 작용 속에서 원형적, 본능적, 모성적 측면과 대결하는 **과정-중에 있는-주체**의 특징으로 간주한다. 코라는 주체의 상징계 안으로의 들어섬과 이 때 일어나는 밀어냄[억압]을 통해서 생긴다. 크리스테바는 코라를 또한 상징언어에 대한 혹은 상징언어 안에서의 박동 압력으로 이해한다. 여기서 코라는 새로운 언어가 아니라, 이질적인(heterogen), 분열된(gespalten) 언어의 차원을 구성한다.

코라는 통일성이 없고 동일성이 없는 것이긴 하지만 그럼에도 상징계 영역에 기인하지 않는 일정한 규정에 따른다. 그것은 코라에 영향을 미치고 항상 새로운 파열음을 형성할 수 있게끔 해주는 임시 규칙들이다.[120] 코라는 크리스테바가 어머니관계와 비교하기도 하는 전-오이디푸스기의 기호적 기능을 대변한다. "그런 점에서 우리는 다음과 같이 말할 수 있다. 어머니의 몸은 사회관계를 조정하는 상징적 법칙을 매개한다. 그리고 이러한 어머니의 몸은 파괴, 공격, 죽음의 기호 속에서 의무부여의 토대가 된다."[121]

---

120) 같은 책, 37쪽.

크리스테바에 의하면 코라는 또한 상징계에 대한 위협을 뜻하는 부정[저항](Verneinung)의 장소를 의미하기도 한다. 코라는 합리적 사고에 종속되지 않는 언어의 측면을 보여주는 서정시, 예술, 종교 안에서 가장 명료하게 드러난다. 코라를 통해서 부동하는 주체의 본성이 분명해진다. 이러한 과정의 가장 중요한 무대는 크리스테바에 있어서 어린아이의 언어, 르네상스 미술, 전위문학이다.[122]

기호계에 대비되는 것이 상징계인데, 여기서 크리스테바의 개념은 라캉의 상징계와 동일하지 않다. 상징계는 오이디푸스단계의 종결 및 거울단계에 의해서 야기되는 기호계의 분열에 의해서 생긴다. 이러한 분열을 크리스테바는 **정립상**(*Thetisch*)으로 표현한다. "정립상은 상징계, 상징계의 수직층 그리고 이러한 수직층에서 출현하는 개별적 양상의 구성화를 비로소 가능하게 해준다."[123] 정립상 설정을 통해서 주체는 동일시의 능력과 구별의 능력을 획득한다. 주체는 자기 자신을 자신의 상으로부터 분리할 수 있고 대상을 지각할 수 있으며 언어의 의미를 생성할 수 있고 판단을 내릴 수 있게 한다. "그렇지만 기호계가 상징계 안으로 돌진하는 것은 상대적인 것이다. 더 나아가 투과성의 정립상은 지금 과정 중에 있는 주체의 설정을 보증한다."[124]

기호계를 생물계와 연결시키는 것과 마찬가지로 크리스테바는 상징계를 사회계와 연결시킨다. 상징계는 역사적 가족구조를 통해서 형성되는 사회발전의 결과이다. 상징계는 기호와 의미를 생성하

---

121) 같은 책, 38f쪽.
122) 같은 책, 80ff쪽.
123) 같은 책, 71쪽.
124) 같은 책, 72쪽.

고 사회적 실천과 언어를 구성한다.

크리스테바는 기호계와 상징계의 대립을 의식적/무의식적 혹은 문화/자연과 같은 가부장제적 이원론과 비슷한 것으로 이해하지 않는다. 그녀는 기호적 차원을 오히려 상징계에 영향력을 행사하는 움직임 혹은 에너지로 정의한다. 두 양태는 의미부여[의미화](Sinngebung) 과정을 구성하는데, 이 과정의 중심에 주체가 서 있다. "주체는 항상 기호적이며 상징적이기 때문에, 주체에 의해서 생성되는 기호체계는 결코 전적으로 기호적일 수도 상징적일 수도 없으며, 오히려 양자 모두에게 힘입고 있다."125) 이렇게 해서 크리스테바는, 고전적 정신분석학과 달리, 전상징적 혹은 기호적 차원을 의미화 과정에 관련시키는데, 이 의미화 과정은 주체의 인격 속에서 기호계와 상징계의 상호작용 속에서 행해지는 것이다. 물론 이러한 과정은 결코 완전히 종결되는 것이 아니며 그렇기 때문에 주체는 확정적으로 정의되는 통일체로 될 수 없다.

기호계는 상징계로 돌진해 나감으로써 의미부여의 실천[의미화 실천](die sinngebende Praxis)에 이른다. 여기서 기호계는 상징계를 위반하는데, 이 위반을 크리스테바는 상징계 안에서의 기호계의 파열이라고 표현한다. 이 파열로 인해서 상징계에 의해 억압된 것들과 상징계의 경계영역이 다시금 활성화되면서 의미부여 과정 속으로 수렴된다. 이렇게 본래 상징계의 토대로 간주되는 기호계는 의미작용의 실천(die signifikante Praxis)을 개시하며 상징계도 위반하는 것이다.126)

---

125) 같은 책, 35쪽.
126) 같은 책, 77ff쪽.

상징계 내에서의 기호계의 제어는 크리스테바가 사회계와 상징계 간의 매개로도 그 특징을 표현한 정립상에 의해서 행해진다. 정립상을 통해서 비로소 상징계의 구성이 가능하며 상징계 없는 의미부여의 실천이란 존재하지 않는다.[127]

기호계가 상징적 차원에, 그리고 이와 함께 의미형성에 영향을 미침으로 해서, 상징적 차원은 주체의 과정으로 된다. "우리가 의미부여로 특징짓는 것은, 바로 기호계의 무한하고 끝없는 생성(Erzeugung), 그리고 언어를 향한, 언어 안에서, 언어를 관통하는 기호계의 끊임없는 욕동[충동의 발동](Funktionieren der Triebe)과 교체에 대한 기호계의 제어할 수 없는 욕동, 아울러 주연배우들, 즉 주체와 제도들을 향한, 그것들 안에서, 그것들을 관통하는 기호계의 멈추지 않는 욕동이다. 이러한 이질적 과정은 무정부적 분열도 정신분열적 폐쇄도 아니요, 구성함과 파괴함의 실천이다. 또한 그것은 주체와 사회의 경계에 돌진하며, 오직 이러한 전제하에서만 그것은 환희의 체험이고 혁명이다."[128] 크리스테바는 이와 함께 자의적으로 정의된 기의(Signifkat)와 기표(Sigifikant) 간의 관계로서의 의미부여의 구조주의적 개념과 거리를 취한다. 여기서 후자는 의미의 힘을 더 큰 사회적 재현물의 측면에, 즉 가부장제와 상징계 속에, 자리 잡게 한다. 이러한 의미부여의 정의는 주-객-분리에 뿌리박고 있는 초월론적 주체를 기초로 하는 것이다. 이러한 관점에 대해서 크리스테바는 의미부여 과정의 변증법적 이해가 결핍되어 있다고 비판한다. 아울러 의미부여의 실천에 있어 주체의 역할도

---

127) 같은 책, 54쪽.
128) 같은 책, 31쪽.

적절히 이해되고 있지 못하다고 지적한다.129)

이렇게 분명히 선을 긋고 또한 초월론적 자아의 철학적 개념과 거리를 둠으로써 크리스테바는 불안정하게 언어 속에 계류되어 있는 과정-중에 있는-주체라는 개념을 발전시킨다. 크리스테바는 말하는 주체를 분열된 주체로 보는데, 왜냐하면 말하는 주체는 결코 통일체를 형성할 수 없고 한결같이 자기 자신으로 있을 수 없으며 자기 자신을 완전히 알 수 없기 때문이다. 주체 역시 무조건 조화롭지만은 않은 다양한 소망들을 가질 수 있기 때문에, 주체는 이러한 다양성의 공동작용 속에 존재한다고 본다. 주체는 이질적 과정 속에 있으며, 따라서 휴식하고 있을 수 없고 자기 자신도 다른 주체도 투명해 보이지 않게 된다는 것이다. 크리스테바가 주체를 과정-중에 있는-주체라고 정의하는 이유는, 주체가 다른 주체와의 변증법적 관계에 크게 의존하기 때문이다.130)

크리스테바는 심리-언어학적 이론의 문맥에서 기호계의 영향으로 자기 자신을 문제제기하는, 주체의 활동공간을 마련해 놓는다. 이렇게 해서 주체는 가부장제적으로 정의된 초월론적 주체의 부동의 고정으로부터 자유로워진다. 기호적 성향과의 동일시를 조건으로 하여, 그녀는 말하는 주체에 기존질서를 개혁할 수 있는 능력도 부여한다. 기호계는 더 이상 상징계에 의해 억압되지 않고, 오히려 교란, 생략, 반복 그리고 무규정적 의미를 통해서, 의미부여의 과정 속으로 들어옴으로써, 자기 자신을 주장한다.131)

---

129) 같은 책, 33f쪽.
130) 같은 책, 200ff쪽.
131) Julia Kristeva: The System and the Speaking Subject. In: Moi(Hgin): *The Kristeva Reader*, 29ff쪽.

기호계와 상징계는 다양한 담론형식도 함께 기초한다. 상징적으로 특징지어지는 것은 과학적 담론인데, 그것은 메타언어의 지위에 준하여 기호적 요소들을 환원시키고자 노력하고 시도한다. 이와 대조되는 것은 시적 언어이다. 시적 언어는 상징계를 교란시킬 수 있고, 침투할 수 있으며, 변화시킬 수 있다.132) 크리스테바에 의하면 여성적 언어형식도 시적 언어에 속하는데, 여기서 그녀는 여성적이라는 개념을 순전히 여성들에게만 관련짓는 것이 아니라, 남성적 남/여 작가들에 대해서도 열어놓고 있다. 따라서 그녀는 언어적 표현에 있어 성별에 따른 차이를 개진하지는 않는다. 하지만 여성적 글쓰기에 다양한 주제와 스타일이 있다고 밝히고 있다.

기호계가 상징계로 흘러 들어옴으로 해서 두 과정이 개시된다: 첫째, 그것은 의미를 생성하고 형이상학의 이분논리를 변화시키는 차이를 흐르게 한다. 두 번째, 그것은 이원론 그리고 자신이 유일무이한 자기 동일성이라는 환상 속에 있는 초월론적 자아의 강요를 교란시킨다.

상징계 안으로의 기호계의 갑작스런 침입을 매개로 크리스테바는 폐쇄적이고 견고하게 조직된 의미들의 빗장을 여는 것을 목표로 삼는데, 그렇게 되면 그 의미들은 이제 부정성(Negativität)의 자유로운 유희 속에서 움직일 수 있다. 여기서 부정성은 파괴하는 과정이자 동시에 소생하는 과정이다. 부정적 과정은 기호적 작동에 의해서 생기기 때문에, 언어적 구조로 되어 있지만, 상징계의 두 질서와는 구분된다. 부정성의 과정이 담지되는 장소는 기호적 코라로, 이 기호적 코라는 상징계의 지배에 대해서 면역되어 있다.

---

132) Julia Kristeva: *Desire in Language*, 134쪽.

크리스테바는 부정성 혹은 거부의 과제를 공적/사적, 주체/객체, 의식적/무의식적, 신체/정신 간의 이원론을 해체하는 데 있다고 본다. 이러한 해체는 전-오이디푸스기의 어머니 몸과의 융합에 의해서 가능해진다.[133]

2. 기호계와 전-오이디푸스기의 어머니

기호계와 상징계 간의 구별을 토대로 하여 크리스테바는 여성의 특수한 억압들에 대해서도 설명한다. 그녀는 여성성을 기호계와 동일시하는데, 이 기호계는 언어의 유희적 동인으로서, 다의성과 표현의 미묘한 뉘앙스를 가져온다. 크리스테바에 따르면, 기호적 요소는 언어사용에 있어서 대개 억압되는데, 유일한 예외는 시적 언어라고 한다. 보살핌의 측면과 서로 모순되는 실존형식들— 가령, 불안정성 혹은 대체로 여성들에게 붙여지는 비합리성 — 도 기호계의 유희적 동인에 속한다.

이러한 유사성과 함께 상징계 안에서의 기호계의 억압은 훈육과 위계질서를 통한 신체의 억압, 특히 유년 초기에 겪는 경험의 억압과 동일선상에 놓인다. 어린이는 전-상징적 단계에 거하며, 이 단계를 어린이는 주체화 과정 속에서 떠나야만 하는데, 이는 상징계에서 자신의 정체성을 발견하고 개인이 되기 위해서이다. 크리스테바는 억압을 또한 가부장제 문화로 인한 여성신체의 특수성 및 차이의 부정으로 이해한다. 가부장제 문화로 인해서 성차별주의와 인종차별주의 같은 문화적 메커니즘들이 생긴다. 말하는 주체의 과제는,

---

133) Julia Kristeva: *Die Revolution der poetischen Sprache*, 114ff쪽.

말하는 주체가 언어를 쇄신함으로써, 이러한 도식을 변화시키는 것이다.

언어의 이러한 혁명은 사회적 태도를 위한 모델로도 기능할 수 있는데, 크리스테바는 언어혁명의 예를 로트레아몽(Lautréamont) 혹은 스테판 말라르메(Stéphane Mallarmé) 같은 다양한 아방가르드 남녀 작가들에게서 또한 여성운동 속에서 발견한다.[134]

이러한 혁명의 가능성은 크리스테에게 있어서 억압된 여성성, 곧 **전-오이디푸스기의 어머니**(*prä-ödipale Mutter*)이다. 전-오이디푸스기의 어머니는 크리스테바의 새로운 윤리학의 토대이다. 전-오이디푸스기의 어머니는 일정한 사회태도를 위한 모델로 존재하며 시적 언어에 있어 혁명의 여성적 형식이다.[135]

정신분석학에 고무되어서, 크리스테바가 설명하듯, 최근 들어 주체의 발달 내에서 전-오이디푸스기의 중요성이 점점 더 크게 강조되고 있다. 전-오이디푸스기의 어린이는 출생 이래로 연결되어 있는 어머니와 자신을 동일시한다. 어머니는 맞은편에 있는 사람으로 경험되는 것이 아니라, 어린이의 신체와 자연스럽게 연결되어 있다. 언어의 형성과 함께 전-오이디푸스기는 떠나 보내게 되고 오이디푸스기와 상징화가 시작된다. 전-오이디푸스기의 어머니로부터의 분리에 의해 인간에게 감정과 신체적 자아 간의 근본적 분열이 생긴다. 이러한 분열의 결과로 수음이 금지되고 아버지를 승인하게 된다. 아버지는 상징계의 대변인이다. 따라서 상징계의 시작을 나타내는 것은 근친상간 금지와 논리적, 학문적 의사소통을 위한 교육

---

134) 같은 책, 211쪽.
135) 같은 책, 256ff쪽.

이다.

아버지의 영향으로 어린이의 주체는 상징화의 과정 속으로 이행하게 된다. 어린이의 주체는 크리스테바가 가장 근본적 심적 경험이라고 표현한 상징기능을 배우게 된다. 원초적인 신체 리듬은 질서정연하고 추상적인 구조들에 의해서 압박받는다. 상징계의 목표는 전-오이디푸스기의 만족감을 억압하는 것이다. 크리스테바는 상징화를 성대와 괄약근의 훈련을 목표로 하는 조련사로 표현한다.[136]

어린이가 전-오이디푸스기를 떠나 상징계로 들어서게 되면, 맞은편에 있는 다른 사람을 발견하고 어머니를 멀리할 가능성이 생기게 된다. 어린이는 이제 아버지 쪽으로 향할 수 있으며, 이로 인해 소녀들에 있어서는 근본적인 동일시문제가 생긴다. 크리스테바에 따르면 이러한 문제점의 한 결과가 여성의 동성애이다.

성인여성에 대해서도 상징계는 어려움을 드러낸다. 본래 여성이 아버지와 동일시하는 경우에만, 여성은 상징계에 존재할 수 있다.[137] 이러한 구조로의 순응은 여성적 도착으로 이끄는데, 크리스테바는 이러한 도착이 임신의 갈망과 영속성의 소망 등으로 표현된다고 한다. 이를 통해 여성적 마조히즘은 기존체제의 안정장치를 북돋아주게 된다. 여성은 모성성을 통해서 남성적 의지 저 편에 있는 그리고 여성들에게 기쁨을 주는 하나의 질서 속으로 들어가는 것이 확약된다. 이렇게 해서 여성의 출산능력은 억압요소로 되며 사회에의 적응으로 악용된다.

---

136) 같은 책, 258쪽.
137) Julia Kristeva: *Die Chinesin*, 252ff쪽.

여성들은 이렇게 사전에 정해 둔 기준에서 해방되어야 하는데, 그 이유는 여성들이 추상적인 상징계에서 살기를 원하는지 혹은 다른 형식을 선택할지의 여부를 떠나서, 어떠한 경우에도 여성들이 요구와 현실 사이에서 분열되어서는 안 되기 때문이라고, 크리스테바는 설명한다.[138]

크리스테바는 여성들의 삶에 있어 특유의 갈등영역을 임신과 모성성으로 본다. 양자는 상징계에 속하는 것이 아니라 상징계의 접경지대에 머물러 있다. 크리스테바는 이를 {주체(Subjekt)도 객체(Objekt)도 아닌} 애브젝트(*Abjekt*)라고 이름 붙인다. 애브젝트[비체]는 기호계에 대해서도 지배를 행사하는 상징계의 경계선상에 있다. 애브젝트란 개념을 통해 여성존재, 비합리성, 모성적 담론의 특징이 표현된다. 애브젝트는 상징계의 주변부에 자리 잡고 있으며 상징계에 의해서 차폐되어 있고 억압되어 있는 것이다. 주체성의 관점에서 애브젝트는 주체와 객체 ― 인간이 낯선 어떤 것으로서 지각하는 객체 ― 사이의 경계영역이다. 비체는 합리적 이성에 의해서 승낙되지 않으며, 주체는 이를 통해 자신의 신체성에 대해 반란을 일으킨다.

이러한 경계현상 중의 하나인 임신을 크리스테바는 문제시사로 보는데, 왜냐하면 그것이 한편으로는 고유한 동일성의 재생산이라는 결과를 가져오고, 다른 한편으로는 주체의 분열을 필연적으로 야기하기 때문이다. 크리스테바는 임신을 또한 제도화된 이상심리로 표현하는데, 그 이유는 그것이 특별한 심적 동인을 나타내며 억

---

138) Julia Kristeva: Stabat Mother. In: Moi(Hgin): *The Kristeva Reader*, 173ff쪽.

압된 본능의 분출을 나타내는 것이기 때문이다.

분만 또한 한계체험이고 여성이 상징계를 떠나게 하는 이행영역이다. 다른 한편 출산경험은 상징계 내부에 놓여 있는 주체지위로 가는 길의 한 단계이다.[139)

모성성을 크리스테바는 자연과 문화 사이에 정주시키는데, 이를 통해서 어머니는 이러한 연대의 보증인이 된다. 문제가 되는 것은 가부장제 문화 내에서의 모성성인데, 그 이유는 여성들이 역사적으로 강요된 종속과 순결성 신화 간의 차이 속에서 살아야 하기 때문이다. 이러한 대립을 해결하기 위해서 필수적인 것은, 크리스테바에 따르면, 어머니에게도 주이상스를 인정해 주는 것이다. 어머니의 주이상스를 모성성의 신비화와 대립되는 유치한 행동으로 판단해서는 안 될 것이다. 그렇게 되면 어머니는 상징적 사회 속에서 유리한 자신의 지위를 위해 자신의 성이 박탈당하게 되는 것이다.[140)

이러한 문제점을 배경으로 하여 크리스테바는 어머니의 신체에 대한 새로운 이해, 모-녀-관계의 회복 그리고 남성성의 여성적 배제를 요구하는 하나의 윤리적 관점을 발전시킨다. 크리스테바는 모성성에 대한 탈-순결적 담론에서 필요한 것은, 여성들과 남성들에게 새로운 윤리학, 곧 탄생과 죽음 같은 기호적 측면들도 포함하는 **이단윤리학**(*Herethik*)으로 안내해 주어야 하는 것이라고 밝히고 있다.[141)

동시대 윤리학들은 이와 같은 도덕에 기초하지 않기 때문에, 신

---

139) Julia Kristeva: *The Powers of Horror*, 3ff쪽.

140) Julia Kristeva: *Die Chinesin*, 251쪽

141) Julia Kristeva: Stabat Mother. In:(Hgin): *The Kristeva Reader*, 161쪽.

체, 언어, 감각적 쾌락을 통해서 주어지는 문제들을 해결할 수 없을 것이다. 윤리학의 재정식화는 이제 여성들의 몫일 것이다. "생식욕망을 숨기고 있는 여성들의, 그것이 도덕임을 아는 우리 말하는 종이 죽음에 저항할 만큼 유효한 여성들의, 어머니의 {몫이다}."142) 여성들은 현행의 도덕성을 멀리하고 죽음에 대한 성찰도 허락함으로써, 이단윤리학에 진력해야 한다. 이단윤리학을 크리스테바는 꺼지지 않는 사랑(*eine un-tote Liebe*){의 윤리학}으로도 표현한다.

이러한 새로운 윤리학의 실현을 위한 이상적 장소는 크리스테바에 있어서 정신분석학적 대화이다. 정신분석학적 대화에서 사랑의 특별한 형식이 실제로 행해져야 하는데, 그 이유는 남/여 분석의가 그의/그녀의 남녀 환자들을 사랑하지 않으면, 크리스테바가 말하듯, 이들을 또한 치료할 수 없을 것이기 때문이다. 여기서 중요한 것은 전이되는 사랑의 방식으로, 이러한 사랑의 전이는 여성 혹은 남성 주체가 자기 자신으로 되어 감을 지원하여 준다. 이를 통해서 남녀 환자들은, 상징계 내에서 과정-중에 있는-주체가 되기 위한, 주체성의 새로운 형식을 구축할 수 있다.143)

3. 여성과 시간

여성주의에 대한 크리스테바의 입장은 매우 비판적인 것으로 특징지을 수 있다. 그녀는 명확히 대중적인 여성주의적 슬로건과―가령, 사적인 것이 정치적인 것이다(*das Private ist politisch*)와 같

---

142) 같은 책, 185쪽.

143) Julia Kristeva: Psychoanalysis and the Polis. In: Moi(Hgin): *The Kristeva Reader*, 310ff쪽.

은— 거리를 취하며 또한 삶의 비정치적 측면들에 대해서도 더 폭넓은 이해를 요구한다. 그녀의 견해에 따르면, 사랑과 열망은 순전히 정치적 토론만으로는 적절히 파악될 수 없고, 이를 위해서는 우선 좌파의 전통적 지평으로 시야를 확대해야 할 것이다.

크리스테바는 자신의 고유한 연구를 통해 남근중심주의적 권력구조의 전복과 파괴를 가져올 목표설정을 정식화한다. 하지만 그녀는 남녀 간의 차이를 강조하는 급진적 프랑스 페미니즘에 대해서도 하나의 중요한 비판을 한다. 여기서 그녀는 특히 식수와 이리가라이 같은 여성철학자들에 맞선다. 크리스테바는 이들의 여성성의 이상화 내지 전-오이디푸스기적 어머니의 이상화를 비난한다.[144] 크리스테바는, 정신분석학의 승인과 마찬가지로, 성차의 승인 또한 요구하긴 하지만, 여성존재에 대해 그 어떤 본질적 본성도 씌우지 않는다.

크리스테바는 여성임을[여성존재를] 재획득될 수 있는 억압된 자아로 보는 것이 아니라, 여성들의 이익관심을 위한 투쟁에 있어 전략으로 사용되는 정치적 개념으로 본다. 그러므로 그녀는 여성성 역시 여성들의 특성으로 보는 것이 아니라, 기본적으로 언어적 현상으로 본다.[145]

크리스테바는 여성운동 내에서 페미니스트들을 제1세대, 제2세대, 제3세대로 구분한다: 20세기 초의 첫 번째 조류는 동등권을 위해 노력한 특권수혜의 여성들이다. 이들은 무엇보다 먼저 여성들의 선거권을 위해 투쟁하였으며 이와 함께 가부장적 권력에 참여하

---

144) Toril Moi, Introduction. In: Dies.(Hgin): *The Kristeva Reader*, 8ff쪽.
145) Chris Weedon: *Wissen und Erfahrung*, 91쪽.

기 위해 분투하였다.

1960년대의 학생운동에 기원하는 제2세대는 이제 더 이상 남성들과 동등한 권리를 쟁취하기 위해 노력하는 것이 아니라, 여성들이 근본적으로 {남성들과} 다르다는 생각을 하게 되었다. 이들은 고유한 여성적 정체성을 요구하였고 남근중심주의 사회를 조장하지 않기 위해 역사와 정치 밖에 서 있는 여성들의 권리를 요구하였다.

미학적 혹은 정신분석학적 경험을 통해 여성주의에 이르렀던 여성들이 이 두 번째 여성운동에 참여하였다. 이 노선의 여성운동은 여성적 상호주관성 및 신체적 경험과 매우 밀접하게 연관되어 있다.146)

크리스테바는 이러한 두 흐름에 서로 상이한 시간이해를 덧붙인다. 제1세대의 여성들은 **직선적 시간**(*linearen Zeit*) 속에서 지위의 권리를 위하여 투쟁하였다. 이를 크리스테바는 개개 순간들이 연결되는 일반적 시간개념으로 이해한다. 직선적 시간은 연대순으로 흘러가고 측정될 수 있다. 직선적 시간은 가부장제적 언어의 시간이기도 하다.147)

이에 반해 두 번째 여성운동의 여성들은 특히 여성 심리학 및 그것의 상징적 전환에 관심이 있었다. 이들 여성들은 자신의 주관적 체험과 신체적 체험을 표현할 수 있는 언어를 추구하였다.148) 이들은 직선적 시간성을 원칙적으로 물리치고 이러한 시간 밖에 설 것

---

146) Julia Kristeva: Women's Time. In: Moi(Hgin): *The Kristeva Reader*, 187쪽.
147) 같은 책, 191f쪽.
148) 같은 책, 194쪽.

을 권고하였다. 이들의 기준은 **기념비적**(*monumentale*)이고 **순환적인 시간**(*zyklische Zeit*)이다. 기념비적 시간을 크리스테바는 니체에 의존하여 역사적 경과의 시간으로 정의한다. 그것은 직선적 시간과 연결되어 있고 역사적 사건들에 의거하여 연관들을 파악한다.

이와 아울러 크리스테바는 순환적인 시간을 특별히 여성적 시간 이해로 자리매김한다. 순환적인 시간은 반복과 영원성으로 특징지어진다. 순환적인 시간은 여성의 임신과 생물학적 리듬에 맞춰져 있고, 자연과 마음이 맞으며, 남성들의 틀에 박힌 시간성에 대립한다. 이러한 측면들을 크리스테바는 **우주적 시간**(*kosmische Zeit*)이라고도 명명한다.[149)

크리스테바에 따르면, 언급된 여성운동의 두 세대 외에 지금 전개되고 있고 그녀가 유럽적 현상이라고 일컫는 제3세대가 있다. 크리스테바 자신도 속하는 이들 여성들은 스스로를 직선적 시간 밖에 놓는다. 이들은 한편으로는 원형의 신화적 기억들을, 다른 한편으로는 사건들의 기념비적 시간성을 다시 체험하기 원한다.[150) 크리스테바는 이러한 여성들의 활동을 혁명적인 것으로 표현하고 있으며 이들에게 여성 이단자의 이데올로기적 기능을 덧붙이고 있다.

이 새로운 여성운동의 특징은 이 운동이 한편으로는 형이상학을 공격하고 가부장제적 이분법을 파괴하면서 다른 한편으로는 성차의 정신분석학적 표상을 분석한다는 데 있다. 이러한 과제는 크리스테바의 경우 기호계와 상징계 사이의 운동과 긴밀히 연관되어 있다.[151)

---

149) 같은 책, 187쪽.
150) 같은 책, 194f쪽.
151) 같은 책, 199f쪽.

크리스테바에 있어 현대 여성운동의 투쟁에서 중요한 것은 더 이상 동등성이 아니라, 다양성과 개별성이다. 여성들은 정치와 언어에 관여하는데, 이는 자신들을 통해서 정치와 언어의 기반을 전복시키기 위함이다. 이들은 순응도 분리도 원하지 않으며, 동일성도 차이도 원하지 않는다. 이들이 원하는 것은 성적 그리고 개인적 정체성을 위반하는 것이다. 성차는 주체와 상징적 계약— 이 상징적 계약은 사회적 계약에 견줄 수도 있다— 의 관계에 있어서의 차이로 번역된다.

이 새로운 세대의 여성들은 이제 모성적 시간과 직선적 시간이라는 상이한 시간개념의 동시공존을 가능케 하기 위해서, 이 둘을 화해시키는 과제와 대결하게 된다.

이러한 목표설정과 함께 크리스테바의 관심사는 단지 성별 간의 차이만이 아니라, 개개 여성들 간에도 존재하는 차이이다. 이를 통해서 여성성의 특수성과 개개 여성들의 특수성이 밝혀져야 하고 개개 인격의 고유성이 명료해져야 할 것이다.[152]

4. 우리 안의 이방인

크리스테바가 특별히 자신의 개인적 배경과 고유한 체험을 바탕으로 해서 다룬 주제는 이방인임[이방인존재](Fremdsein)이라는 테마이다. 1988년 출판된 저서 『우리들 자신이 이방인이다』(*Fremde sind wir uns selbst*)로 그녀는 '앙리 헤르츠' 상을 수상하였다.

---

152) Julia Kristeva: Women's Time. In: Moi(Hgin): *The Kristeva Reader*, 196쪽.

이 책에서 크리스테바는 다양한 측면에서 이방인들을 분석한다. 그녀는 외적 정황에 의해서 자신의 고향을 떠날 수밖에 없었던 뿌리 뽑힌 이방인들을 고찰한다. 더 나아가 그녀는 문학, 철학, 종교 속에서의 이방인의 이미지를 논의한다. 이방인 및 이방인임에 대한 다양한 평가 및 취급에 대한 사례들로서 크리스테바는 고대, 유태교, 기독교, 르네상스, 계몽주의 그리고 근대의 선례들을 소개하고 있다.

철학 혹은 종교에서의 이방인존재의 역사에 대한 고찰에서 크리스테바는, 이방인들이 대부분 남/여 적들로 간주되며 좀처럼 사회 체제 속에 통합되지 못한다고 밝히고 있다. 이방인임은 항상 부정적으로 정의되며 이방인은 다른 존재, 토착인의 부정상이다.

외국인들[이방인들]의 법적 지위 또한 문제가 있다. 법규에서 외국인임은 이중적 측면에서 -곧 인간의 혈통과 관련해서 그리고 국가적 소속과 관련해서- 중요하다. "외국인은 우리가 몸담고 있는 국가에 속하지 않는 사람이고 우리가 갖고 있는 것과 같은 국적을 갖고 있지 않은 사람이다."[153] 외국인들에게는 남/여 시민권이 인정되지 않는다. 일상생활에서 외국인들은 종종 사적인 시민권을 갖긴 하지만, 동시에 이들에게 정치적 권리는 부인된다. 공직에서 일하는 것도 대부분 받아들여지지 않는다. 외국인은 우리들의 법규 내에서 낯선 신체로 머문다. 여기서 크리스테바가 제기하는 물음은, 남녀시민권의 결핍 역시 인권의 박탈로 나아갈 수밖에 없지 않은가 여부이다.

크리스테바는 자신의 연구에서 이방인임이라는 기호 아래서 인

---

153) Julia Kristeva: *Fremde sind wir uns selbst*, 104쪽.

간임의 많은 측면들이 그 의미를 잃게 되거나 혹은 새로 얻게 된다고 밝히고 있다. 그래서 이국풍의 행복은 지속적인 행복일 수 없고, 그저 일시적인 것, 행복한 순간일 뿐이다. 이방인 여성/남성이 그녀/그의 본원을 잃어버린 경우에도, 그녀/그는 더 이상 뿌리를 내리지 못하고 늘 동요 속에 있다. "이방인의 공간은 달리는 기차, 날아가는 비행기로, 모든 멈춤은 단지 경유 자체일 뿐이다. 정류지점들, 전혀 없다."154) 이방인은 실향민으로서 더 이상 안전하지 않다. 그들은 자기 자신 속에 거주하지, 특정한 나라에 거주하는 것이 아니다. 아니 뿌리 뽑힘으로 해서 그들은 더 이상 자아도 갖고 있지 못하다.

첫눈에 나타나는 외국인임의 작용은 모국어의 상실이다. 사람들은 모국어로부터 끊어지고, 단순히 낯선 사람들뿐만이 아닌 낯선 소리들과 함께 살아야 한다. 외국인 여성/남성은 종종 침묵으로 이끄는 두 언어 사이에 빠지게 된다. "생각과 말을 자포자기로 몰고가는 노여움에서 나오는 침묵이 아니라, 정신을 텅 비게 하고 의기소침하게 만드는 침묵."155) 크리스테바는 이방인임, 방랑자에 두가지 반응이 존재할 수 있다고 밝힌다: 한 그룹은 냉혹해지고, 환멸을 느끼며, 빈정대는 경향이 있다. 다른 그룹은 내세적 삶에 정향함으로써 이방인임의 문제성을 초월하는데, 신앙인 혹은 남/여회의론자가 된다.

외국인임은 또한 가족과의 유대, 근원적인 것들과의 유대로부터 자유롭게 되는 것도 의미한다.156) 외국인으로서 사람들은 자유를

---

154) 같은 책, 17쪽.
155) 같은 책, 26쪽.
156) 같은 책, 20f쪽.

느끼지만, 이러한 자유의 절대성은 또한 고독으로도 이끈다. 크리스테바는 외국인들에 대한 반감에서 나오는 따돌림 그리고 외국인들로부터 나오는 따돌림의 상호작용을 이러한 고독의 요소로서 기술하고 있다: "… 외국인을 문을 닫고 들이지 않는다. 아직 외국인 스스로 닫아버리기 이전에. 그리고 아직 외국인이 배제되지 않던 때 훨씬 이전에."157) 특히 외국인 속에서 — 외국인이 점점 더 급진적으로 될수록, 물질적 및 실질적 유대가 더욱 더 사라지게 되는 곳에서 — 생긴 근본주의적 노선의 발전 역시 이에 대한 간접증거이다.

『우리들 자신이 이방인이다』에서 크리스테바가 내세우는 테제는, 이방인임은 고국이라는 특정지역에 부재함으로 인하여 형성되는 범주가 아니라, 인간 정체성의 한 부분이고 그러한 것으로서 우리들 자신 속에 있다는 것이다. "이방인은 우리들의 정체성의 감춰진 측면이고, 우리들의 머묾을 없애는 공간이며, 화합과 공감 근저에 놓여 있는 시간이다."158) 개개 모든 인간이 자신의 정체성의 일부로 받아들여야 하는 자신 속의 이방인임[낯선 존재]의 예는 뫼르소, 알베르 카뮈(Albert Camus)의 이방인(*Fremde*)이다. 그는 내적 추방 속에 있고, 자기 나라 사람들, 심지어 자기 어머니조차도 그에게는 그가 죽인 아랍인과 마찬가지로 낯선 존재이다.159)

크리스테바는 개개 모든 남/여 토착인 역시 그/그녀 자신의 고유한 장소에서 다소간 이방인처럼[낯선 존재로] 느낀다는 결론에 이른다. 이렇게 해서 궁극적으로 실향민들의 외적 이방인임이 내적

---

157) 같은 책, 33f쪽.
158) 같은 책, 11쪽.
159) 같은 책, 35쪽.

이방인임을 통해서 조건 지워지는 것은 아닌가 하는 물음이 제기된다. "혹은 사람들이 이미 내적으로 하나의 이방인이기 때문에, 다른 나라에서 이방인으로 되는 것은 아닌가?"160) 우리 내부의 이방인임을 우리는 제거할 수 없다. 그것은 무의식영역의 부분이다. 크리스테바는 우리 속의 남/여 이방인의 비밀을 탐지하는 것을 정신분석학의 과제로 본다.

여기서 그녀는 오늘날 우리 시대의 개인주의를 고유한 심연과 고유한 낯섦을 발견할 기회로도 기술하고 있다. "더 이상 이방인들을 말소시키는 체제 속으로 그들을 흡수하기 위한 것이 아니라, 우리들 모두가 이방인이라는 것을 인식할 수 있게끔 해주는 그러한 이방인들과 함께 살기 위한."161)

크리스테바는 조화의 관점에서 정신세계의 다가성이 바람직할 것이라는 의견이다. 이방인에 대해서, 외적인 외국인존재에 대해서뿐만이 아니라 우리들 자신 속의 남/여 이방인에 대해서, 좀더 존경을 표해야 한다. 이러한 발전은 이중국적제도의 도입 및 정치권의 인정을 통해서 지지될 수 있을 것이다. 상호존중과 다문화적 사회를 만들기 위해서, 이방인들 서로간의 그리고 토착인의 상호 인정이 필수적일 것이다.162)

---

160) 같은 책, 24f쪽.
161) Julia Kristeva: *Fremde sind wir uns selbst*, 12쪽.
162) 같은 책, 208ff쪽.

여성주의 윤리학

1. 서 론

여성주의 윤리학(die feministische Ethik)은 여성주의철학에서 가장 일찍 출발한 분야이자 동시에 가장 핵심적인 분과이다. 남성들의 거만, 무관심, 적대행위에 대한 여성들의 저항 및 성차별적 환경으로 인한 여성의 인격훼손은 여성주의 윤리학의 출발계기가 되었다. 이로부터 반성적으로 여성들의 고유한 경험 및 선택가능성과 관련되는, 더 나은 생활환경의 마련이라는 목표설정이 등장했다.

클로디아 카드(Claudia Card)는 자신의 논문「페미니즘의 비옥함」(The Feistiness of Feminism)에서, 여성주의 윤리학의 기원은 비-여성주의적 남녀 철학자들에 의해 환기된 기존 윤리학과의 논쟁에서 출발되었다고 밝히고 있다. 이들이 맨 먼저 규범이론들과 원리들에 대한 문제를 제기했다. 그 다음, 페미니스트들이 윤리적 쟁점을 더욱 일반적인 차원으로 끌어올려서, 도덕인식의 기초에 놓여 있는 문제들을 지적했다.[1] 이렇게 해서 여성주의 윤리학의 주제는 처음으로 페미니스트들의 공적 토론으로 옮겨졌고 후에 학문적 담론으로 수용되었다.

헤르타 나글-도체칼은 여성주의 윤리학이 불러일으킨 반향의 원인을, 현대 윤리학의 쟁점이 전반적으로 메타윤리적 문제설정에 집중하고 있었던 점에 돌리고 있다. 윤리이론의 의미에 대한 이러한 물음은 후에 배후로 물러나고 응용윤리학에 대한 큰 관심이 생기는데, 이러한 관심은 환경윤리학 혹은 경제윤리학과 같은 하부 각론의 등장으로 표현된다.[2]

초기에 여성주의 윤리학의 문제제기는 여전히 일반적인 여성주의적 문제설정 및 실생활에서 겪는 여성들의 경험과 밀접하게 연관되어 있었다. 임신중절, 사회에서 여성의 동등권, 노동시장에서의 차별, 대중매체에서의 여성의 소외, 성격, 인간관계, 정서적 교감 등이 중요 주제들이었다. 후에 페미니스트들은 현대 윤리학에서 쟁점이 되는 모든 주제들에 대한 고유한 이론적 관점들을 전개하였으며, 포르노그래피, 생식공학, 대리모, 군국주의, 환경, 제3세계의 여성에 관한 문제들도 다루었다.[3]

여성주의 윤리학의 개념은 캐롤 길리건의 심리학적 연구를 통해 광범위하게 알려지게 되었는데, 그녀는 자신의 경험적 연구서인 『다른 목소리』에서 소녀와 소년의 도덕태도를 분석하였다. 사라 러딕 그리고 닐 노딩스와 마찬가지로, 길리건은 보살핌과 모성과 같

---

1) Claudia Card: The Feistiness of Feminism. In: Dies.(Hgin): *Feminist Ethics*, 4ff쪽.
2) Herta Nagl-Docekal und Herlinde Pauer-Studer: Einleitung. In: Dies. (Hginnen): *Denken der Geschlechterdifferenz*, 1쪽.
3) Alison Jaggar: Feminist Ethics. In: Card(Hgin): *Feminist Ethics*, 80쪽.

은 고전적인 여성의 가치들에 기초하여 여성주의 윤리학의 초석을 마련한다.

1980년대 여성주의 윤리학은 두 방향으로 특징지어진다: 한 방향은 전통윤리학의 비판을 다룬다. 이 방향의 연구는 페미니스트들에 의해서 제기된 가부장제 윤리학의 적절성에 대한 의구심, 즉 여성 고유의 문제상황에 대해서 가부장제 윤리학의 적용이 적절한가에 대한 회의에 기초하고 있다. 이 방향의 여성윤리학이 비판하는 것은, 전통윤리학은 여성의 도덕경험과 조화될 수 없는데, 그 이유는 자유롭고 독립적인 주체를 배경으로 하는 전통윤리학의 이론들이 여성 대부분의 삶의 정황에 상응하지 않기 때문이다. 더 나아가 여성의 도덕직관에 관한 일반적 가정에 대한 여성주의적 비판을 수행한다.

여성주의 윤리학의 다른 방향은, 여성주의 윤리학이라는 기치 아래서 대안적 관점을 발전시키는 것을 대상으로 한다. 이 방향은 단지 남성적 도덕원칙 및 보편주의 윤리학에 대한 비판에 연구를 제한하는 것이 아니라, 남성들과 마찬가지로 여성들을 고유한 도덕적 심급으로 자리잡게 한다. 이 연구들은 여성들의 정치경험 그리고 여성운동을 통해 여성과 세계 간에 생겨난 새로운 인간관계들에 기초한다.

몇몇 여성 저작자들은 여성주의 윤리학 안에서 총체적인 철학규범의 쇄신을 노리고 있다. 프랑스의 여성철학자인 뤼스 이리가라이는 윤리학의 목표를 무엇보다도 서구 남근중심주의 속에 침투하여 파괴하는 것으로 본다. 캐서린 모건(Kathryn Morgan)도 이러한 노선에 서 있는데, 그녀는 여성주의 윤리학의 과제가 인식론적, 형이상학적, 윤리적, 정치적 패러다임을 근본적으로 문제삼는 데에 있다고 본다.

그 동안 여성주의적 도덕구상은 여성적 덕목들의 복권으로부터 여성주의를 토대로 한 새로운 도덕이론의 발달에 이르기까지 다양해졌지만, 모든 도덕이론들의 공통적 요구는 기존 윤리관의 남성적 편견을 극복하는 것이다. 여기에는 다음의 두 가지 기본전제도 속한다: "… 여성억압은 도덕적으로 잘못된 것이며, 여성의 구체적인 도덕경험은 존중되어야 한다."4) 이렇게 여성주의 윤리학은, 억압자는 도덕적으로 비난받아야 한다는 확신과 여성의 경험은 남성의 경험과 동등한 가치가 있다는 확신을, 출발점으로 한다.

전체적으로 볼 때, 여성주의 윤리학은 새로운 관점의 사고로 이해할 수 있다. 여성주의 윤리학은 일반윤리학의 부분이 아니다. 다시 말해 여성주의 윤리학은 여성이라는 외곽을 채워주는 일반윤리학의 한 부분이 아니며, 따라서 환경윤리학, 의료윤리학 혹은 경제윤리학 같은 현대 분과들에 비견되는 것도 아니다. 헤르린데 파우어-스튜더(Herlinde Pauer-Studer)는 여성주의 윤리학을 "성차의 관점을 도덕철학적 물음들—이론적 문제설정 및 구체적 도덕갈등상황의 철학적 분석—에 적용시키려는 시도"5)로 설명하고 있다. 좀 더 구체적으로 그녀는 다음과 같이 기술한다: "여성주의 윤리학은 일정한 시각에서 본 윤리학, 즉 여성의 불이익 및 남녀의 생활환경의 불균형에 초점을 맞춰 윤리학을 보는 것이다. 여성주의 윤리학

---

4) Herta Nagl-Docekal und Herlinde Pauer-Studer: Einleitung. In: Dies. (Hginnen): *Denken der Geschlechterdifferenz*, 16f쪽.

5) Herlinde Pauer-Studer: Moraltheorie und Geschlechterdifferenz. In: Nagl-Docekal und Pauer-Studer(Hginnen): *Jenseits der Geschlechtermoral*, 35쪽.

의 대상영역은 도덕철학의 대상영역과 함께 공동으로 확장된다—
여성주의 윤리학은 일정한 문제설정에만 제한되는 것이 아니다. 그
것은 전통 도덕철학의 전제들과 관점들의 연관성을 논의한다. 여성
주의 윤리학의 더욱 정확한 윤곽은— 현행 도덕이론의 가정들 및
결론들과 대결하면서 그리고 심사숙고하여 내린 개별적인 도덕판
단의 조명하에서 그것들에 대한 정밀한 검토의 기반 위에서— 비
로소 진술되어야 한다."6)

1. 여성주의 윤리학의 내용들

여성주의철학에서 일반적으로 그러하듯이, 통일적인 보편타당한
사고의 관점이 여성주의 윤리학 개념의 기초가 되는 것이 아니다.
오히려 일련의 다양한, 부분적으로 서로 보완하는 혹은 충돌하는
구상들이 공존하며, 이러한 것들로 여성주의 윤리학 분야가 표시될
수 있다. 앨리슨 재거(Alison Jagger)는 여성주의 윤리학의 다양한
관점들의 최소공분모를 다음과 같이 정식화한다: 페미니스트들은
여성들이 놓여 있는 억압상황을 명료히 보여주어야 한다. 페미니스
트들의 관점은 실제로 적용가능한 것이어야 하고, 현실과 동떨어져
서는 안 되며, 또한 정치상황도 고려한 것이어야 한다. 여성주의
윤리학은 소위 공적인 그리고 사적인 물음들과 관련된다. 나아가
페미니스트들은 모든 여성의 도덕적 경험을 다루어야 하며 백인 중
산층 여성의 유형으로만 논의를 국한시켜서는 안 된다.7)

---

6) 같은 책, 40쪽.
7) Kerstin Barndt: Wesentliche Unterschiede. In: Konnertz(Hgin): *Grenzen der Moral*, 60쪽.

이와 아울러 여성주의철학 내에 다음과 같은 요구가 생기는데, 곧 위계서열적 사고가 아닌 여성주의적 능동성에 뿌리박고 있는 윤리학은 모든 사람들에게, 남성들에게도, 타당해야 한다는 것이다. 재거는 여성주의 윤리학을, 우리가 전-여성주의적 시대에 사는 한 필수적인, 잠정적 해결책으로 보고 있다. 동등성[평등]과 차이의 이념이 일단 관철된다면, 특별히 여성주의적으로 특징지어지는 윤리학도 필요 없게 될 것이다.

진 그림쇼(Jean Grimshaw)는 여성주의 윤리학을 세 가지 중요주제로 특징짓고 있다: 첫 번째 주제는, 추상성과 보편주의의 비판 그리고 여성의 사고는 더 구체적이고 더 맥락적이라는 믿음이다. 두 번째 관심사는, 여성적 가치들로 간주되는 공감 및 보살핌의 가치를 강조하는 것이다. 세 번째 주제는, 자유선택의 비판 그리고 사실과 가치 간의 구별이다.

추상성의 비판을 통해서 여성주의 윤리학은 규칙과 원리를 구별하게 된다. 보편주의 윤리학은 규칙에 기초하고 있는데, 이 규칙은 대체로 위계질서 아래 놓이며 좋은 행위에 대한 지침을 제시해야만 한다. 여성주의 윤리학에서는 원리개념이 전면에 등장한다. 원리는 결정[선택]을 요하는 상황, 그 상황에 관련된 당사자들 그리고 그들의 욕구에 대한 고려를 포함한다.8)

그림쇼에 따르면, 여성주의 윤리학의 문제는 우선순위 및 도덕적 문제설정과 관련하여 여성들 사이에 의견일치가 없다는 점이다. 그녀의 견해에 따르면, 여성들 사이의 차이가 양성의 윤리적 전제들 사이의 차이보다 더 눈에 띈다. 아울러 그림쇼는 보살핌이라는 여

---

8) Jean Grimshaw: *Feminist Philosophers*, 203ff쪽.

성적 가치를 문제가 있는 것으로 보는데, 그 이유는 이 개념이 억압가능성도 포함하고 있기 때문이다.9) 그래서 그림쇼는 특별히 고전윤리학의 여성적 덕목들을 답습하는 관점들에 대해 비판하는데, 이러한 여성적 덕목들의 초점은, 인간관계의 배려, 특히 남성과 자녀에 대한 보살핌이다. 그러한 관점들은 여성도덕발달을 분석하고 억압된 여성의 목소리 혹은 여성의 도덕을 요청한다. 이러한 영역에 속하는 것은, 소위 대상관련이론들로, 낸시 초도로우(Nancy Chodorow), 도로시 디너스타인(Dorothy Dinnerstein), 캐롤 길리건(Carol Gilligan) 등으로 대표된다.

여성주의 윤리학의 기본전제는 도덕문제를 다루는 데 있어 남녀 간에 일반적 차이가 있다는 가정이다. 이로부터 또 다른 차이도 분명해지는데, 곧 여성들에게 윤리적으로 우선시되는 것은, 우리 사회에서 지배적인, 남성들에게 우선시되는 것과 다르다는 것이다. 그것은 다를 뿐만 아니라, 동시에 더 인간적인 것이고, 파괴적이지 않으며, 덜 위험한 것으로 평가된다.

또 다른 출발점은 여성주의적 이성비판에 의거하여 기초 지워진 새로운 주체개념이다. 모나 싱어(Mona Singer)는 도덕적 주체를, 성별이 있고 자신의 소질과 취미를 자유로이 행사하며 일정한 정치적, 경제적, 제도적 맥락 안에 있는 개인으로 기술한다. 도덕적 주체는 개인의 도덕능력을 자유롭게 행사하며 항상 내적 강압과 외적 강압 사이에서 긴장하는 자리에 있다. 도덕적 주체는 고유한 생애, 정체성, 정서적 이해를 갖는 개인이다. 그는 자신의 자유의지를 자유롭게 발휘할 수 있기 때문에, 주어진 가능성들 가운데서 선택하

---

9) 같은 책, 224쪽.

고 이를 통해 스스로 지위를 확보한다.[10]

윤리학의 중심주제는, 여성주의철학에서도 일반적으로 그러하듯, 목하 여성들의 생활조건에 대한 분석과 남성지배로 인한 여성억압에 대한 분석, 그리고 남성들은 지원하면서 여성들은 배제시키는 사회구조 및 제도들과의 대결이다.

여기서 여성주의 윤리학의 중요한 출발점은, 성차의 사고를 단지 이론적 범주로서만이 아닌, 도덕적 범주로서도 파악하는 것이다. 성별귀속은 이중적 의미를 갖는데, 한편으로는 선천적인 주어진 것이고 다른 한편으로는 후천적으로 획득된 것이다. 이 두 번째, 성별을 전제로 한 역할부여는 여성들의 도덕적 행동반경도 제한한다.[11]

여성주의 윤리학의 목표는, 남성을 이상형으로 두는 인간개념과 올바른 행위 배후에 놓여 있는 성별특성을 설명하는 것이고, 윤리학의 여성적 관점들과 구성요건들을 제시하는 것이다. 이렇게 해서 남성적 이성이 억압했던 감성적인 것과 개인적인 것이 평가절상되어야 하고 아울러 그것들이 구체적인 것 그리고 특수한 것으로서 윤리학의 부분이 되어야 한다.[12]

이 밖에 여성주의 윤리학의 목표는, 철학담론 내의 사회적 권력관계와 차이성, 입 밖에 내지 않는 전제들, 침묵, 억압, 기타 담론전략을 밝히는 것이다. 페미니스트들이 발전시키고자 하는 윤리학은, 고전적 권력관계에 기초하는 것이 아니라 적극적으로 이러한

10) Mona Singer: Weibliches Subjekt und Moral. In: *Die Philosophin* 4 (1991), 7ff쪽.
11) Annemarie Pieper: *Aufstand des stillgelegten Geschlechts*, 10f쪽.
12) 같은 책, 131쪽.

권력관계를 폭로하는 작업을 하는 윤리학이다.13) 여기서 여성적 주체는 자신의 다름[차이성]과 가부장적 체제에 대한 자신의 저항에 의거해서 규정된다.

더 나아가 여성주의 윤리학이 목표로 삼는 것은, 삶의 전 영역에 있어 여성의 배제와 억압을 극복하는 것이다. 이로부터, 헤르타 나글-도체칼이 말하듯, 다음과 같은 문제제기가 등장한다: "단지 정치적 문제로서만이 아니라, 동시에 도덕적 문제로서 차별의 진실을 간파하기 위해서, 어떤 도덕철학적 규정들이 요구되는가? 내지는 여성들이 겪는 갖가지 불이익에 비판적으로 대결할 행위를 정초할 수 있는 도덕철학은 어떻게 정식화되어야 하는가?"14) 이 밖에 여성들의 도덕경험이 철학적 반성의 출발점으로 설정될 수 있어야 하는데, 그렇다고 여기서 단지 도덕판단의 여성적 형식들만 추천되어서는 안 될 것이다.

여성주의 윤리학의 실천적 귀결들 역시 중요하다. 즉 여성주의 윤리학은 구체적 행위지침을 제공할 수 있는데, 이 행위지침은 비-위계적인 성별모델에 기초하고 있다.15)

나글-도체칼은 인간을 결코 단순히 수단으로서가 아니라 항상 동시에 목적 자체로서 이해하라는 명령과 관계된 정언명령에 대해 새로운 해석을 제안한다; 즉, 다른 사람을 자신의 고유한 능력을 자유롭게 발휘하고 자신의 목적을 스스로 규정하는 개인으로서 존경하라. 이를 통해 인간을 **일반화된 타자**(*verallgemeinerte Anderen*)

---

13) Elizabeth Frazer: Introduction. In: Dies. u. a.(Hginnen): *Ethics*, 8f쪽.

14) Herta Nagl-Docekal: Jenseits der Geschlechtermoral, In: Dies. und Pauer-Studer(Hginnen): *Jenseits der Geschlechtermoral*, 7쪽.

15) 같은 책, 8쪽.

로 보는 것이 아니라, 개별존재로 보는 것이 가능해질 것이다. 따라서 이 새로운 해석은 정언명령을 형식적인 것으로, 그러나 추상적이지 않은 것으로 표현한다. 나글-도체칼은 칸트의 진술들을 가부장적 윤리학의 보편주의에 대해서도 반대하는 입장에 서 있는, 보살핌의 윤리학으로 해석하고 있다. 명령을 그녀는 보편주의적인 것으로 보는데, 그 이유는 명령이란 것은 모든 사람에게 동일하게 해당되기 때문이다. 하지만 여기서, 서로간의 존경에 의거해서, 명령은 개개 인격에도 해당되는 것이다.

이 기본격률에서 나글-도체칼은, 양성을 대변할 수 있으면서도 동시에 보살핌적인 도덕이해를 보게 되며, 이러한 도덕이해가 여성주의 윤리학의 본질적 전제들을 충족시켜 줄 수 있을 것이라고 생각한다. 형식적-보편주의적인 근본요구는 이제 오늘날의 생활환경에서의 여성의 지위와 결부되어야 할 것이다. 그래서 주제는 다음과 같다: 어디서 여성들이 완전한 가치의 인간으로서가 아니라 자신의 성에 의거해서 승인되는지에 대한 연구, 여성들에 대해 금치산선고를 내리는 은폐된 형식들을 밝히는 것, 여성차별을 명료히 하고 이를 도덕문제로 자리매김하는 것 등이다.16)

여성주의철학의 일차적 관심사는 도덕비판이다. 즉, 여성주체를 섹슈얼리티에 근거하여 객체로 설명하고 여성주체를 밖으로부터 규정하는, 규범과 법제화[텍스트화]에 대한 비판이다. 그러한 것들로 해서 동시에 여성들의 자기 규정의 기회와 주체로서의 지위가 박탈된다.

여성주의적 도덕비판의 목표는, 여성적 도덕심 및 덕목의 규범들

---

16) 같은 책, 25ff쪽.

이 성차별적으로 왜곡되어 있음을 밝히는 것이다. 이러한 왜곡은 그 근저에 여성의 복종을 바라는 남성의 이익관심이 놓여 있다. 아울러 여성주의적 도덕비판은, 가부장제의 보편주의적 윤리관점들이 성차를 도외시하고 개인의 차이와 경험들을 남성의 통일적 사고로 환원시켜 버리는 점을 명백히 보여주고자 한다.[17]

2. 보편주의 윤리학에 대한 비판

전통윤리학과의 대결은 여성주의 윤리학의 주축이다. 여성주의적 비판은 우선 여성억압을 위한 가부장제의 지배전략을 정당화하는 윤리학의 잘못을 지적한다. 자아(*Ich*) 혹은 인간(*Mensch*)과 같은 개념은 양성을 포괄하는 것이 아니라, 남성존재의 기준들을 보편화시킨다. 여성들은 소위 중성 인간에 함께 고려되는 것이 아니라, 배제되어 버린다.

전통철학의 윤리이론 및 그것의 보편주의적 특성에 대한 세일라 벤하비브(Seyla Benhabib)의 대결은 여성주의 윤리학의 비판점을 명료히 보여준다. 「일반화된 타자와 구체적 타자」(Der verallge-meinerte und konkrete Andere)라는 논문에서 벤하비브가 밝히는 것은, 바로 보편주의적 이념에 따른 도덕의 정의는 여성의 경험을 사적인 일로 돌려버리고 도덕문제에서 여성들을 제외시켜 버린다는 점이다. 이러한 전통에서 도덕적 자아는 연결되어 있지 않고 신체가 없는 것으로 이해되는데, 벤하비브는 이것을 자아에 대한 남

---

17) Mona Singer: Weibliches Subjekt und Moral. In: *Die Philosophin* 4 (1991), 8f쪽.

성적 이해로 보고 있다.18)

전통윤리학 내에서 벤하비브는 주권[대리/대의]적 보편주의(der stellvertretende Universalismus)와 상호주관적 보편주의(der inte-raktive Universalismus)를 구분한다. 존 롤즈(John Rawls) 혹은 토마스 홉스(Thomas Hobbes)가 발전시켰던 주권이론(Stellvertreter-theorien)은 일정한 남성주체의 경험을 인간일반과 동일시하는 것에 의해 담지된다.

이에 반해 상호주관적 보편주의는 인간 현존재의 상이한 형식들을 승인하는데, 여기서 이러한 상이한 형식들을 도덕적으로 정의하지는 않는다. 여기서 상이성이란 단지 반성과 행위를 위한 출발점일 뿐이다. 양 관점에서 보편성은 하나의 규제적 이념인데, 이 규제적 이념은 일정한 도덕적 입장의 지원을 목표로 한다. "보편성은 허구적으로 정의된 개인의 이상적 합의가 아니라, 정치와 도덕에서 자율성을 얻기 위한 구체적인 신체적 개인의 구체적 노력이다."19)

보편주의적 관점들은 정의의 도덕을 발전시키는데, 정의의 도덕은 집단이익에 해당하지 않아서 부주의하게 놓쳐진 사안에 적당하다. 정의의 도덕은 합리성을 일반복지 및 시민의 자유와 동일시한다. "그와 같은 담론은 여성의 운명을 사적 영역으로 돌려버림으로써 그리고 도덕이론에서 여성활동의 핵심영역을 배제시킴으로써 여성억압을 연장시키고 있다."20)

---

18) Mona Singer: Weibliches Subjekt und Moral. In: *Die Philosophin* 4 (1991), 15쪽.

19) Seyla Benhabib: der verallgemeinerte und der konkrete Andere. In: List und Studer(Hginnen): *Denverhältnisse*, 460쪽.

20) 같은 책, 479쪽.

보편주의적 도덕개념의 원칙을 주장하는 철학자에는 칸트(I. Kant), 존 롤즈, 위르겐 하버마스(Jürgen Habermas) 등이 있다. 칸트는 일반법칙도 될 수 있어야 하는 원칙들만 승인한다. 롤즈에 있어서 원칙들은 모든 사람에 의해 받아들여질 수 있어야 한다. 그리고 하버마스의 도덕원칙들은 권력으로부터 자유로운 담론에 의해 선택되어야 하는 것이다. 이들 모두의 공통점은, 보편화가능성(Universalisierbarkeit)과 공평성[불편부당성](Unparteilichkeit)의 이념인데, 이들은 이 이념을 통해서 자신들의 도덕규칙들을 정당화한다.[21]

이에 대조하여 그리고 자율적이고 합리적인 남성적 이념의 보완으로서, 계몽주의 시대에 특히 보살핌과 사랑이라는 측면이 부각된 여성성의 상이 마련되었다. 이 여성적 덕목들은 여성들의 역할을 부르주아적 아내 및 어머니로 고정시키고 여성들을 가정이라는 사적 영역에 틀어박히게 하는 데 기여하였다. 사적 영역과 여성적 덕목들에 대한 이상화는 여성들의 종속을 수반하며, 여성들은 이제 공적 영역과 그 공적 영역 속에서 활동하는 자립적이고 공정한 남성들로부터 철저하게 분리된다.[22]

주체로서의 여성은 보편주의적 도덕이론에 등장하지 않는다. 여성은 타자로 간주되며, 비-남성이다. 여성은 자율적이지 못하고, 독립적이고 못하고, 공격적이지 않으며, 사랑이 많고 배려할 줄 안다. 이러한 특성들과 함께 여성은 독립적이고 공정한 남성적 이상과 대비된다.

---

21) Gertrud Nunner-Winkler: Gibt es eine weibliche Moral? In: Dies.(Hgin): *Weibliche Moral*, 147쪽.

22) Jean Grimshaw: *Feminist Philosophers*, 198f쪽.

여성철학자 엘제 바르트(Else M. Barth)는 전통윤리학이 여성들의 자립성을 저지하기 위하여 줄곧 시도한 세 가지 전략을 설명하였다. 이 세 가지 전략은 이론적 전략, 공공복지에 대한 관심을 통한 전략, 마르크스적 전략이다.

이론적 전략은 이타주의의 전략이다. 이 전략은 여성들에게 가까운 사람들, 대체로 가족에게, 도움이 되는 행위들만 허용하는 규범들을 강요한다. 이런 방식으로 여성들은 자신의 생활방식을 통해서 남성들이 누리는 특권의 유지에 기여해야만 한다. 이를 행하지 않는 여성은 이기적인 여성 혹은 비정한 모성으로 간주된다.

이 전략의 한 변양이 공공복지의 전략이다. 여기서 가족은 사회 혹은 국가로 대체되며, 기능은 첫 번째와 동일하다.

마르크스적 전략은 유사한 목표설정과 함께 노동자계급 혹은 정당의 이익관심을 내세워 여성의 후견인 행세를 한다.[23]

이 세 가지 전략은 모두 다음과 같은 전제를 토대로 하는데, 곧 여성으로서 좋은 행위란, 여성이 집단의 이익을 고려하는가 여부에 의해 결정된다고, 여성이 확신하고 있다는 것이다. 여성이 실제로 그렇게 확신한다면, 위에 언급한 전략들에 의해서, 여성이 도덕규범들에 어긋날 경우 양심불량이 될 수 있다. 또한 이러한 가부장제적 전술을 이용하여서 여성이 자기 자신의 이익관심을 고려할 경우 윤리적 이유를 들어 준엄하게 비판한다.[24]

---

23) Else M. Barth: die Strategien der knechtenden Moral. In: Bendkowski und Weisshaupt(Hginnen): *Was Philosophinnen dendken* Band II, 97ff쪽.
24) 같은 책, 102쪽.

3. 여성주의 윤리학의 관점들

구체적 타자(Die konkrete Andere)

세일라 벤하비브는 「일반화된 타자와 구체적 타자」라는 논문에
서 가부장제적 윤리학의 일반화와 보편주의에 대한 하나의 대안을
그려 보이고 있다. 그녀는 여기서 중립적 주체에 대한 대안으로 구
체적 남/여 타자의 개념을 발전시킨다. 개인의 특수성을 강조하는
구체적 남/여 타자의 지위는 보편타당성으로 인해 외면된다. 그래
서 벤하비브는 구체적 타자의 개념을 갖고 보편주의적 담론의 이데
올로기적 한계도 지적한다.

벤하비브의 관점은 여성주의이론의 두 가지 핵심요소에 기초하
고 있다: 첫째, 벤하비브가 출발점으로 삼는 것은, 성의 질서가 결
코 우연적 질서가 아닌, 다양한 조직, 상징적 표현, 사회현실에 적
용되는 필수적 질서라는 것이다. "성의 질서는 하나의 기본토대로
서, 이 토대 위에서 자아는 신체적 정체성, 신체적 존재의 일정한
특성, 삶의 일정한 방식을 발전시킨다."[25] 두 번째, 벤하비브는 지
금까지의 여성억압과 착취를 밝히고 이에 대한 투쟁을 뒷받침해 줄
수 있는 관점을 내놓는 것이 여성주의이론의 과제라고 본다. 이를
위해, 문화사회적 측면의 고려와 함께 억압에 대한 설명적-진단적
분석이 이루어질 수 있을 것이고, 아니면 오늘날의 사회관계형식들
을 연구하고 새로운 인간관계형식들을 발전시키는 예견적-이상향적

---

25) Seyla Benhabib: der verallgemeinerte und der konkrete Andere. In: List
   und Studer(Hginnen): *Denverhältnisse*, 459f쪽.

비판이 행해질 수 있을 것이다.[26]

구체적 남/여 타자라는 모델의 틀 속에서 벤하비브가 확인하는 것은, 오늘날의 보편주의 도덕이론이 전통적 보편주의 도덕이론과 마찬가지로 자율성/보살핌 혹은 독립성/결합이라는 이원론을 받아들이고 있다는 점이다.[27] 이는 일반화된 타자의 관점에서 나타나는데, 이러한 관점은 현대의 보편 도덕이론들에서 지배적이다. 일반화된 타자의 관점은, 모든 개인이 동일한 권리와 의무를 갖는 합리적 존재라는 것을 출발점을 삼는다.

이러한 보편주의적 입장은 주체의 개별성과 구체적 정체성을 도외시한다. 물론 그녀/그의 구체적 소망과 욕구가 부정되는 것은 아니지만, 행위자로서 그녀/그의 활동의 측면에서 그러한 구체적 소망과 욕구는 이론적으로 은폐된다. 타인과의 관계는 형식적 호혜성의 원칙에 기초한다: "우리가 그녀/그에게서 승인받을 수 있고 기대할 수 있는 것을, 그녀/그는 우리로부터 승인받고 기대할 권리를 갖는다."[28]

이 개념은 권리, 의무, 요구 등과 같은 윤리적 범주들을 강조한다. 보편주의적 시각은 일반적, 의무적 측면들만 눈여겨보며 이와 다른 것[차이]들을 철저하게 배제시킨다. 하지만 벤하비브에 따르면, 실제로 유용한 도덕표상을 발전시키기 위해서는 구체적 남/여 타자의 입장 또한 고려해야 한다. 그래야 도덕상황을 적절히 파악할 수 있는 응집력 있는 방식이 마련될 수 있을 것이다.[29]

---

26) 같은 책, 459쪽.
27) 같은 책, 467쪽.
28) Seyla Benhabib: *Kritik, Norm, Utopie*, 231쪽.
29) Seyla Benhabib: der verallgemeinerte und der konkrete Andere. In: List

구체적 타자의 관점은 모든 인간을 개인사[전기], 정체성, 감성적 구조를 갖는 개인으로 본다. 이 개인들 간의 관계는 보완적 호혜성의 지배를 받는다: "각각의 남/여는, 그때그때 고유한 욕구, 재능, 능력을 가진 구체적 개별존재로서 인정받고 승인받고 있다고 생각되는 다른 남/여들의 태도방식을, 자신 역시 다른 남/여 들로부터 기대할 수 있는 정당한 권리를 갖는다."30)

주체들의 상호관계는 연대성, 우정, 보살핌과 같은 사적 규범들의 지배를 받는다. 사적 규범들은 순수한 법률상의 상호관계라기보다는 오히려 개인의 책임 있는 참여를 요구하는 것이고 인간의 개별성을 존중한다. 구체적 타자로서 개개 여성과 개개 남성은 고유한 생애와 정체성을 지닌 개인으로서 분명한 모습을 드러낸다. 다른 사람과의 관계에서 주체는, 구체적인 개별존재로서 인정받고 대우받는 것을 기대할 수 있다.

이러한 논의를 출발로 하여 벤하비브는 하버마스의 의사소통적 행위모델을 기초로 하는 **의사소통적 욕구해석의 모델**(*Modell der kommunikativen Bedürfnisinterpretation*)을 정초한다. 이 모델은 더욱 적절한 관련틀을 제공해야 하는데, "이 틀 내에서 도덕적이고 정치적으로 행위하는 자는 상호존중의 승인이라는 기초 위에서 자신의 고유한 정체성을 일반화된 타자로 정의할 수 있다."31)

이러한 의사소통적 윤리학은 결과적으로 응용영역의 확장을 가져오는데, 그 이유는 의사소통적 윤리학이 단지 권리뿐 아니라, 욕

---

und Studer(Hginnen): *Denverhältnisse*, 474쪽.

30) Seyla Benhabib: *Kritik, Norm, Utopie*, 232쪽.

31) Seyla Benhabib: der verallgemeinerte und der konkrete Andere. In: List und Studer(Hginnen): *Denverhältnisse*, 477쪽.

구도 고려할 수 있기 때문이다. 그래서 벤하비브는 이 관점을, 보편적 규범들을 발전시킬 수 있을 뿐 아니라, 더 나은 공동체적 삶에 대한 자극을 줄 수 있는 것으로 본다.

캐롤라인 휘트벡(Caroline Whitbeck)도 「다른 실재성」(A Different Reality)이란 논문에서 여성적 주체의 새로운 개념을 발전시키고자 한다. 이 논문에서 휘트벡은 여성주의 윤리학의 한 구상을 그려 보이고 있는데, 여기서 그녀는 자아와 타아 사이의 관계를 집중 연구하고 이로부터 쇄신된 인격개념을 이끌어내고 있다.

휘트벡은 남성적 존재론에 대한 비판에서, 남성적 존재론이 다음과 같은 세 가지 기본원리에서 출발한다고 비판한다: 여성은 불완전한 남성이다. 두 가지 대립되는 원리, 곧 남성적/여성적이라는 원리가 존재하며, 이 원리는 실재를 구성한다. 여성의 능력은 남성의 욕구에 의거해서 정의된다. 이와 대조적으로 휘트벡은 자신의 관점을 통해서 가부장제적 기준 및 개념과 거리를 취하고 있으며, 자아와 타아 간의 관계를 대립관계로 보는 것이 아니라 유추관계로 본다.

휘트벡에 따르면, 인격은 관계적으로(relativ) 그리고 사적으로(historisch) 구성된다. 여기서 중심이 되는 것은 인격의 통합성과 인격의 건강함이다. 인격은 인격적 관계들을 통해서 인격이 된다. 인격은 고유한 개인사를 가지며 또한 사실상 오로지 인격적 관계들에 의거해서만 마음을 움직이게 할 수 있다. 이런 맥락에서 휘트벡은, 타인의 행복에 대해 관심을 보이고 이를 통해서 스스로를 인격으로 구성하는, 원칙적으로 도덕적인 요청을 정식화한다.[32)]

---

32) Caroline Whitbeck: A Different Reality. In: Garry und Pearsall(Hgin-

우정의 철학

재니스 레이몬드(Janice Raymond)가 쓴 『여성들 간의 우정』(*Frauenfreundschaft*)은 여성들 간의 우정관계를 주제로 한 연구서이다. 이 책에서 그녀는 특별히 여성들 상호간의 교류를 강조하는 우정의 철학을 내놓는데, 여기서 우정의 철학은 단지 성적 취향의 의미에서 레즈비언 관계만을 의미하는 것이 아니라, 이를 넘어서 특별한 사회적, 정치적 존재를 지지하는 여성관련적 경험들을 의미한다.

우정의 철학을 레이몬드는 의미를 추구하는 여성들에 의해서 탄생된 여성주의적 인식으로 이해한다. 그녀는 이 여성주의적 인식을 "관념론적 철학 전통의, 또한 비판적인 유물론적-여성주의 철학 전통의 부분"[33]으로 정리한다. 여성들 간의 우정을 통해서, 레이몬드가 말하듯, 궁극적 타당성과 의미의 물음이 생겨나기 때문에, 그녀는 이를 가부장적 종교들을 넘어서는 종교적 추구로도 기술한다.[34]

남성들 측에서는 여성들 간의 우정을 대체로 회의적으로 지켜봤고 지금도 그러하다. 남성(*mann*)은 여성들 간의 우정을 무시하고 평가절하하거나 혹은 이를 반박한다. 이러한 거부를 레이몬드는 여성적 자율성에 대한 남성적 불안의 표현으로 보고 있는데, 이 여성의 자율성에 의거해 그녀는 특히 여성들이 일체되는 행위들을 남성들에 대한 위협으로 지각한다.[35]

---

nen): *Women, Knowledge and Reality*, 51ff쪽.

33) Janice Raymond: *Frauenfreundschaft*, 31쪽.

34) 같은 책, 281쪽.

35) 같은 책, 25쪽.

레이몬드는 여성들 간의 우정의 계보학을 전개하는데, 이 계보학에서 그녀는 여성들의 문화적 특징을 재현해 보이고 있다. 여성들 간의 우정은, 여성들이 서로를 가장 중요하고 생각하고, 서로간에 세심하며, 마음 써주고, 활력을 줄 때, 실제로 실천된다. 여성들 간의 우정을 통해 여성들의 우월성이 서로서로 독려되며, 이제 여성들 삶에서 여성들 간의 우정은 제 1의 사건이 된다. "여성들 간의 우정이 의미하는 것은, 본원적인 혹은 야생적인 자아가 개개 여성 속에서 눈 떠지게 되는 것이다."36)

여성들 간의 우정의 원천은 자유로서, 곧 있는 그대로의 여성의 모습을 받아들일 자유이고, 먼저 여성을 위해 노력할 자유이며, 남성들이 이러한 관계에 간섭하는 것을 허용하지 않을 자유이다.

레이몬드는 『여성들 간의 우정』에서 몇몇 특히 인상적인 인간관계의 사례들을 들고 있다: 이에 속하는 것으로, 자주적인 대수녀원장의 지도 아래 매우 큰 권력을 행사했던 중세 수녀원들이 있다. 이 밖에 레이몬드는 중국의 결혼거부 여성들을 소개하고 있는데, 곧 삶 속에서 문화혁명을 외쳤던 견직공업 여성 노동자들의 운동이다. 이들 여성들은 자립적 사회조직 속에 살았으며 심지어 자치연금조합도 설립했다.

이러한 사례들은 레이몬드에 있어 우정철학의 전제들을 지지해 주는 논거이기도 하다. 분리주의도 이에 대한 한 사례인데, 그녀는 분리주의를 긍정적으로 평가하며 단순한 분리로서가 아니라, 새롭게 획득한 정치적 융합의 관점에서 바라본다. 분리주의는 분리된 공간들을 산출하는데, 이 공간에서 여성들은 자신의 고유한 힘을

---

36) 같은 책, 83쪽.

구축할 수 있다. 여성들 간의 우정은 시간과 공간을 필요로 하는데, 그 이유는 사적 영역은 세계의 중재가능성도 지원하기 때문이다. 요컨대, 여성들 간의 우정은 반성과 통합을 지지한다.37)

하지만 여성들 간의 우정에서 간과해서는 안 될 것은, 레이몬드가 지적하듯, 모든 여성들이 모두 동일한 상황에 놓여 있는 것이 아니라는 점이다. 즉, 특수한 삶의 정황과 특별한 억압상황이 고려되어야만 한다.38)

여성들 간의 우정이라는 자신의 구상을 레이몬드는 미래상으로 특징짓고 있다. 이러한 비전의 기반을 마련하기 위해서, 여성들은 단지 남성들로부터 해방되어야 할 뿐 아니라, 이에 상응하는 인간관계들도 서로서로 세워가야 한다.

여성들 간의 우정은 여성들 간의 마음 씀[호감](Frauen-Zuneigung)이 생길 수 있는 관념적 조건들과 여성들 간의 우정을 현실화시키는 물질적 조건들 사이를 움직인다. "여성들 간의 우정은 의미체계의 그물망을 만들어내는데, 이 그물망은 여성들의 과거, 우리들의 일상생활, 우리들의 현재를 초월하는 것이다."39) 마음 씀을 통해서 여성들의 삶에 새로운 연대감이 생기는데, 이 연대감은 여성들의 실존 전체에 영향을 미칠 수 있다.

레이몬드에 있어, 여성들 간의 우정의 첫 번째 기본조건은 **주의깊음**(*Achtsamkeit*)으로, 그 출발점은, 여성들의 사고가 다른 여성들에 대한 진정한 관심과 존경으로 특징지어져야 한다는 것이다. 여성들 간의 우정에서, 한 여성은 자기 자신이자 동시에 다른 여성의

---

37) 같은 책, 192ff쪽.
38) 같은 책, 253쪽.
39) 같은 책, 281쪽.

친구여야 하고 또한 그녀는 사고와 우정을 결합시켜야 할 것이다.

여성들 간의 우정의 두 번째 구성요소는 열정(*Leidenschaft*)으로, 레이몬드는 이 열정을 신중한 열정으로 이해하는데, 그 이유는 이 열정 이면에 사려 깊은 마음에 있기 때문이다. 이러한 우정의 모범을 레이몬드는 고대 그리스 문화에서 발견하는데, 그리스인들은 우정을 사유도 포함하는 순수한 열정으로 정의하고 있다.[40] 이러한 열정적 우정을 레이몬드는 종종 신체적 호감을 수반하는 깊고 강한 감정으로 진술하기도 한다. "여성들 간의 호감의 고유한 의미는, 여성들이 서로의 몸과 마음을 쓰다듬고, 움직이고, 자극하며 아울러 넘치는 힘을 마음껏 펼치는 것이다."[41]

여성들 간의 우정의 또 다른 측면은 세계성(*Weltlichkeit*)이다. 레이몬드는 여기서 여성들에게 공적 능동성의 영역에서 다시금 활동할 것을 촉구한다. 가부장제에서 여성들은 세계를 상실해 버렸는데, 그 이유는 가부장제가 여성들에게 순응, 분열, 수줍음을 강요했기 때문이다. 여성들 간의 우정은, 여성들이 다시금 정상적 세계 속에서 살 수 있게끔, 하나의 중요한 출발점을 제공해 준다. 그것은 사적 영역 안에서만 사는 여성주의적 아웃사이더 여성을 강인하게 하여 밖으로 나갈 수 있게 하는 결정요인이 될 것이다.

여성들 간의 우정의 마지막 측면은 행복(*Glück*)이다. 이 행복을 레이몬드는 삶의 행복으로 정의하는데, 이는 곧 삶 속에서, 삶에 대해, 삶과 함께 행복함을 의미한다. 여성들 간의 우정의 맥락은 여성들의 삶을 행복하게 해줄 수 있는, 사적 그리고 공적 분위기를

---

40) 같은 책, 293ff쪽.
41) 같은 책, 301쪽.

만들어준다.[42]

　레이몬드는 여성들 간의 우정의 목표를, 사고와 행동, 이론과 실천, 철학과 정치의 통합을 이끌어내는 것으로 본다. 여성들 간의 우정은 사고하면서 세계에 관심을 기울일 수(denkende Teilnahme an der Welt bewirken) 있어야 할 것이다. 이를 통해 여성들은 사유하는 피조물로서 세계에 발을 들여놓을 수 있다. 여성들 간의 우정의 토대 위에서 하나의 사유조망이 마련되는데, 이러한 조망은 여성들로 하여금 사고와 행동에 있어서의 능동성을 준비할 수 있게 할 것이다.[43]

모성성의 윤리학

　모성성(Mütterlichkeit) 혹은 보살핌(Fürsorge)을 주제화시킨 윤리적 구상은, 여성주의 윤리학의 관점들 가운에 중요한 영역으로 받아들여지고 있다. 이 영역의 가장 잘 알려진 이론들은 낸시 초도로우, 닐 노딩스(Nel Noddings), 사라 러딕(Sara Ruddick)에 의해서 발전되었다. 초도로우의 관점은 이른바 대상관계이론의 한 사례인데, 여기서 필자는 초도로우의 관점에 대해 상세히 논의해 보고자 한다.

　초도로우는 『어머니 역할의 재생산』(Das Erbe der Mütter)이란 저서에서 세 단계의 분석을 행하고 있다: 첫 번째 단계에서 그녀는 모성성과 성별 사회체제와의 연관성을 연구한다. 두 번째 단계에서

---

42) 같은 책, 304ff쪽.
43) 같은 책, 283f쪽.

는 가정 내 개인인격형성의 문제를 다룬 정신분석학적 연구들에 대해 해설한다. 세 번째 단계에서는 이전 두 단계에서 이끌어낸 인식들을 성별 양극성 및 가족에 관한 사회-심리학적 구상과 연결시킨다.[44]

초도로우는 모성성을 성별에 따른 노동분업 속에서 모든 여성들이 보여주는 보편적, 변함 없는 요소로 본다. 현행체제에서 후세대의 양육이라는 어머니역할은 자연적이고 자명한 것으로 정의된다.[45]

어머니와 어머니의 본업, 곧 **모성다운 삶**(Muttern)에 대한 연구에서 초도로우가 다루는 것은 모성성의 생물학적, 역할이론적 설명이다. 이 구상에서 초도로우의 핵심적 물음은 다음과 같다: 여성의 모성다움은 어떻게 탄생했는가? 여성의 모성다움은 어떻게 발전되어 왔는가?

모성다운 삶의 현상은 결코 초문화적이고 불변적인 사태가 아니다. 초도로우는 이러한 보살핌의 형식이 없었던 다른 사회형태 혹은 다른 시대가 있었다고 밝히고 있다. 후세대 양육이 대부분의 문화에서 여성의 임무이기는 하지만, 서구세계에 있어 이로부터 귀결되는 사회체제와 가족구조는 일반으로 행해지는 것은 아니라는 것이다.[46]

초도로우는 여성의 모성다움의 원인을, 여성들이 자신의 성정체성을 무엇보다도 자녀를 돌보는 세계 속에서 발견하지 않을 수 없

---

44) Ruth Großmaß: Feminismus im Schoß der Familie. In: Dies. und Schmerl(Hginnen): *Feministischer Kompaß, patriarchales Gepäck*, 180쪽.
45) Nancy Chodorow: *Das Erbe der Mütter*, 10쪽.
46) 같은 책, 47f쪽.

는 사실로 환원시킨다. 이 때문에 여아는 매우 일찍 출산과 양육의 의무를 준비하게 된다. 자신의 어머니가 어머니로서 가는 길은 여아의 발달에 있어 남아의 발달과는 다른 영향을 미치며, 이러한 방식으로 어버이와 자식 관계의 고전적 구조가 자체 재생산된다.

이러한 아동 초기의 결정으로 인해서, 여아는 이미, 성인여성이 되기 전에, 어머니가 되고자 하는 욕구를 마음에 새기게 된다. 초도로우는, 여아에게 이렇게 여성의 역할을 오로지 어머니로서만 고정시키는 것을, 여성의 자연적 재생산[생식]능력의 사회문화적 전용으로 분류하고 있다.[47]

초도로우는 자신의 연구목표를, 자신의 연구가 여성을 오직 어머니의 신분[모성다운 삶]으로 고정시키는 것을 깨트리는 것에 있다고 본다. 하나의 가능한 해법은, 남성들이 동일하게 양육의 의무를 받아들이는 것일 것이다. 이를 통해서 아동들은 다른 생활조건들과 생활양식들을 이해하고 스스로 좀더 자유롭게 알맞은 역할을 결정할 수 있을 것이다.[48]

---

47) 같은 책, 45ff쪽.
48) Rosemarie Tong: *Feminist Thought*, 157쪽.

2. 캐롤 길리건과 『다른 목소리』

미국의 심리학자인 캐롤 길리건(Carol Gilligan)은 1982년 자신의 경험적 조사분석을 토대로 『다른 목소리』(*Die andere Stimme*)란 연구서를 출판하였다. 『다른 목소리』는 여성주의 윤리학 내에서 가장 대중적 인기를 누림과 동시에 적지 않은 논란을 불러일으킨 책으로서, 여성주의 윤리학이라는 상위개념에 분류해 넣을 수 있는 연구성과들 가운데 선도적 연구업적에 속한다.

여기서 길리건은 도덕과 판단의 연관 및 그것들의 남녀 성별에 따른 차이를 분석하고 있는데, 그녀는 이 분석결과를 토대로 남성적 정의의 도덕에 대조되는 보살핌과 책임이라는 여성적 도덕의 관점을 내놓는다.

그녀의 연구는 기존 심리학연구에 대한 비판에 기반하고 있는데, 여기서 길리건이 우선적으로 지적하는 부분은, 여성들이 심리이론 구성에서 제외되어 있다는 점이다. 그녀는 보편적 인간상을 묘사하면서 암암리에 남성의 삶과 경험을 일반적 규범으로 승격시켜 온 심리학에 대해 비판한다. 이 경우, 여성은 크든 작든 애를 먹으며 본래 남성에게 맞도록 재단된 범주에 억지로 끼어 맞춰지게 된다.

물론 이미 프로이트는 여성들이 남성들과는 다른 도덕기준들을 적용시킨다는 것을 밝혀내긴 했지만, 다양한 정의감을 여성들의 복종적 성향으로 규정해 버렸다.[49]

길리건은 인간의 도덕발달에 대한 근대적 연구도 여성의 도덕이해를 완전히 무시하고 있다고 지적한다. 이에 대한 하나의 사례로서 길리건은 자신의 오랜 동료이기도 한 로렌스 콜버그(Lawrence Kohlberg)의 연구를 분석하고 있는데, 장 피아제(Jean Piaget)의 도덕발달모델을 토대로 연구를 수행한 콜버그에 대해서, 길리건은 그의 경험적 자료들이 오직 남아들과 성인남성들에 대한 설문에 의거해 만들어진 것임을 지적한다. 그렇기 때문에 그의 도덕판단능력의 발달단계는 오로지 남성들의 가치들을 토대로 한 것임에도, 그는 이로부터 보편타당한 범주들을 도출해 낸다.[50]

이렇듯 일면적 자료가 보편성을 획득함으로 인해 미치는 영향은, 콜버그에 의해서 착수된 여성들에 관한 경험적 연구에서 분명해진다. 콜버그가 수행한 여성들에 관한 경험적 연구결과에 따르면, 여성들의 도덕발달은 명백히 남성들의 도덕발달에 뒤쳐져 있다. 여성들은 흔히 그의 도덕발달의 여섯 단계 중 3단계(도덕적이라는 것은 자기 자신과 관련된 집단을 위해 봉사하는 것이다)에 속하는 반면, 남성들은 4단계(도덕적이라는 것은 법과 질서의 지향이다)에 도달

---

49) Carol Gilligan, *Die andere Stimme*, 15쪽.

50) 같은 책, 28f쪽.

해 있다. 콜버그에 있어 이러한 결과가 의미하는 바는, 여성들이 도덕적으로 남성들에 비해 미성숙하다는 것인데, 이는 그가 인간관계로의 정향을 도덕판단능력 내에서 낮은 단계로 규정해 놓았기 때문이다.[51]

『다른 목소리』에서 길리건이 비판하는 점은, 인간과 남성을 동일시하는 관행으로 인해 여성의 경험이 기존 심리이론에서 완전히 배제되어 있다는 것이다. 이럴 경우, 결과적으로 여성의 발달은 도덕발달의 보편타당한 모델에 부합하지 못하게 된다. "기존 심리학 서적들은 대체로 여성의 경험이 인간발달에 대한 심리학적 설명과 부합하지 않는다는 것을 지적해 왔는데, 이를 지금까지 대체로 여성들의 발달에 문제가 있는 것으로 해석했다."[52]

전통적인, 가부장제적으로 각인된 관점에 정면도전하여 길리건은 자신의 독자적 조사와 자신이 확보한 경험적 자료에 대한 새로운 해석을 토대로 도덕판단의 여성적 모형을 기초 지운다. 이 준비단계에서 그녀가 미리 강조하는 바는, 이 **여성적 목소리**(*weibliche Stimme*)는 일차적으로 성별과 결부되는 것이 아니라, 그것의 내용에 의해서 규정된다는 점이다. 하지만 대부분의 여성들이 이 여성적 목소리에 속한다는 경험적 사실을, 그녀는 자신의 연구를 통해 정당화할 수 있다고 본다. "필자가 남성적 목소리와 여성적 목소리를 대조시키는 이유는 양성의 관점에 대해 일반화하기 위해서라기보다는, 두 가지 사고방식이 구분된다는 것을 강조하고, 이 두 사고방식에 대한 해석상의 문제점에 초점을 맞추기 위해서이다. 인간

---

51) Gertrud Nunner-Winkler: Zur Einfürung: Die These von den zwei Moralen. In: Dies.(Hgin): *Weibliche Moral*, 10f쪽.

52) Carol Gilligan: *Die andere Stimme*, 9쪽.

의 심리발달을 기술하는 과정에서, 필자는 양성에 속하는 사람들에게서 이 두 관점들이 상호작용한다는 것을 지적할 것이다. 또한 개인에게 있어서도 이 두 관점들이 상호작용하는 시기가 있을 수 있는데, 필자는 그 시기가 그 개인이 사회 속에서 겪는 변화와 위기의 시기와 일치한다는 입장을 취할 것이다. 필자는 두 사고방식이 발생한 원인에 대해서나, 역사적으로 어떤 사회권 혹은 문화권에서 어떤 사고방식이 더 우세했는지에 대해서는 언급하지 않겠다."53)

훗날 발표한 논문에서 길리건은 『다른 목소리』에서 자신이 목표로 삼은 것은 남성적으로 특징지어지는 정의의 도덕을 상대화시키는 것이었다고 강조하고 있다. 정의의 도덕의 도덕명령은 다른 사람의 권리를 존중하고, 자아실현을 위한 자신의 권리가 침해받지 않도록 보호하라는 것이다. 흔히 도덕판단과 동일시되는 이러한 도덕이해는, 길리건에 의하면, 도덕적 딜레마를 해석할 하나의(eine) 가능한 접근형식일 뿐이다.54)

정의의 도덕에 대해서 길리건이 다른 선택지로 제시한 보살핌의 도덕은 그 때까지 심리분석을 통한 연구가 전혀 없었다. 여성들과 남성들에게서 같이 확인될 수 있음에도 불구하고, 보살핌의 도덕은 남성적인 정의의 윤리학과 더불어 진지하게 다뤄야 할 행위양식으로 생각되지 않은 것이다.

---

53) 같은 책, 10쪽.
54) Carol Gilligan: Moralische Orientierung und moralische Entwicklung. In: Nunner-Winkler(Hgin): *Weibliche Moral*, 80쪽.

1. 보살핌의 도덕

길리건이 『다른 목소리』에서 다루고 있는 연구들은 다양한 면접을 통해 이루어지는데, 이 면접에서 면접대상자들에게 자아관, 도덕관 그리고 갈등과 선택[결정]의 경험이라는 주제와 관련해서 동일한 설문이 주어진다. 여기서 그녀는 콜버그의 관점이 적용된 그의 이론적 모형을 접수하면서, 이 기초 위에서 도덕발달에 대한 그의 결론에 대해 물음을 제기한다.

주목할 것은 길리건의 면접조사가 방법론적으로 기존 발달심리학과 다른 방식을 취한다는 점이다. 그녀는 면접할 때 결코 이미 마련된 도덕적 딜레마를 면접대상자에게 제시하지 않는데, 이는 이러한 방식이 면접대상자의 판단을 처음부터 제약할 수 있기 때문이다. 이와 달리 그녀는 여성들과 솔직히 터놓고 얘기하는 가운데 그들이 특정한 도덕적 문제들로 고민했던 경험에 대해 질문한다.

길리건은 자신의 연구에서 정체성과 도덕발달과 같은 일반적 주제들뿐만 아니라 자아관, 도덕관과 같은 개인적 질문들, 그리고 도덕적 갈등상황과 선택상황의 체험들에 대해 남녀 대학생들을 대상으로 면접조사 하였고, 성인 초기의 가상적 도덕 딜레마에 대한 면접도 실시하였다. 여기서 길리건의 관심사는, "자기 자신과 도덕에 대해서 갖고 있는 생각들이 도덕적 갈등상황 및 생애 중대결정 순간에 어떻게 작용하는지 그 관계를 살펴보는" 것이다.[55] 그녀의 연구목적은 여성인격의 발달과정에 관한 상을 정초하는 것으로, 이 상은 여성적 경험을 중심에 놓는다.

---

55) Carol Gilligan: *Die andere Stimme*, 11쪽.

여성들이 마주치는 도덕적 갈등의 사례연구로 길리건은 임신중절문제를 다루는데, 이 맥락에서 그녀는 보살핌 도덕의 가설들도 주제화시킨다. 이 임신중절연구에서 길리건은 무엇보다도 "개인의 경험과 도덕적 사고가 어떠한 관계를 갖고 있으며, 도덕적 갈등이 개인의 도덕발달에서 어떤 역할을 담당하는지"56) 주목한다. 이 면접의 대상자들은 임신중절을 해야 할지 아니면 태아의 생명을 보호해야 할지 선택의 딜레마에 놓여 있던 임신 3개월 이내의 여성들로서, 이들은 선택을 결정한 후 일년이 지나서 다시 한 번 면접을 받았다.

대부분의 사회법규에서 공식적으로 (임신 3개월 이내의) 여성들은 태아의 출산 혹은 임신중절에 대해 스스로 결정할 권리를 가진다고는 하나, 많은 경우 이러한 권리를 행사함에 있어 당사자는 도덕적 갈등을 겪는다. 개인의 자유라는 권익과 여성성과 책임이라는 관례적인 이해가 충돌을 일으키기 때문이다. 그래서 자신의 중요성과 태아의 중요성 사이에서 결정해야 하는 딜레마는, 면접대상이 된 여성들에게 있어 핵심적인 도덕문제로 등장했다.57)

임신중절연구에서 길리건이 논의의 출발점으로 삼은 것은, 콜버그가 도덕적 갈등 및 선택과 관련하여 설명했던 세 가지 관점이다. 이 세 가지 도덕적 관점은 전인습적, 인습적, 후인습적으로 구분되는데, 콜버그에 따르면, 한 행위자는 도덕적으로 성숙해 가면서, 개인적인 관점으로부터 사회적인 관점으로, 사회적인 관점으로부터 보편적인 관점으로 그의 도덕적 이해가 확장된다. 전인습적 판단은

---

56) 같은 곳.
57) 같은 책, 90f쪽.

일차적으로 자기 중심적이며 개인의 필요가 가장 중심이 되는 데 반해, 인습적 판단은 사회를 유지하는 가치와 규범에 기반을 두고 있으며, 후인습적 판단은 사회에서 통용되는 기존가치에 대해 반성적인 관점을 채택하면서 보편적으로 적용되는 도덕원리를 구성한다.58)

길리건은 이 발달단계모델을 이기심과 책임 간의 갈등을 반영하는 임신중절 딜레마 속에 있는 여성들의 도덕적 사고의 발달과 관련지어 논의한다. 여기서 여성들에게 가장 중요하다고 생각되는 도덕명령은, 스스로를 배려하고 다른 사람에게 해를 입히지 말라는 것이다. 이 연구조사를 분석평가하면서 길리건이 도달한 결론은, 여성들은 이러한 딜레마 속에서 인간관계의 구조에 대한 이해로 특징지어지는 **보살핌의 윤리학**을 발전시킨다는 것이다. "인간관계에 대한 축적된 지식을 반영하는 이 윤리학에 전제된 핵심적 직관은 자아와 타아가 상호의존적이라는 것이다."59) 보살핌의 윤리학은 자아와 타아 간의 더욱 명확한 개별화와 사회적 상호관계의 역학에 대한 이해를 가능하게 한다. 이 변화를 불러일으키는 원동력은 길리건이 도덕적 성숙과정에 있어 본질적인 요소로 기술하고 있는 위기이다.

심리학에서 위기는 심적 절망감이 고조된 단계로 정의되고, 잠재적인 힘을 발현시켜 성장이 이루어질 수 있는 계기로 설명되며, 더 나아지거나 더 나빠질 수 있는 **전환점**(*Wendepunkt zum Besseren oder Schlechteren*)으로 규정된다. 보살핌의 윤리학의 관점에서 볼

---

58) 같은 책, 93쪽.
59) 같은 책, 95쪽.

때, 위기는 "자기 보존에서 선함으로, 다시 선함에서 진실함으로 관심사가 옮겨지는 것"[60]을 의미한다. 위기 속에서 성숙되는 가운데 자신의 생존에 대한 관심으로부터 **선한**(*gute*) 행위방식으로 관심의 초점이 바뀌게 되는데, 길리건은 이 과정을 이기심에서 책임감으로의 이행으로 기술한다.

위기상황 속에서 책임과 인간관계에 대한 여성들의 시각은 변화되었고, 삶을 전환시킬 수 있는 새로운 힘도 발휘되었다. 인간관계의 역학 속에서 변화된 관점은 "사람들 간의 연결을 재발견함으로써만 생길 수 있는데, 연결을 재발견한다는 것은 자아와 타아가 상호의존적이며, 삶은 인간관계 속에서의 보살핌에 의해서만 유지될 수 있다는 것을 깨닫는 것이다."[61]

길리건이 임신중절에 대한 연구분석을 통해 밝혀낸 것은, 책임들이 서로 충돌함으로 인해 생기는 도덕적 딜레마는 도덕에 대한 세 가지 관점의 서열적 연쇄를 거치면서 해소된다는 것이다. 처음에, 여성들은 자신의 생존을 확보하기 위하여 자신에게만 초점을 맞춘다. 다음, 이러한 생존위주의 관심은 선을 행하고 누구도 해하고 싶지 않다는 희망과 충돌을 일으킨다. 끝으로, 그들은 "인간관계에서의 충돌을 해소할 수 있는 가장 적합한 방식은 보살핌"에 있다는 반성적 이해에 이르게 된다.[62]

이 연구결과를 토대로 길리건은 책임감과 인간관계를 핵심으로 하는 여성적인 **보살핌의 도덕**(*Fürsorgemoral*)이라는 관점을 내놓는다. 이 보살핌의 윤리학의 틀에서 지배적인 사고는 타인을 해하

---

60) 같은 책, 135쪽.
61) 같은 책, 157쪽.
62) 같은 책, 131쪽.

고 싶지 않다는 희망이다. 그래서 보살핌의 윤리학의 입장에서 내려지는 도덕판단의 목표는 어느 누구도 해를 입지 않게끔 갈등을 해결하는 것이다. "도덕적인 사람은 다른 사람들을 돕는 사람이고, 선행이라는 것은 될 수 있으면 자기 자신을 희생하지 않으면서도 다른 사람들에 대한 의무와 책임을 수행하는 봉사의 행위이다."[63] 길리건은 이러한 여성적 도덕개념을 약점으로, 다시 말해 흔히 여성억압의 논거로 악용되는 해석으로 생각하지 않고, 이를 사회적 맥락에서 강점으로 이해될 수 있는 하나의 **다른 목소리**(*andere Stimme*)로 정의한다. 길리건은 이 도덕이 전적으로 여성들에게만 적용되는 것은 아니지만, 여성들에게 두드러진 특징이며, 보살핌의 형성은 여성의 사회화로 환원된다고 본다.

더 나아가서 길리건이 확인한 사실은, 여성들은 도덕판단에 있어 현저하게 구체적으로 일어난 사실을 고려하며, 가설적 딜레마에 있어서도 현실적 맥락 속에 편입시킨 후에야 평가하고자 한다는 것이다. 이러한 방식으로 여성들은 도덕판단에 있어서 남성적인 정의의 범주들이라 할 수 있는 서열화된 원칙들 및 형식적 행위양식들과 차이를 보인다.[64]

보살핌의 도덕은 어떤 태도가 정당한가 평가하는 데 기초하는 것이 아니라, 일차적으로 책임감에 기초를 두고 있다. 그것은 다른 사람의 욕구[필요]에 대한 감수성과 다른 사람에 대해 책임지고자 하는 마음가짐을 포함한다. 길리건은 정의의 원리에 따른 도덕판단에서 종종 보게 되는 여성들의 불명확성에 대해서도, 그 원인을 여

---

63) 같은 책, 84쪽.
64) 같은 책, 125f쪽.

성들에게는 보살핌과 배려가 도덕판단에 있어 더욱 중요하게 작동하고 있기 때문이라고 본다. 그러므로 여성들은 개인적 자율성에 의거해서 자신을 규정하는 것이 아니라, 인간관계의 그물망 속에서 자신을 규정하며, 보살핌의 능력을 기준으로 자신을 판단한다.[65]

더 나아가 길리건이 확인한 것은, 여성의 도덕판단은 더욱 맥락적이며 특수한 상황 및 인간관계에 의존한다는 점이다. 여성들은 대체로 다른 사람의 입장을 수용하는 경향이 있으며, 그렇기 때문에 더욱 잘 자신의 동료들이 필요로 하는 공감을 불러일으킬 수 있다. 여성들의 판단이 맥락적이라는 것은 도덕적 성숙의 표시로, 이러한 도덕적 성숙은 여성으로 하여금 자신을 다른 존재와의 연계 속에서 파악하게 한다. 이러한 도덕이해는 서로의 욕구를 존중하는 가운데 점점 발달된다.[66]

사회에서 여성적 도덕은 보통 진지하게 받아들여야 할 선택범주로서 승인되지 않고, 대부분 감정이 강조된 여성의 본질로 돌려졌다. 이러한 이유로 해서, 길리건이 지적하듯이, 경험적 연구조사에 있어서도 이 주제에 대한 연구는 전혀 이루어지지 않았다.

그러므로 여성에 대한 도덕적 억압은, 남성들의 범주로 여성들의 도덕판단을 측정하고, 그런 방식으로 사람들이 여성의 다른 목소리를 침묵시켜 버렸다는 데 있다. 이러한 무시로 인해 그렇게 측정된 여성의 판단능력은 발달단계의 낮은 수준에 머물게 된다.[67]

여성이 해방되기 위해서는 여성의 경험들이 고려되어야 하고, 이

---

65) 같은 책, 27쪽.

66) Seyla Benhabib: der verallgemeinerte und der konkrete Andere. In: List und Studer(Hginnen): *Denverhältnisse*, 455f쪽.

67) Carol Gilligan: *Die andere Stimme*, 28f쪽.

와 아울러 사회적 관계에 대한 재조직도 이루어져야 한다.

2. 보살핌과 정의 ― 대립개념인가?

길리건은 보살핌의 도덕이 출현하게 된 배경을 도덕적 성숙의 발달과정에 있어 남녀 간의 차이로 소급한다. 결정적인 것은 청소년기와 성년 초기에 볼 수 있는 성별에 따른 특징이다. 원칙적으로 청소년기의 문제들은 양성에서 동일한데, 청소년기에 양성 모두가 겪는 딜레마는 자기 성실성과 보살핌 간의 갈등이다. 하지만 여성들이 이 갈등상황에 관계하는 방식은 남성들과 다르다.[68]

낸시 초도로우의 사회화 이론과 비슷하게, 길리건 역시 도덕판단에 있어 성별에 따른 차이를 생물학적으로 해석하지 않고, 사회적 결정으로 환원시킨다. 아동발달에 있어 성별에 따른 특징에 기반하여 여성성은 결합에 의해 정의되고 여성의 정체성은 친밀한 인간관계 및 보살핌과 동일시되는 반면, 남성성은 독립으로 표현된다. 그래서 여성적 정체성은 다른 사람들로부터 분리되는 상황에서 위협을 느끼는 반면, 남성적 정체성은 결합에서 위협을 느낀다. 여성들에게 있어서는 분리와 결합의 단계가 서로 섞이는 반면, 남성들에게 있어서는 본질적으로 독립이 목표이다. 남성적 정체성은 친밀성을 뒤로 하고, 자신의 정체성을 힘과 독립 그리고 다른 사람과의 거리를 통해 정립시켜 나간다.[69]

이로부터 길리건은 두 가지 도덕의 발달도 도출해 낸다. "아동기

---

68) 같은 책, 200f쪽
69) 같은 책, 16f쪽.

와 성년 초기 사이의 청년기를 특징짓는 정체성과 친밀성의 대비는 두 개의 상이한 도덕을 통해서 표명되는데, 이들이 상호보완적이라는 것은 행위자가 도덕적으로 성숙했을 때에야 깨닫게 되는 것이다."[70] 정의의 도덕은 평등과 공정성에 대한 일정한 이해에 토대를 두고 있다. 정의의 도덕이 표명하는 것은, 모든 사람을 동등하게 존중하고 자아와 타아의 주장을 균형 있게 고려해야 한다는 것이다. 반면, 책임의 도덕은 사람들의 욕구에 차이가 있다는 인정을 토대로 하며, 아울러 다른 사람에 대한 공감과 보살핌 그리고 이해심을 토대로 한다.

길리건은 『다른 목소리』의 결과들을 발판으로 연구를 더욱 진전시켜, 1987년에 「도덕적 태도와 도덕의 발달」(Moralische Orientie-rung und moralische Entwicklung)이라는 논문을 발표한다. 그녀는 여기서 여성들과 남성들에게 도덕적 딜레마 상황을 제시한 후, 이들의 도덕적 사고가 이 딜레마를 정의의 맥락에서 구성하는지 아니면 보살핌의 맥락에서 구성하는지 살펴본다. 그녀의 목표는, 성별에 따라 정의와 보살핌이라는 두 방향에 대한 일정한 경향이 있는지, 다시 말해, 도덕적 태도가 성별과 관련이 있는지, 확인하는 것이다.

길리건은 자신의 조사결과에 기초해서, 일정한 도덕형식(보살핌 혹은 정의)의 경향을 보이는 남성들 및 여성들과, 상황에 따라 한쪽의 혹은 다른 쪽의 도덕형식을 취하는 남성들 및 여성들을 구분한다. 여기서 그녀가 확인하는 것은, 거의 모든 남성들이 정의의 형식에 강한 편향을 보인 반면, 여성들은 균등하게 두 도덕형식과

---

70) 같은 책, 200f쪽.

관계 맺고 있다는 사실이다. 일반적으로 여성들에게 있어 보살핌의 관점이 지배적이었다고 단언할 수는 없지만, 보살핌의 관점은 거의 전적으로 여성적 현상이라고 할 수 있는데, 이는 보살핌의 입장에 서서 판단을 내린 사람들은 거의 여성들뿐이기 때문이다. 도덕적 선택에 있어 두 관점 중 하나가 우위를 차지함으로 해서 다른 관점 은 가려지기 때문에, 보살핌이 우세하게 작용된 판단에서 정의의 관점은 의미가 적다. 마지막으로 길리건은 자신의 연구를, 여성들 과 남성들이 다른 관점을 소리 없이 없애버리는 간접증거로 보는 데, 이는 보살핌에 의해 주도된 판단들이 남성들에게서 전혀 보이 지 않았기 때문이다.[71]

두 도덕형식의 비교를 토대로 길리건은 양자의 판단방식이 일정 한 오류의 위험을 지니고 있다고 진단한다: 정의의 관점은, 쉬이 자신의 입장을 객관적인 것으로 놓고 이를 곧 진리로 혼동할 수 있 다. 한편 보살핌의 관점은, 암암리에 자신을 지나치게 타인의 입장 에 놓고 이를 통해 자신을 헌신적이라고 드러내는 경향이 있다. 양 편의 오류는 일정 부분 왜곡된 사회인식에 기인하는데, 한편으로는 인간을 남성과 같게 보는 것이고, 다른 한편으로는 보살핌을 여성 의 자기 희생과 동일시하는 것이다.

여기서 길리건은 정의에 비해서 보살핌의 관점은 연구가 적었고 그렇기 때문에 보살핌의 관점을 기술할 정교한 어휘들이 없다는 점 을 시인한다.[72] 또한 상이한 입장을 가진 사람들이 서로 상대방을

---

71) Carol Gilligan: Moralische Orientierung und moralische Entwicklung. In: Nunner-Winkler(Hgin): *Weibliche Moral*, 88f쪽.

72) Carol Gilligan: Moralische Orientierung und moralische Entwicklung. In: Nunner-Winkler(Hgin): *Weibliche Moral*, 97쪽.

이해하는 데 어려움이 있게 마련인데, 그것은 서로가 다른 쪽의 견해를 왜곡하게 되기 때문이라고 길리건은 밝히고 있다.

보살핌과 정의는 서로 다른 형식의 자기 의견을 주장한다: 혼자서 정상에 서 있기를 원하는 사람들이 있는가 하면, 관계망의 한가운데 있고자 하는 사람들이 있다. 여성들이 경험하는 불평등과 상호결합은, 길리건에 따르면, **보살핌과 책임의 윤리학**(*Ethik der Fürsorge und der Verantwortung*)으로 나아가게 하는데, 이 윤리학의 이상은 자아와 타아가 동등한 권리를 가진 존재로 대우받으며 함께 살아가는 삶이다: "어느 누구도 예외 없이 도덕적 고려에 포함될 것이고, 그들의 필요에 적절한 응답이 주어질 것이며, 어느 누구도 소외되거나 고통받지 않는 것이다."[73]

이러한 연구를 토대로 길리건은 여성들의 경험세계도 함께 포함시켜 도덕발달을 명료하게 설명할 수 있는 새로운 해석방식을 요구[주장]하게 되는데, 이렇게 여성의 경험을 포함시킨 도덕발달론은, 콜버그의 연구가 그러하듯, 기존연구에서는 볼 수 없는 것이다. 그녀가 보기에 우리에게 필요한 것은, "불평등과 압제의 어휘를 보살핌과 상호관계성이라는 가치"로 대체할 수 있는 심리학의 새로운 언어이다.[74] 이러한 언어는 여성들이 갖고 있는 인간관계에 대한 특별한 관점을 묘사할 수 있어야 한다. 왜냐하면 기존의 해석상의 문제들을 풀어가기 위해서는, 여성들과 남성들의 도덕판단들이 어떻게 위계서열적 인간관계관과 그물망적 인간관계관이라는 서로 다른 사고방식들과 연결되어 있는지 이해할 수 있어야 하기 때문이다.

---

73) Carol Gilligan: *Die andere Stimme*, 82쪽.
74) 같은 책, 66쪽.

길리건은 도덕판단에 있어 여성적 목소리가 도덕발달이론의 확장에 기여할 수 있다고 본다. 이 확장된 도덕발달이론은 지금까지 남성들의 관점과 다르다고 해서 배제되었던 여성의 경험을 온당히 고려할 것이다. 인간관계에 대한 서로 다른 사고방식을 이해하기 위해서, 도덕발달이론에서 여성의 경험이 포함되는 것은 필수적이다. 이를 통해서만 정체성의 개념은 여성적 주체를 통합하고 양성 간의 상호결합을 포함할 수 있는 개념으로 확대될 수 있다.[75] 이와 유사하게, 길리건은 현행 도덕개념도 책임과 보살핌을 포괄할 수 있도록 확장할 것을 주장한다.

여성과 남성이 도덕과 관련해서 상이한 언어들을 사용하긴 하지만, 양자는 부분적으로 겹치며 서로 상호관계에 있다. "행위자가 책임의 언어를 사용함으로써 위계서열적 인간관계관을 그물망적 인간관계관으로 대체할 수 있듯이, 그는 정의의 언어를 사용함으로써 보살핌의 그물망에 남들뿐만 아니라 자기 자신도 포함시키는 것이 중요하다는 것을 깨달을 수 있다."[76] 이와 함께 길리건은 여성의 다른 목소리를 여성에 의해 실천되고 있는 **보살핌의 윤리학**에 귀속시킨다.

3. 다른 목소리에 대한 비판

여성적 보살핌의 도덕이라는 길리건의 입장표명은, 다방면에서 거센 비판을 불러일으켰다. 기성학문들 측면에서 뿐 아니라 여성주

---

75) 같은 책, 131쪽.
76) 같은 책, 211f쪽.

의적 측면에서도 그녀의 연구, 연구결과, 결론에 대한 문제제기가
있었다. 보살핌의 도덕이라는 길리건의 관점에 대한 비판은, 대부
분 여성의 본질 및 전통적 여성의 덕목을 강조하는 소위 본질주의
적 관점에 대한 여성주의적 비판의 한 본보기라 할 수 있다. 길리
건의 연구에 뒤이어 여러 비판가들 사이에 오랜 토론이 벌어졌는
데, 이들의 대결은 그치지 않는 길리건 논쟁을 이끌었다.

캐시 데이비스(Kathy Davis)는 「여성주의의 수사학」(Die Rheto-
rik des Feminismus)이란 논문에서, 길리건의 관점에 대해 제기된
매우 다양한 시각들의 몇몇 핵심 비판점들을 조명하고 있다. 그래
서 보살핌이라는 영역, 군국주의에 대한 비판, 안티-포르노 논쟁의
맥락에서, 길리건의 연구를 영감적인(inspirativ) 것으로 보는 여성
주의적 여성 학자들이 존재한다고 한다. 다른 여성 학자들은 번갈
아 길리건의 부르주아적적 입장, 남성혐오, 안티-여성주의, 이론적
절충주의, 본질주의를 비판하고 그녀의 방법론적 오류를 지적한다.

이들 여성 비판가들에 대해서 데이비스는, 길리건 스스로 자신의
연구를 잠정적이고 사변적인 것으로 표현하고 있으며, 그녀의 목표
는 일차적으로 콜버그의 연구에 대해 근본적 물음을 제기하고 도덕
판단에 관한 더욱 포괄적인 관점을 마련하려는 것이었음을 인정한
다. 길리건과 관련된 대부분의 논쟁들은, 그녀의 방법론 및 이론적
토대의 취약성과 길리건 스스로 결코 절대적인 것으로 간주하지 않
은 영역들을 지적하는 데 있다고 한다.[77]

종종 언급되는 비판점으로, 린 시걸(Lynne Segal)은, 길리건의

---

77) Kathy Davis: Die Rhetorik des Feminismus. In: *Feminisische Studien* 2
(1991), 79ff쪽.

이론과 관련해서 그녀의 여성적 도덕이 그다지 구체적 범주들에 의존하고 있지 않다고 지적한다. 길리건의 방법론은 남녀 간의 차이를 너무 강조하고 공통점을 도외시한다는 것이다. 아울러 콜버그에 대한 비판에도 불구하고 길리건은 콜버그의 취약점을 너무 많이 받아들이고 있다고 본다.[78]

게르트루드 눈너-빙클러(Gertrud Nunner-Winkler) 역시 길리건의 테제는 세분화가 필요하다고 지적하고 있는데, 그 이유는 두 가지 대조되는 입장 이상이 존재해야 하며, 아울러 길리건이 양 입장을 성별에 따라 배속시키는 것은 지지될 수 없기 때문이라는 것이다.

자신의 독자적 연구를 토대로 눈너-빙클러는 전통적인 여성적 정체성을 받아들이는 여성들만이 또한 보살핌의 도덕을 자신의 도덕적 입장으로 취하며, 자율성과 독립성을 추구하는 여성들은 더 정의의 윤리학으로 기우는 경향이 있다고 밝히고 있다. 눈너-빙클러에 따르면, 보살핌의 입장은 여성의 재생산능력 혹은 어릴 적 어머니와의 동일시와 연관되기보다는, 오히려 다음과 같은 사실, 곧 여성들이 일차적으로 명확한 역할이 아니라 불분명한 역할을 떠맡는다는 사실에 의존한다. 이와 함께 우리 사회에서 여성들은 활동의 주역이 아니며, 다른 사람과의 인간관계가 우선적이다. 반면 남성들은 고유한 역할을 수행하면서 사회화된다.[79]

길리건의 관점에 대한 보완으로 캐롤 굴드(Carol Gould)가 제안하는 것은, 보살핌의 도덕과 정의의 도덕 간의 이원화를 해체하고

---

78) Lynne Segal: I*st die Zukunft weiblich?*, 190ff쪽.

79) Nunner-Winkler: Gibt es eine weibliche Moral? In: Dies.(Hgin): *Weibliche Moral*, 152ff쪽.

양자의 종합을 발전시키는 것이다. 그러나 이는 양자의 조합을 표현하는 것이 아니라, 양자가 서로를 내포함을 명료히 하려는 것이다.[80]

마릴린 프리드만(Marilyn Friedman)도 비슷한 제안을 한다. 그녀는 인간관계에서도 작용하는 정의의 긍정적 측면을 강조하면서, 서로 올바르게 대우할 의무, 즉 공평성과 상호인정을 기초로 한 일정한 대우의 권리가 있다고 한다. 그렇다면 정의는 다른 사람에게 당연히 돌아가야 할 것을 그들에게 주는 것이고 그들을 올바로 대우하는 데 있는 것이다. 그러므로 정의는 보살핌에 있어서도 중요한 것이며, 개인관계 및 가족관계에 적용되어야 한다. 다른 사람들에 대한 보살핌의 태도는 그들의 권리를 존중해 주며, 그들에게 당연히 주어져야 할 것을 주는 데 있는 것이다.

프리드만은 길리건이 정의개념을 너무 편협하게 보고 있다고 비판한다. 길리건이 정의개념의 긍정적 측면들을 은폐하고 있으며, 아울러 이 긍정적 측면들로부터 도출할 수 있는 권리들을 숨기고 있다는 것이다. 이 밖에 길리건이 놓치고 있는 점은, 인간 상호간의 불평등한 대우를 예방하기 위해서는 인간관계에 있어서 정의가 본질적이라는 사실이다.[81]

---

80) Carol Gould: Philosophical Dichotomies and Feminist Thought. In: Nagl-Docekal(Hgin): *Feministische Philosophie*, 188쪽.

81) Marilyn Friedman: Jenseits von Fürsorglichkeit. In: Nagl-Docekal und Pauer-Studer(Hginnen): *Jenseits der Geschlechtermoral*, 294ff쪽.

3. 사라 호글랜드와 『도덕의 혁명』

사라 호글랜드(Sarah Hoagland)는 1988년에 출판된 『도덕의 혁명』(Die Revolution der Moral)이란 저서에서 특별히 레즈비언 생활연관에서 출발하는 여성주의 윤리학의 관점을 전개하였다. 이 책에서 그녀는 레즈비언들 간의 상호작용 맥락에서 하나의 윤리학을 정초하는데, 여기서 그녀는 레즈비언적-여성주의의 실천의 기초에 특수한 도덕적 지혜를 놓는다. 하지만 호글랜드는 자신의 모델 적용을 오로지 레즈비언 생활연관에만 한정시키지 않는다. 오히려 그것은 남성들과 남성들의 체제를 뒷받침하는 의무를 벗어 던진 모든 여성들을 위해 열려 있다.

그렇기 때문에 호글랜드는 이성애(Heterosexualität)를 단순히 성적 취향에 근거해서만 정의하지 않고, 이를 무엇보다도 여성들이 남성들에 대해서 마음에 품고 있는 태도와 관심의 형식으로 생각한다. 이성애는 남성들에 의한 여성억압에 기반을 두는 하나의 생활양식이다. 이러한 맥락에서 그녀는 레즈비언들이란 자신의 마음과 애정이 여성들에게 향하고 있으며 이와 함께 남근주의적 현실에 대해 충실한 태도를 보이지 않는 여성들이라고 특징짓는다.

호글랜드는 레즈비언 공동체에 특별한 본질을 덧씌우지 않는다. 오히려 그녀는 동성애 여성들이 그 속에서 행동하고 그 속으로 편입되는 세계-내-존재를 위한 기초를 마련한다.[82] 레즈비언 윤리학 (lesbische Ethik)의 과제는 이러한 생활공동체 내에 영향을 주는 것이고 이 생활공동체 안에서 낡은 억압모델에 따라 기능하지 않는 연관들을 산출하는 것이다.

호글랜드에 있어 레즈비언 윤리학의 이념은 윤리학이 여성주의적 사고의 핵심영역이라는 진단에 기초한다. 레즈비언 윤리학의 초점은 여성들의 동등권 요구에 있지 않고 또한 전통윤리학이 제공한 것과 같은 적절한 행위규범을 추구하는 데 있지도 않다. 레즈비언 윤리학과 함께 호글랜드가 겨냥하는 목표는 그녀가 선과 악을 재설정함으로써 가치전환을 가져오는 데 있는 것이 아니다. 오히려 그녀가 시도하고자 하는 바는, 자신이 지각의 변화를 환기시킴으로써 기존가치들을 무의미하게 만드는 데 있다. 따라서 가부장제 사고구조의 한계가 설명되어야 할 것이고, 또한 현재 통용되는 가치들을 신뢰할 수 없는 것으로 만들고 그것들의 의미에 대해 문제를 제기하는, 새로운 개념체계가 가능해져야 할 것이다.[83]

호글랜드에 있어서 레즈비언 윤리학의 고유한 목표는 의식의 전환을 가져오게 하는 도덕의 혁명 속에 있다. 레즈비언의 생존전략

---

82) Sarah Hoagland: *Die Revolution der Moral*, 16쪽.
83) 같은 책, 123ff쪽.

은 이제 단지 이성애적-가부장제만을 겨냥하는 것이 아니라 레즈비언들에게도 유효할 것이기 때문에, 이러한 변화는 필수적이 될 것이다. 호글랜드의 주장에 따르면, 이성애적-가부장제는 종국에 레즈비언의 생활공동체를 붕괴시킬 것이다.84)

개개 여성은 레즈비언 윤리학을 통해 가부장제에 좌우되지 않는 고유한 자아의 발달에 고무되어야 할 것이다. 개개 여성은 자신의 개인적 통합성을 보존할 수 있게 해주고 자신의 결정을 통해 새로운 가치들을 창출할 수 있게 해주는 독립적인 도덕적 행위능력을 키워야 한다. 여기서 호글랜드의 목표는, 레즈비언적 삶의 방식을 뚜렷이 각인하는 것으로, 이 토대 위에서 여성들은 레즈비언들로서 서로를 이해하고 동시에 개개 인격의 다양한 측면들을 지각한다. 이러한 방식을 통해서만 레즈비언들은 서로 교제할 수 있고 고유한 가치들을 확정할 수 있을 것이다.

호글랜드는 이러한 새로운 형식의 레즈비언들 간의 교제의 은유로서 **길쌈**(Weben)의 개념을 선택한다. 수공업적 길쌈의 경우처럼 레즈비언 윤리학에서 중요한 것은, 기존의 (행위-)규범을 인식하고 새로운 규범을 발굴하는 것이다. 레즈비언의 길쌈은 자신의 생활세계의 기존 에너지와 모델을 변화시켜야 하고 새로운 중심점들을 창출해야 한다.85)

---

84) 같은 책, 15f쪽.
85) 같은 책, 248쪽.

1. 이성애주의(Heterosexualismus)에 대한 비판

호글랜드 연구의 단초는 이성애적-가부장제(Hetero-Patriarchat) 내에서 운동하는 레즈비언의 관점이다. 우리 사회에서 레즈비언의 위치는 다른 남녀 아웃사이더들의 위치와 마찬가지라기보다는 오히려 치밀한 억압 메커니즘에 의해 특징지어진다. 호글랜드는 이것이 인종차별주의나 여성억압과는 완전히 다른 형식을 지닌다고 진단한다. 사회는 레즈비언 공동체를 완전히 부정함으로써, 이를 억압한다. 레즈비언들은 그룹으로 존재하지 않는다. 이들은 남성과 결혼하지 못했거나 남성을 증오하는 이성애적 여성들로 간주된다. 사회가 특히 당혹해 하는 사실은, 레즈비언들이 자신의 에너지를 남성들의 건재와 생존을 위해 투입하지 않는다는 점과 자신의 재생산능력을 체제에 내주지 않는다는 점이다.[86]

레즈비언 윤리학의 발전을 위한 첫걸음을 호글랜드는 이성애주의 — 곧, 여성들을 신체적, 경제적, 정서적으로 착취하려는 남성적 권리에 기초하는 시스템 — 으로부터의 분리(Separation)라고 본다. "이성애주의가 의미하는 바는, 남성들은 지배하고 여성들은 다양한 방식으로 — 공적인 권리침해로부터 사적인 부권지향적 보살핌에 이르기까지 — 능력을 잃고 힘을 빼앗기는 것이며, 아울러 여성들이 여성들과 맺는 유대를 막는 것이다. 이성애주의는 의무와 자율성 간의 내재적 모순을 포함하기 때문에, 논리에 맞게 종속 윤리학이 타당하다. 이성애주의는 인간관계에 있어서 한 인간의 지배와 다른 인간의 복종을 정상인 것으로 설명하는 생활양식이다."[87]

---

86) 같은 책, 16ff쪽.

이성애주의에서, 호글랜드가 주장하듯, 여성들은 예속역할을 떠맡게 되고, 이 예속역할을 통해 체제를 뒷받침하고 유지시켜야 한다. 이 역할의 본질은, 여성들이 자기 자신을 희생자로 보이게 해서, 남성으로 하여금 남성의 임무는 여성을 보호하는 것임을 입증하는 데 있다. 동시에 여성은, 남성으로 하여금 늑대역할을 하도록 부추기고 그 역할 고유의 폭력을 합리화시킬 수 있도록, 필히 유혹적이지 않으면 안 된다. 이러한 유혹자 혹은 희생자로서의 여성의 기능은 이성애적-가부장제에 있어 남성의 지위를 승인하고 앞으로도 계속 가능하게 하기 위해서 필수적인데, 양자는 서로 보완적이기 때문이다. 이러한 양 기능의 상호작용은 여성의 통합성과 행위능력의 기반을 붕괴하는 데 기여하며, 남성에 대한 의존성을 표명하는 데 쓰인다. 여성들은 이렇게 사전에 정해진 역할구조를 벗어나지 못한다. 왜냐하면 그렇지 않으면 여성은 자신의 피난처를 잃을 것이고, 또한 거센 물리적 폭력의 희생물이 될 것이기 때문이다.

이러한 전략과 함께 여성성의 가부장제적 개념은 가령 여성의 권력행사와 같은 다른 생활양식들, 가부장제 구조들의 분석 및 여성의 희생신분의 분석, 남성의 폭력에 대한 저항, 레즈비언 생활공동체를 처음부터 배제한다.88)

호글랜드는 이러한 가부장제적 고착에 대한 여성적 저항의 형식을 자발성, 유연성, 탈중심성으로 특징짓는다. "분노로 돌아버림, 그리고 발광으로 미쳐버림, 이 양자는 남성적 통제의 상실을 뜻한다. 여성들이 미친 것처럼 보인다면, 여성들은 남성들에게 이제 더

---

87) 같은 책, 37쪽.
88) 같은 책, 38ff쪽.

이상 쓸모 없는 것이요, 남성의 우월감을 위협하는 것이다."[89] 미친 여자로 오명을 씌움으로써 가부장제는 여성의 저항을 무시해 버린다. 자신을 억압하는 남성, 구타하는 남편 혹은 이와 유사한 폭군으로부터 도망치는 여성, 그리고 그리하여 자신의 에너지를 가부장제에서 내주지 않는 여성은 돌아버린 것으로 혹은 미친 것으로 평가된다. 원칙적으로 남성의 역할을 보조하는 것만을 본질적 특성으로 수용하는 여성성의 가부장제적 개념으로 인해서 이미 저항의 가능성은 차폐된다.

호글랜드는 전통윤리학에 대해서 이성애적-가부장제의 전제들을 방법론적으로 옮겨온다고 비난한다. 전통윤리학은 사회와 마찬가지로 가부장제 구조를 갖고 있다. 그것은 사회와 마찬가지로 지배와 복종의 원리에 근거를 두고 있다. 전통윤리학의 목표는 사회조직의 통제로, 이를 통해 전통윤리학은 억압을 자연적 조직형식으로 합법화할 수 있다.

가부장제는 특수한 여성적 행위의 모델을 요구한다. 이타주의, 자기 희생, 순종, 복종과 같은 '덕목들'(Tugenden)은 여성적 태도의 핵심가치들로 간주된다. 이러한 덕목들은 기존의 윤리적 전제들의 지지와 함께 정당화되고, 자연적 욕구로 환원되며, 여성적 본성에 관한 가부장제적 표상으로 받아들여지게 된다. 이러한 방식으로 이 여성적 덕목들은 또한 이에 어긋나는 모든 태도를 비여성적인 것으로 인식할 수 있게 하고 비자연적인 것으로 낙인찍을 수 있게 한다.[90]

---

89) 같은 책, 48쪽.
90) 같은 책, 67ff쪽.

호글랜드는 이러한 범주화가 심지어 몇몇 여성윤리학들을 통해서 — 가령, 닐 노딩스와 캐롤 길리건이 발전시켰던 여성윤리학의 경우처럼 — 지지되고 있다고 비판한다. 호글랜드는 이들에 대해 여성적 가치로서의 보살핌 같은 가부장제의 여성적 덕목들을 전용하고 있고 이러한 여성적 덕목들을 남성적 덕목들로 채워진 윤리적 가치의 위계 속에 배치시키고 있다고 지적한다.

2. 레즈비언 윤리학

호글랜드는 윤리학의 전통적 이해와 여성적 덕목에 레즈비언 윤리학을 대치시킨다. 레즈비언 윤리학의 핵심은 인격의 통합성, 행위능력, 여성들의 도덕적 역량이다.

레즈비언 윤리학의 맥락에서 호글랜드는 여성들이 이제 더 이상 여성성의 토대 위에서 지각하는 것이 아니라, 체제의 맥락 안에 있긴 하지만 독립적으로 행동하고 개인적으로 결정하는, 도덕적으로 행위하는 인격들로서 지각하는 것을 목표로 삼는다.

도덕의 혁명(*Revolution der Moral*)의 도움으로 레즈비언들은 새로이 옳은 방향을 정해야 하고, 고유한 관심사에 집중해야 하며, 다른 사람들과의 관계에 그리고 레즈비언 맥락에서 새로운 가치창출에 전념해야 한다. "나는 분리 혹은 어떤 차원으로의 후퇴가 여전히 하나의 도덕적 선택인 윤리학을 널리 알리고자 한다. 이 윤리학의 전제는 이타주의가 아니라 자기 인식이고, 결정이 희생이 아니라 창조적인 어떤 것으로 이해되며, 마음에 상처 입힘이 아니라 친밀함을 조성한다. 힘을 지배의 의미가 아닌 능력의 의미로 이해하며, 혼합도 소외도 조장하지 않고, 오히려 상호작용을 촉진하며,

이에 따라서 속박이 아니라, 참여를 장려한다. 이성과 마찬가지로 감정을 통합하며, 꿈, 영적 능력, 직관, 유머, 판타지 같은 것을 정치화한다. 이 윤리학에서 도덕적 행위능력이란 우리들의 한계를 극복하는 것 혹은 상황들을 지배하는 것을 의미하는 것이 아니라, 여러 가지 가운데 하나를 행하는 것을 의미하고 상황들 속에서 결정을 내리는 것을 의미한다. 이 윤리학의 중심점은 규칙과 사회통제의 관철에 있는 것이 아니라, 통합성과 행위능력의 증진에 있다 — 곧, 그 축이 지배와 복종의 대립을 이루는 것이 아니라, 공동체자아(Autokoinonie)에 근거하여 협력을 이루는 윤리학이다."91)

호글랜드는 여성들에게 레즈비언 윤리학의 틀 내에서 고전적 윤리모델들과 대조를 이루는, 새로운 상호작용 형식들을 발전시킬 것을 요구한다. 이타주의와 자기 희생 대신에 그녀는 윤리적 태도를 위한 출발점으로 자기 인식의 가치를 내세운다.92) 이러한 토대 위에서 여성들은, 친밀함으로 특징지어지고 다른 사람과의 깊은 관계 내지는 우리들에 대한 다른 사람들의 깊은 관계로 정의되는, 고유한 행위모델을 획득해야 한다.

억압상황에서의 한 가지 중요한 행위가능성은, 호글랜드에 따르면, 이성애적-가부장제에 대한 결별 내지 분리이다. 그녀는 분리주의를 정치적 전략으로 또한 개별적 상황에서의 선택가능성으로 이해한다. 여기서 억압상황을 떠나는 것은 체제 참여와 지원을 피하기 위한 정당한 방법이다. "분리주의(Separatismus)는 기존의 지각과 판단을 해체시키고 재평가한다."93) 레즈비언 공동체를 위한 분

---

91) 같은 책, 244쪽, 그리고 249쪽.
92) 같은 책, 76쪽.
93) 같은 책, 60쪽.

리주의는, 호글랜드에 따르면, 첫째, 기존체제의 전형적 모델과 기능을 더욱 잘 연구할 수 있기 위해서 이 체제로부터 거리를 취하는 것을 의미한다. 둘째, 분리주의는 이성애적 모델에 침투할 수 있는 한 가지 가능성일 것이다. 셋째, 레즈비언 분리주의는 이성애주의 로부터의 결정적 결별일 것이다. 행위능력의 틀 안에서 분리주의는 여성으로 하여금 억압자 체제와 타협하는 것을 거부하게 하는 도덕적이고 정당한 정치적 결정형식이다.[94]

호글랜드는 이성애주의의 핵심요소를 권력이라고 특징짓는데, 이 권력은 지배와 억압으로서의 이성애적 가부장제에서 성별 간의 관계를 만들어낸다. 권력은 우위를 차지하려는 노력으로, 그리고 다른 존재, 대체로 남성존재, 아래 복종할 것을 강요하는 것으로 나타난다. 권력은 다른 사람을 이끌고 지배하는 것으로 이해되며, 이렇게 해서 부권주의(Paternalismus)의 체제가 생겨난다. 이 체제를 특징짓는 관념은, 하나의 심급이 어떤 유형의 사람이 더 나은지를 사람 자신보다 잘 결정할 수 있을 것이라는 생각이다.

호글랜드는 부권주의란, 첫째 인격통합의 제한과 지양을 찬성하고, 둘째 타인에 대한 지배를 권리로 표현하며, 셋째 이러한 종속이 피억압자들을 행복하게 해줄 것이라고 확신하는 체제라고 정의한다. 호글랜드가 비판적으로 지적하는 것은, 레즈비언들 역시 이러한 권력이해를 내면화할 수 있으며, 레즈비언들의 관계 내에서 행사될 수 있다는 점이다. 레즈비언들이 이러한 사고모델을 받아들이는 한, 레즈비언들은 자신의 고유한 억압도 강화시킬 것이며 체제 속으로 침투해 들어갈 수 없을 것이다.

---

94) 같은 책, 60f쪽.

호글랜드는 이렇게 가부장적으로 특징지어지는 지배복종형식으로서의 권력에 반대하여 **내적인 강함으로서의 여성적 힘[권력]** (*weibliche Macht als innere Stärke*)을 내놓는다. 이것은 여성과 여성의 주변환경과의 균형에 의거한다. "내적인 강함으로서의 힘은 능력/재능의 힘이고, 결정의 힘이며, 참여의 힘이다."[95] 이를 통해서 힘은 창조성을 증진시킬 수 있으며 여성으로 하여금 자신의 삶을 변화시킬 수 있게 한다. 내적 강함으로서의 힘의 개념에서 호글랜드는 근본적 개혁의 가능성을 본다. 이러한 개혁은 서로 독려하고 마음 씀(Zuwendung)으로써 이루어지는데, 이를 통해 여성들은 자신의 고유한 강함[장점]에 집중할 수 있다.

여기서 마음 씀은 학습할 수 있는 능력으로, 이 능력을 통해서 여성들은 자신의 에너지를 상황 속으로 가지고 들어오고, 새로운 제안들을 내놓으며, 자신의 경험, 판단, 욕구 혹은 한계도 명료히 한다. 이러한 이유로 해서 마음 씀은 호글랜드에 있어서 소극적인 것 또한 아니며, 오히려 우리가 타인을 도와줄 수 있게끔 해주는 능력이고, 상황을 더 손쉽게 처리할 수 있는 능력이다. 물론, 호글랜드가 인정하듯, 이러한 개념의 마음 씀은 정말 전형적인 여성적 태도모델이기도 한 항구적인 마음 씀의 철학과 혼동되어서는 안 될 것이다. 반면 레즈비언 윤리학 내에서의 마음 씀 역시 한계를 가질 수 있는데, 이 한계로 인해서 여성은 다른 여성들의 문제에 과도하게 접하지 않으려고 선을 그을 수 있고, 다른 여성의 고통을 자신이 떠맡게 되는 것을 막는다.[96]

---

95) 같은 책, 103쪽.
96) 같은 책, 110ff쪽.

호글랜드가 지배 및 복종과 관련된 차원에서 제시하는 전통윤리학의 또 다른 요소는 자율성이다. 가부장제는 자율성을 일차적으로 자기 규정으로 이해한다. 자율성은 독자적인 행위를 방해하는 타자 규정에 대한 대립으로 이해된다. 그래서 자율성과 행위능력은 억압적 상황에서는 일반적으로 가능하지 않다.[97]

호글랜드는 레즈비언 윤리학의 구성요소로서의 자율성을 원칙적으로 거부하고 가부장제적 자율성에 대해 거리를 취하는 가운데 공동체자아(*Autokoinonie*)의 개념을 발전시킨다. 그것은 그리스어의 'auto'(자아)와 'koinonia'(공동체)로 이루어져 있으며 **공동체 안의 자아**(*das Selbst in der Gemeinschaft*)로 직역된다. 호글랜드에 있어 이 개념이 의미하는 바는, 개개 레즈비언은 무엇보다도 자아—곧 "분리되어 있으면서 동시에 결합되어 있는 자아, 자율적이지도 용해되지도 않는 자아: 여럿 가운데 하나인 공동체 안의 자아"[98]—로서 이해되어야 한다는 것이다. 개개 자아는 자신의 고유한 판단을 내리지만, 공동체라는 의식 속에 서 있어야 한다. 이는 주위환경을 지배하는 것을 의미하는 것이 아니라, 자신을 주위환경의 일부로 이해하고 이에 따라 행위하는 것을 의미한다. 공동체자아로 인해서 결코 고립도, 동시에 완전히 분리된 행위도, 일어날 수 없다. "공동체자아 여성은 자기 자신을 자신의 존재근거가 되는 공동체 안의 다수 중 한 사람으로 의식한다. 공동체자아 여성은 자신의 한계에 대한 의식 속에서 결정을 내리는 것과 마찬가지로 다른 사람의 계획과 지각에 대한 의식 속에서 결정을 내린다. 공동체자아

---

97) 같은 책, 123f쪽.
98) 같은 책, 24쪽.

여성은 다른 여성과 혼합되지 않으며 스스로 소외되지도 않는다. 공동체자아 여성은 일정한 상황 속에서 다른 여성들과 의사소통한다."99) 공동체자아의 구조 내에서 여성들은 분리됨과 동시에 결합되어서 지각하게 된다. 이들은 외적 압력에 해서 서로를 억압함 없이, 상대방과 관계 맺고 함께 의사소통하게 된다. 이 새로운 여성적 주체성을 통해서 이제, 호글랜드의 목표인 바, 부권적 가치들 내지는 전형적인 여성적 가치들은 무익하게 될 수 있다. 왜냐하면 여성들의 상호작용은 마음 씀에 기초하는 것이지 권력추구에 기초하는 것이 아니기 때문이며, 여성들이 함께 가부장적 가치들을 전복시킬 수 있는 상황에 놓이기 때문이다.100)

전통적 가부장제 윤리학의 또 다른 지주는 지성/감정, 좋은/나쁜, 남성적/여성적, 주체/객체 혹은 정치적/사적 같은 이원론으로, 지배적 윤리학을 견고히 하는 데 기여한다. 호글랜드는 이러한 분리가 여성들이 지닌 도덕행위능력의 에너지를 파괴하는 결과를 초래한다고 지적한다. 이와 함께 내적인 강함으로서의 힘을 이해할 가능성과 자율적 개별화에 반대할 가능성도 박탈된다. 호글랜드는 이원론이 개인의 감정을 사적인 것으로 간주하고 이와 함께 자아를 고립시킴으로써 여성적 결정과 가치의 탈정치화(Entpolitisierung)를 조장한다고 비판한다. 이렇게 해서 이원론은 원자적 개인주의와 개별화를 뒷받침하며, 여성들이 현 사회의 지배적 가치들에 쉽게 넘어가게 만든다.101)

레즈비언 윤리학의 핵심적 요구주장은 이러한 가부장제적 이원

---

99) 같은 책, 124f쪽.
100) 같은 책, 133쪽.
101) 같은 책, 165쪽.

론과 분리를 파기하고 도덕행위능력의 개념 안에서 그로 인해 분리된 측면들을 통합하는 것이다. 호글랜드는 이를 여성공동체를 위해서 여성적 에너지를 사용할 수 있는 가능성으로 본다.

지성과 감정의 이분법 철폐라는 목표와 함께 호글랜드는 **마음의 움직임**(*E-motion*, **정서**)으로서의 감정(Gefühl)의 개념을 발전시킨다. 그녀는 감정을 여성들이 현실에 참여하고 의사소통하도록 마음을 움직이게 하는, 그리고 여성들 서로가 그러한 현실참여 및 의사소통으로 나아갈 수 있게 하는 에너지로 이해한다.[102]

가부장제는 감정이란 사적인 것으로 숨겨야 한다고 가르치지만, 그럼에도 감정은 표현되며, 개인적인 내적 상태로 생각된다. 레즈비언 윤리학의 틀에서 호글랜드는 감정을 고유한 자기 이해에 영향을 미치는 판단 및 평가로 본다. 감정을 평가함으로써 행위 내의 감정은 더 잘 이해되며 전후문맥관계를 통해서 그것은 더욱 복합성을 획득한다. 이를 통해서, 호글랜드가 주장하듯, 정서, 신념, 의도, 직관의 의미를 사회적 연관 속에서 파악할 수도 있을 것이다. 그래서 이제 감정은 문제로 제기되거나 혹은 확장될 수 있을 것이다. 그러므로 감정은 더 이상 사적인 것도 고립된 것도 아니다. 왜냐하면 감정은 상황의 맥락 속에 있는 것이며, 가치 혹은 판단으로서 정당함이 인정되기 때문이다.[103]

호글랜드에 따르면 정서(Emotion)의 가부장적 반대극인 지성(Verstand)은 감정을 대체할 수 없다. 그녀가 지성을 감정들의 실체, 방향, 관점의 일부로 보기는 하지만, 역으로 감정들은 사고구조

---

102) 같은 책, 138쪽.
103) 같은 책, 162쪽.

의 일부이다. 그렇기 때문에 그녀는 하나의 행위는 두 요소의 상호
작용을 필요로 함을 출발점으로 삼는다. 그녀는 감정과 지성의 결
합을 요구하는데, 여성들 간의 의사소통의 강화 역시 이러한 결합
을 필수적인 것으로 만들 것이다. 여성들은 질문해야 하고 분석해
야 하며 평가해야 한다. 이러한 과정을 뒷받침하기 위해서 여성들
은 가부장제적 비판에 대해 저항해야 한다. 여성들 또한 서로 공격
해서는 안 된다. 왜냐하면 그것은 안전방어하기에 급급한 결과를
가져올 것이고, 이는 또다시 서로간의 통제와 지배를 가져올 수 있
기 때문이다. 안전방어 대신에 호글랜드는 서로간의 **자기-진정성**
(*Sich-Ernstnehmen*)을 제시한다. 레즈비언 공동체를 통해서 여성들
은 개개 여성에게 자신의 마음 씀을 전할, 그리고 여성들을 진심으
로 대하고 인격으로 승인할, 활동공간을 창출할 수 있다.104)

3. 도덕적 행위능력

도덕적 행위능력의 형성과 획득은 호글랜드의 레즈비언 윤리학
의 가장 중요한 요소이자 목표이다. 그녀의 입각점은 억압상황으로,
여성들이 항상 처해 있는 상황이며 또한 그렇기 때문에 억압자의
태도에 길들여지지 않고 그러한 배경 속에서도 고유한 결정을 내리
는 법을 배워야 하는 상황이다.105) 도덕적 행위능력에 속하는 것은,
"상황에 대한 책임을 무리하게 요구하지 않고 상황에 대응하는 능
력을 키우는 것 ⋯ 억압상황에서의 도덕성 파괴에 저항하는 것 ⋯

---

104) 같은 책, 157ff쪽.
105) 같은 책, 167쪽.

우리가 상황을 지배하지 못할 때, 우리 행동이 아무런 영향력이 없고 우리가 무력하다고 보는 시각에 저항하는 것 … 억압 속에서도 행동할 수 있는 능력: 더 나아가 결정을 내리는 것, 더욱더 나아가 우리 사회의 억압구조 속에서 행동하는 것 그리고 억압에 투쟁하는 것"106)이다.

레즈비언 공동체에 있어서 도덕적 행위능력은 가부장제의 제한된 행동반경 속에서도 도덕적으로 결정을 내릴 수 있는 것을 의미한다. 그러므로 도덕적 행위능력의 의미는 본질적으로 우리가 행하는 결정에 좌우된다. 이렇게 하여 레즈비언 윤리학은 가부장제 내에서의 생존도덕으로서도 도움이 된다. "나의 테제가 주장하는 바는, 도덕적 행위능력이란 그야말로 제한된 상황 속에서 결정을 내리는 능력이고, 그러한 상황 속에서 가능성을 추구하는 능력이며, 우리가 선택한 것을 통해서 다른 가치를 본뜨지 않을 능력이고, 아울러 우리 자신을 결정을 내릴 수 있는 존재로 그리고 이 결정을 또한 실천하는 존재로 지각하는 능력이며, 이와 함께 자기 자신과 타인을 위해서 이러한 삶 속에서 어떤 영향을 줄 수 있는 존재로 우리 자신을 지각하는 능력이라는 것이다. 도덕적으로 행위하는 자는 공동체자아 존재이다."107)

호글랜드는 여기서, 보부아르에 의거하여, 선택의 자유를 가치의 형성과 결합시킨다. 가치는 도덕적으로 행동하는 인격의 선택[결정]에 의해서 산출된다. 윤리적 태도를 실천하기 위해서 여성들은 선택을 내려야만 하는데, 이 선택에 의해서 여성들은 자신의 고유한

---

106) 같은 책, 25쪽.
107) 같은 책, 193쪽.

자유를 즐길 수 있고 다른 사람의 자유도 선택한다.[108) 그러므로 선택의 도덕적 존재는 행동의 자유에 의거해 생기는 것이 아니라, 많은 대안들 가운데서 선정하는 데 그 의의가 있는 선택 자체를 통해서 생기는 것이다.

도덕적 행위능력에 대해서 호글랜드는 그 의미를 명료하게 하는 다양한 측면들을 부연한다. 한 가지 요소는 전통윤리학의 책임개념에 대비되는, **공감하면서 이해함**(*Nachvollziehbarkeit*)이다. 가부장제에서 책임은 자신의 기준에 따라 평가하고 판단하는 것을 의미한다. 그 속에 놓여 있는 거만함은 타자를 자신의 맥락 속에서만 지각하는 권력태도를 만들어낸다.

이렇게 단선적인 과정에 대비하여 호글랜드는 공감하며 이해하는 것을 두 갈래 과정으로 표현한다. 그것은 공동체의 토대를 이루며 적대관계가 아니라 협력을 전제로 한다. 공감하면서 이해함은 자신의 선택을 알아듣기 쉽게 만드는 능력인 설명을 포함한다. 그것은 자기 인식 및 자기 자신의 삶을 지각할 수 있는 능력도 포함한다.

타인과 교제할 때 공감하면서 이해하는 것은 타인의 능력, 방어기제, 의향, 목표, 욕구를 평가할 수 있는 능력이며, 상호작용 속에서 효과적 에너지를 이해할 수 있는 능력이다. 여기서 또한 중요한 것은, 우리가 동의하지 않는 결정을 포함한, 다른 여성들의 결정에 대한 이해이며, 아울러 중요한 것은 다른 여성들의 유형이나 본성에 대한 마음 씀과 이해이다.[109)

---

108) 같은 책, 171ff쪽.
109) 같은 책, 185ff쪽.

이렇게 해서 호글랜드는 더욱 심원한 통찰의 목표와 함께 여성의 행위틀에 대한 가부장제적 제한을 재평가한다. 자신을 **공동체 속의 자아**(*autokoinon*)로서, 다수 중의 한 사람으로 이해하는 여성은 다른 여성들을 통해서 스스로 강하다고 느낄 수 있다. 그녀는 자신의 한계에 대한 감각을 키울 수 있으며, 어디서 그녀가 솔직한지 그리고 어디서 그녀가 입을 다무는지 검토할 수 있다. 그녀는 자신의 도덕적 행위능력을 적절히 지각할 수 있으며, 도덕적 행위능력을 상황통제로 이해하지 않을 수 있다. 다수 중의 자아로서 그녀는 가부장제에서 레즈비언으로 존재함에 따르는 제약조건들과 더불어 더 산뜻하게 살아갈 수 있다. 그렇게 때문에 그녀는 기존의 도덕성 파괴와 억압에 더욱 잘 대응할 수 있으며, 동시에 레즈비언 공동체의 결속에 영향을 미칠 수 있다. 공동체 내에서 그녀는 다른 여성들의 한계도 인식할 수 있고 승인할 수 있다.

호글랜드는 이러한 토대 위에서 서로의 한계와 만나는 것을 재미나는 일로 표현하는데, 그 이유는 그것이 다른 여성들의 생활세계를 이해하는, 그들 속에서 움직이는, 여행하는 능력도 포함하기 때문이다. 호글랜드에 있어서 **재미난 여행**(*spielerische Reise*)이라는 은유는 다른 사람의 세계에 발을 들여놓는 것을 의미하며, 자신을 파괴하지 않고 또한 권력을 휘두르지 않고 상호간에 관심을 기울이는 것을 의미한다.110)

도덕적 행위능력의 또 다른 측면은 **참여[배려]**(*Anteilnahme*)로, 이를 호글랜드는 전통윤리학의 의무개념에 대항시킨다. 의무는 지성과 감정의 분리에 의거하는데, 여기서 의무는 오로지 이성의 측

---

110) 같은 책, 198ff쪽.

면에만 관련되며 감정 부분은 빠져 있다.

이에 반해 레즈비언 윤리학 내에서 참여는 이성과 감정의 상호
작용에 정향되어 있다. 호글랜드는 참여란 한 여성이 누구에게 그
녀가 관심을 기울일 것인지, 무엇에 관해 그녀가 판단을 내릴 것인
지, 무엇에 그녀가 동참하지 않을 것인지에 대해 결정을 내리는 것
이라고 정의한다. 참여와 함께 여성들 간의 유대 또한 증진될 수
있다. 참여는 우리가 존경하고 그의 통합성을 우리가 강화시키기
원하는 인간에게 향하며, 그렇기 때문에 부권적인 보살핌과는 아무
런 관계가 없다.111)

4. 도덕의 혁명

도덕적 행위능력은 레즈비언 윤리학의 핵심으로, 레즈비언 공동
체의 발전과 지원 및 레즈비언 상호간의 유대강화를 목표로 한다.
"내가 생각하는 윤리학의 출발점은, 그 어떤 견지에서 이러한 '제
휴'(Kooperation)에 저항하고 하나의 새로운 중심을 내세워 온 사
람들이다. 내가 생각하는 윤리학의 출발점은 억압관계 속에서 살아
가는 사람들이다. 내가 생각하는 윤리학의 출발점은 매우 다양한,
동시에 이러한 다양성으로부터 배우는 사람들이다."112)

레즈비언 윤리학을 가지고 호글랜드는 개개 여성에게 향한다. 그
녀는 어떠한 도덕적 이념 혹은 모범도 제시하지 않으며, 오히려 레
즈비언/여성들이 자신들 개인에 있어 도덕적 행위능력의 발전에 도

---

111) 같은 책, 228ff쪽.
112) 같은 책, 234쪽.

움이 되는 것이 무엇인지 전념해야 한다는 것을 강조한다. 자신의 고유한 정체성에 집중한다는 것은, 자신의 고유한 자아를 불변적이고 정적인 것으로 파악함 없이, 스스로를 인식하는 것을 의미한다. 자기 인식에서 출발하여 여성들은 더욱 성숙해져야 하며 자신에 대해서 다른 사람들이 갖고 있는 상을 지각해야 한다. 이를 위해서 자아의 어떤 측면들이 변화되어야 하는지, 어떤 측면이 더욱 발전되어야 하는지, 어떤 측면이 지속적으로 견지될 수 있는지 자각하는 것도 중요할 것이다.

더 나아가 지배적인 사회 그리고 이 사회의 가치에 관한 명확한 정보를 얻는 것, 윤리적, 종교적, 고전적으로 조건지어진 배경을 연구하는 것, 레즈비언 생활연관을 윤택하게 할 수 있는 가치에 대해 숙고하는 것도 이에 속할 것이다. 마지막으로 통합성에 몰두하는 것은 다양한 상황 속에서 행위능력과 가능성을 자각하는 것을 의미하며, 자신의 고유한 인격을 여러 사람들 가운데 자아로서 지각하는 것을 의미할 것이다.

호글랜드는 레즈비언들 간의 상호작용의 의미도 강조한다. 여성들이 자신의 능력을 서로 승인하고 존중해 주는 가운데, 이러한 상호작용은 증진되어야 한다. 이러한 능력의 의식, 곧 다른 사람의 능력과 함께 나 자신의 능력에 대한 의식은 도덕적 행위능력의 일부이기도 하다.113)

호글랜드는 레즈비언들 간의 상호작용에 어릿광대 여성(*Clownin*)의 기능을 통해서 실행되는 특수한 형식의 사회정의도 속한다고 말한다. 어릿광대[익살스런 여성]의 임무는 다른 여성에게 그녀의 태

---

113) 같은 책, 235f쪽.

도를 극단적 형식으로 보여줌으로써 잘못을 지적하고 비판하는 것이다. 어릿광대는, 호글랜드의 주장에 의하면, 여성들에게 자신의 능력에 관심을 기울이도록, 공감하며 이해하도록, 다른 여성들의 생활세계와의 재미난 만남을 이루도록, 격려할 수 있을 것이다. 이러한 교육의 결과는 선택을 피하는 것이 아니라, 개개 상황 속에서 선택가능성을 포착하는 것이어야 할 것이다.114) "이러한 윤리학과 함께 우리는 자의식, 친밀성, 관심을 기울임, 공감하며 이해하는 것에 따른 양보 혹은 협동능력, 결정을 내릴 수 있고 결정 내리는 일을 계속할 수 있는 능력, 재미난 세계여행, 판단력, 상호간의 응함 그리고 참여[배려]를— 간단히 말해서, 레즈비언들로서 우리들의 통합성과 도덕적 행위능력을— 더욱 발전시킬 수 있다."115)

호글랜드에 있어 도덕의 혁명은 다른 법칙과 규정을 발전시키는 것, 결정에 도움을 주는 것 혹은 여성들의 결정을 대신 떠맡아 줄 가능성을 제공하는 데 있는 것이 아니다. 가부장제 윤리학과 반대로 레즈비언 윤리학은 창조적이어야 한다. 왜냐하면 그것은 변화가 필요하기 때문이다. 레즈비언적 가치들은 자신의 고유한 통합성과 행위능력의 기반 위에서 수용된 결정과 행동으로부터 생긴다.116)

호글랜드는 레즈비언 존재가 일반적 의식의 변화에도 영향을 미칠 수 있을 것이라고 생각한다. 레즈비언 존재를 통해서 여성성을 단순히 다른 것으로서 정의할 뿐만 아니라, 새로운 윤리구조를 구축할 수 있는 하나의 입각점이 마련되어야 할 것이다. 레즈비언 존재만이 가부장제 사고 및 지각모델의 한계로 인한 붕괴의 전조를

---

114) 같은 책, 223f쪽.
115) 같은 책, 244쪽.
116) 같은 책, 239쪽.

나타낸다. 이러한 이유로 해서 여기에 레즈비언 존재를 부정하는 세계관에 대한 문제제기의 출발점이 놓여 있는 것이다.

참고문헌

Alcott, Linda und Elizabeth Poller(Hginnen): *Feminist Epistemologies*. New York 1993.

Allen, Jeffner und Iris Marion Young(Hginnen): *The Thinking Muse. Feminism and Modern French Philosophy*. Bloomington 1989.

Allen, Jeffner: *Lesbian Philosophy. Explorations*. Palo Alto. 1986.

Annerl, Charlotte: *Das neuzeitliche Geschlechterverhältnis*. Frankfurt a. M. 1991.

Arbeitsgemeinschaft Frauenforschung der Universität Bonn(Hgin): *Studium feminale 84-85*, Bonn 1985.

Arbeitsgemeinschaft interdisziplinäre Frauenforschung und -studien(Hgin): *Feministische Erneuerung von Wissenschaft und Kunst*. Pfaffenweiler 1990.

Autorinnengruppe der Universität Wien: *Das ewige Klischee*. Wien 1981.

Bachinger, Katrina, Ingrid Bennewitz, Gabriele Blaikner-Hohenwart und Gertraud Steiner(Hginn): *Feministische Wissenschaft. Methoden und*

Perspektiven. Beiträge zur 2. Salzburger Frauenringvorlesung. Stutt-
gart 1990.

Bagdadi, Nadia und Irene Bazinger(Hginnen): *Ewig lockt das Weib?*
Weingarten 1986.

Barrett, Michelle: *Das unterstellte Geschlecht. Umrisse eines mate-
rialistischen Feminismus.* Berlin 1983.

Baureithel, Ulrike: Rezension "Sandra Harding: Feministische Wissen-
schaftstheorie". In: *Die Philosophin* 4(1991), 68-72쪽.

Beauvoir, Simone de: *Das andere Geschlecht.* Reinbek. 1991.

___Dies.: *Soll man de Sade verbrennen?* Reinbek 1991.

Beer, Ursula(Hgin): *Klasse Geschlecht. Feministische Gesellschaftsanalyse
und Wissenschaftskritik.* Bielefeld. 1987.

___Dies.: *Geschlecht, Struktur, Geschichte. Soziale Konstituierung des
Geschlechterverhältnisses.* Bielefeld 1987.

Bendkowski, Halina und Brigitte Weisshaupt(Hginnen): *Was Philoso-
phinnen denken,* Band I. Zürich 1983.

Benhabib, Seyla und Drucilla Cornell(Hginnen): *Feminism as Critique.*
Oxford 1987.

Benhabib, Seyla: *Kritik, Norm, Utopie,* Frankfurt a. M. 1992.

___Dies. u. a.(Hginnen): *Der Streit um Differenz. Feminismus und Post-
moderne in der Gegenwart.* Frankfurt a. M. 1993.

Benjamein, Jessica: Die Antinomien des patriarchalen Denkens. In:
Wolfgang Bonß und Axel Honneth(Hg): *Sozialforschung als Kritik.*
Frankfurt a. M. 1982.

Benent, Heidemarie: *Galanteri und Verachtung.* Frankfurt a. M. 1985.

Bishop, Sharon und Marjorie Weinzweig(Hginnen): *Philosophy and
Women.* Belmont 1972.

Bleich, Anette, Ulla Jansz und Selma Leydesdorff: Lob der Vernunft. In:
Beiträge zur feministischen Theorie und Praxis 11(1984), 26-34쪽.

Bovenschen, Silvia: *Die imaginierte Weiblichkeit.* Frankfurt a. M. 1979.

Bordo, Susan: Feminist Scepticism and the Maleness of Philosophy. In: *The Journal of Philosophy*(1988), 619-629쪽.

Braidotti, Rosi: The Ethics of Sexual Difference. The Case of Foucault and Irigaray. In: *Australian Feminist Studies* 3, 1-13쪽.

Brander, Stephanie: Philosophinnen im Gespräch. In: *Die Philosophin* 1 (1990), 57-74쪽.

Brauer, Angelika: Rezension "Was Philosophinen denken". In: *Beiträge zur feministischen Theorie und Praxis* 11(1984), 160f쪽.

Braun, Christina von: Strategien des Verschwindens. In: *Die Philosophin* 4(1991), 24-34쪽.

Breitling, Gisela: Feministisches Mainfest. In: *Feministische Studien extra* (1991), 102-106쪽.

Briody Mahowald, Mary(Hgin): *Philosophy for Women. Classical to Current Concepts.* Indianapolis 1978.

Brown, Lyn M.: Carol Gilligan: *Die verlorene Stimme.* Frankfurt a. M. 1994.

Browning Cole, Eve und Susan Coultrap-McQuin: *Explorations in Feminist Ethics. Theory and Practice.* Bloomington 1992.

Bultler, Judith: *Das Unbehagen der Geschlechter.* Frankfurt a. M. 1991.

Card, Claudia(Hgin): *Feminist Ethics.* Lawrence 1991.

Chodorow, Nancy: *Das Erbe der Mütter.* München 1985.

Cixous, Hélène: Schreiben, Feminität, Veränderung. In: *Alternative Zeitschrift für Literatur und Diskussin* 8/9(1976), 134-147쪽.

___Dies.: Schreiben und Begehren. In: *Alternative Zeitschrift für Literatur und Diskussion* 8/9(1976), 155-159쪽.

___Dies. und Catherine Clément: Die Frau als Herrin? In: *Alternative Zeitschrift für Literatur und Diskussin* 8/9(1976), 127-133쪽.

___Dies.: *Die unendliche Zirkulation des Begehrens.* Berlin 1977.

___Dies.: *Weiblichkeit in der Schrift.* Berlin 1980.

___Dies. und Catherine Clément: *The Newly Born Woman.* Minneapolis

1986.

___Dies.: Geschlechterverhältnis. Utopie & Destruktion. In: *Konkursbuch* 20(1987).

___Dies.: *Die schreckliche, aber unvollendete Geschichte von Norodom Sihanouk, König von Kambodscha*. Köln 1988.

___Dies.: Von der Szene des unbewußten zur Szene der Geschichte. Wege ener Schrift. In: *Das Sexuelle, die Frauen und die Kunst, Konkursbuch* 24(1989).

___Dies.: *Das Buch von Prometheus*. Wien 1990.

Code, Lorraine, Sheila Mullett und Christine Overall(Hginnen): *Feminist Perspectives. Philosophical Essays on Methods and Morals*. Toronto 1988.

Conrad, Judith und Ursula Konnertz(Hginnen): *Weiblichkeit in der Moderne. Ansätze feministischer Vernunftkritik*. Tübingen 1986.

Crowley, Helen und Susan, Himmelweit(Hginen): *Knowing Women*. Cambridge 1992.

Daly Mary: *Gyn/Ökologie. Die Metaethik des radikalen Feminismus*. München 1981, 2. erw. Aufl. 1991.

___Dies: *Jenseits von Gottvater, Sohn & Co*. Aufbruch zu ener Philosophie der Frauenbefreiung 4. erw. Aufl. München 1986.

___Dies: *Reine Lust. Elemental-feminisische Philosophie*. München 1986.

___Dies: *Webster's First New Intergalactic Wickedary of the Englisch Language*. Boston 1987.

Davis, Kathy: Die Rhetorik des Feminismus. Ein neuer Blick die Gilligan-Debatte. In: *Feminisische Studien* 2(1991) 79-97.

Deuber-Mankowski, Astrid, Ulrike Ramming und Walesca E. Tielsch (Hginnen): *1789-1989 — Die Revolution hat nicht stattgefunden. Dokumentation des V. Symposiums der IAPh*. Tübingen 1989.

Deuber-Mankowski, Astrid: Ist 'Feministische Philosophie' ein brauchbarer Begriff? In: *Die Philosophin* 2(1990), 33-51쪽.

Dietzen, Agnes: Universitäre Sozialisation. In: *Die Philosophin* 1(1990), 18-41쪽.

Diotima: *Der Mensch ist zwei.* Wien 1989.

Eisenstein, Hester und Alice Jardine(Hginnen): *The Future of Difference.* New York 1980.

Eisenstein, Hester: *Contemporary Feminist Thought.* London 1984.

Erdle, Birgit R.: Rezension "Sarah Kofmann: Die lachenden Dritten". In: *Die Philosophin* 4(1991), 78-84쪽.

Evans, Mary: *Simone de Beauvoir. A Feminist Mandarin.* New York 1985.

Feder Kittay, Eva und Diana. T. Meyers(Hginnen): *Woman and Moral Theory.* Totowa 1987.

Field Belenky, Mary u.a.: *Das andere Denken.* Frankfurt a. M. 1989.

Firestone, Shulamith: *Frauenbefreiung und sexuelle Revolution.* Frankfurt a. M. 1987.

Fischer, K.-R. und F. Wimmer(Hginnen): *Philosophie und Politik an der Universität Wien 1930-50.*

Fletscher, John und Andrew Benjamin(Hg.): *Abjection, Melancholia, and Love.* London 1990.

Fraisse, Genevieve: Zwiefacher Verstand und die eine Natur. In: *Die Philosophin* 2(1990), 7-17쪽.

Frazer, Elizabeth, Jeninifer Hornsby und Sabina Lovibond(Hginnen): *Ethics. A Feminist Reader.* Oxford 1992.

Friedan, Betty: *Der Weiblichkeitswahn oder die Selbstbefreiung der Frau. Ein Emanzipatinskonzept.* Reinbek 1991.

Fröse, Marlies: *Utopos — kein Ort.* Bielefeld 1988.

Garry, Ann und Marilyn, Pearsall(Hginnen): *Women, Knowledge and Reality. Explorations in Feminist Philosophy.* Boston 1989.

Gatens, Moria: *Feminism and Philosophy. Perspectives on Differences and Equality.* Cambrigde 1991.

Gespräch mit Cornelia Klinger. In: *Die Philosophin* 5(1992), 68-77쪽.

Gerhardt, Ute(Hgin): *Differenz und Gleichheit. Menschenrechte haben kein Geschlecht.* Frankfurt a. M. 1990.

Giese, Cornelia: *Gleichheit und Differenz. Vom dualistischen Denken zur polaren Weltsicht.* München 1989.

Gillian, Carol Gilligan: *Die andere Stimme.* München 1988.

Gössmann, Elisabeth(Hgin): *Archiv für phiosophische und theologische Frauenforschung.* München 1984ff.

___Band I: *Das wohlgelahrte Frauenzimmer.*

___Band II: *Eva, Gottes Meisterwerk.*

___Band III: J. C. Eberti: *Eröffnetes Cabinet Deß gelehrten Frauenzimmers.*

___Band IV: *Ob die Weiber Menschen seyn oder nicht?*

Göttner-Abendroth, Heide: *Die tanzende Göttin.* München 1984.

Gould, Carol C.(Hgin): *Woman and Philosophy. The Philosophical Forum* V, Nr. 1-2. Boston 1973/74.

Griffin, Susan: *Frau und Natur. Das Brüllen in ihr.* Frankfurt a. M. 1987.

Griffiths, Morwenna und Margaret Whitford(Hginnen): *Feminist Perspectives in Philosophy.* 2 Aufl. London 1989.

Grimshaw, Jean: *Feminist Philosophers. Women's Perspectives on Phiosophical Traditions.* Brighton 1986.

Großmaß, Ruth und Christiane Schmerl(Hginnen): *Philosophische Beiträge zur Frauenforschung.* Bochum 1981.

___Dies.(Hginnen): *Feministischer Kompaß, patriarchales Gepäck.* Frankfurt a. M. 1989.

Groult, Benoîte: *Ödipus' Schwester.* München 1985.

Gunew, Sneja(Hgin): *Feminist Knowledge. Critique und Construct.* London 1990.

___Dies.(Hgin): *A Rdader in Feminist Knowledge.* London 1991.

Guzzoni, Ute: *Identität oder nicht.* Freiburg 1981.

Hanen, Marsch und Kai Nielsen(Hginnen): *Science, Morality & Feminist Theory.* Calgary 1987.

Harding, Sandra(Hgin): *Feminism and Methodology.* Bloomington 1987.

___Dies.: *Feministische Wissenschaftstheorie.* 2 Aufl. Hamburg 1991.

___Dies.: *Das Geschlecht des Wissens.* Frankfurt a. M. 1994.

Harding, Sandra und Merrill B. Hintikka(Hginnen): *Discovering Reality.* Dordrecht 1983.

Hartsock, Nancy: *Money, Sex and Power.* New York 1983.

Hassauer, Friderike: Flache Feminismen. In: *Die Philosophin* 2(1990), 51-58쪽.

Hausen, Karin und Helga Nowotny(Hginnen): *Wie männlich ist die Wissenschaft?* München 1986.

Helmer, Ulrike: Wohin treibt die feministische Theorie? In: *Feministische Studien* 1(1986). 141-149쪽.

Heymann, Brigitte: *Textform und weibliches Selbstverständnis. Die Romane von Hélène Cixous und Chantal Chawaf.* Weinheim 1991.

Hoagland, Sarah Lucia: *Die Revolution der Moral,* 16쪽.

Hohm, Birgit: *Die Entzauberung des Weibes.* Pfaffenweiler 1985.

Holland, Nancy J.: *Is Woman's Philosophy Possible?* Savage 1990.

Holland-Cunz, Barbara(Hgin): *Feministische Utopien — Aufbruch in die postpatriarchale Gesellschaft.* Meitingen 1986.

Hollstein u. a.(HgInnen): *Freiheit - Gleichheit - Differenz. Tutzinger Materialien 67. Dokumentation der gleichnamigen Tagung der F.A.M in Kooperation mit Evangelischen Akademie.* Tutzing 1990.

Honegger, Claudia: *Die Ordnung der Geschlechter.* Frankfurt a. M. 1991.

Hunt, Margaret, Margaret Jacob, Phyllis Mack und Ruth Perry(Hginnen): *Women and the Enlightenment.* New York 1984,

Irigaray, Luce: *Speculum. Spiegel des anderern Geschlechts.* Frankfurt a. M. 1980.

___Dies.: *Ethik der sexuellen Differenz*. Frankfurt a. M. 1991.

___Dies.: *Zur Geschlechterdifferenz*. Wien 1987.

___Dies.: *Die Zeit der Differenz*. Frankfurt a. M. 1991.

___Dies.: Neuer Körper, neue Imagination. In: *Alternative Zeitschrift für Literatur und Diskussion* 8/9(1976), 123-126쪽.

Jaggar, Alison M.: *Feminist Politics and Human Nature*. Towowa 1983.

Jain, Elenor: *Schwachsinniges Geschlecht oder Symbolon?* Sankt Augustin 1989.

Janssen-Jurreit, Marielouise: *Sexismus*. 3. Aufl. Frankfurt a. M. 1984.

Jauch, Ursula Pia: *Immanuel Kant zur Geschlechterdifferenz*. Wien 1988.

___Dies.: *Damenphilosophie & Männermoral*. Wien 1990.

Johnso, Sonia: *Going Out of our Mind. The Metaphysics of Liberation*. Freedom 1987.

Keefe, Terry: *Simone de Beauvoir. A Study of her Writings*. London 1983.

Kelle, Evelyn Fox: *Liebe, Macht und Erkenntnis. Männliche und weibliche Wissenschaft*. München 1986.

Koehane, Nannerl O., Michelle Z. Rosalda und Barbara C. Gelpi (Hginnen): *Feminist Theory. A Critique of Ideology*. Chicago 1982.

Kersey, Ethel M.: *Woman Philosophers*. New York 1989.

Knapp, Gudrun-Axeli und Angelika Wetterer(Hginnen): *Traditionen — Brüche. Entwicklungen feministischer Theorie*. Freiburg 1992.

Kofmann, Sarah: *Derrida lesen*. Wien 1988.

___Dies.: *Erstickte Worte*. Wien 1988.

___Dies.: *Rousseau und die Frauen*. Tübingen 1986.

___Dies.: *Schreiben wie eine Katze*. Wien 1985.

___Dies.: *The Enigma of Woman*. Ithaca 1985.

Konnertz, Ursula: Die Philosophin. In: *Die Philosophin* 2(1990), 17-33쪽.

___Dies.(Hgin): *Zeiten der Keuschheit. Ansätze feministischer Vernunftkritik*. Band II. Tübingen 1988.

___Dies.(Hgin): *Weibliche Ängste. Ansätze feministischer Vernunftkritik.* Band III. Tübingen 1989.

___Dies.(Hgin): *Grenzen der Moral. Ansätze feministischer Vernunftkritik.* Band IV. Tübingen 1991.

Kristeva, Julia: *Die Revolution der poetischen Sprache.* Frankfurt a. M. 1978.

___Dies.: *Die Chinesin.* München 1976.

___Dies.: *Desire in Language.* Oxford 1980.

___Dies.: *Fremde sind wir uns selbst.* Frankfurt a. M. 1990.

Krüll(Hgin): *Wege aus der männlichen Wissenschaft.* Pfaffenweiler 1990.

Kulke, Christin: *Rationalität und sinnliche Vernunft.* Pfaffenweiler 1988.

Langer, Susanne K.: *Philosophie auf neuem Wege.* Frankfurt a. M. 1984.

Libreria delle donne di Milano: *Wie weibliche Freiheit entsteht.* Berlin 1988.

Lissner, Anneliese, Rita Süssmuth und Karin Walter(Hginnen): *Frauen-lexikon.* Freiburg 1988.

List, Elisabeth und Herlinde Studer(Hginnen): *Denkvehältnisse.* Frankfurt a. M. 1989.

List, Elisabeth: Vortrag beim XV. Deutschen Kongreß für Philosophie. In: *Die Philosophin* 3(1991) 144쪽.

Lloyd, Genevieve: *Das Patriarchat der Verunft.* Bielefeld 1985.

Lorey, Isabell A.: Frau-Sein im männlichen Denken. In: *Feministische Studien* 1(1991), 128-135쪽.

Maren-Grisebach, Manon und Ursula Menzer(Hginnen): *Jahrbuch 1. Philosophinnen.* Mainz 1982.

Maren-Grisebach, Manon und Brigitte Weisshaupt(Hginnen): *Was Philo-sophinnen denken,* Band II. Zürich 1986.

Mazanek, Cludia: *Frau und Philosophie. Die Frau als Subjekt und als Objekt des Philisophierens.* Wien 1979.

Menschik, Jutta: *Feminismus. Geschichte. Theorie. Praxis.* Köln 1977.

Meyer, Eva: *Zählen und Erzählen. Für eine Semiotik des Weiblichen.* Wien 1983.

Meyer, Ursula I. und Heidemarie Bennent-Vahle(Hginnen): *Philosophin- nen-Lexion.* Aachen 1994.

Meyer, Ursula I.(Hgin): *Die Welt der Philosophin.* 4 Teilbände. Aachen 1995ff.

Midgley, Mary und Judith Hughes: *Women's Choices. Philosophical Problems Facing Feminism.* London 1983.

Mies, Maria: Methodische Postulate zur Frauenforschung. In: *Beiträge zur feministischen Theorie und Praxis* 11(1984), 7-25쪽.

___Dies.: Frauenforschung oder feminisische forschung. In: *Beiträge zur feministischen Theorie und Praxis* 11(1984), 40-60쪽.

Miller, Jean Baker: *Die Stärke weiblicher Schwäche. Zu einem neuen Verständnis der Frau.* Frankfurt a. M. 1982.

Ministerium für Wissenschaft und Forschung NRW(Hg.): *Frauen- forschung — Dokumentation.* Düsseldorf 1988.

Mitchell, Juliet: *Psychoanalyse und Feminismus.* Frankfurt a. M. 1984.

___Dies.: *Frauen — die längste Revolution.* Frankfurt a. M. 1987.

Modelmog, Ilse(Hgin): *Weibliche Wissenschaft, männliche Wissenschaft.* Oldenburg 1983.

Moeller, Christa: Simone de Beauvoir und die Situation der Frau. *Dortmunder Vorträge* 23, 1960.

Mohr, Wilma: *Frauen in der Wissenschaft.* Freiburg 1987.

Moi, Toril(Hgin): *The Kristeva Reader.* New York 1986.

___Dies.(Hgin): *French Feminist Thought. A Reader.* Oxford 1987.

___Dies: *Sexus - Text - Herrschaft. Feministische Literaturtheorie.* Bre- men 1989.

___Dies: *Feminist Theory & Simone de Beauvoir.* Cambridge 1990.

Mulak, Christa: *Natürlich weiblich. Die Heimatlosigkeit der Frau im Patriarchat.* Stuttgart 1990.

Muraro, Luisa: *Die symbolische Ordnung der Mutter*. Frankfurt a. M. 1994.

Nagl-Docekal, Herta und Herlinde Pauer-Studer(Hginnen): *Denken der Geschlechterdifferenz*. Wien 1990.

Nagl-Docekal, Herta(Hgin): *Feministische Philosophie*. München 1990.

___Dies: Zwischen Institutionalisierung und Ausgrenzung. In: *Die Philosophin* 1(1990), 7-18쪽.

___Dies: Weibliche Ästhetik oder 'Utopie des Besonderen'? In: *Die Philosophin* 5(1992), 30-44쪽.

___Dies. und Herlinde Pauer-Studer(Hginnen): *Jenseits der Geschlechtermoral*. Frankfurt a. M. 1993.

Nicholson, Linda(Hgin): *Feminism/Postmodernism*. New York 1989.

Noddings, Nel: *Caring. A Feminine Approach to Ethics & Moral Education*. Berkeley 1984.

Nolz, Gisela: Seiltanzen — oder die Verhältnisse zum Tanzen bringen. In: *Beiträge zur feministischen Theorie und Praxi*s 24(1989), 65-74쪽.

Nunner-Winkler, Gertrude(Hgin): *Weibliche Moral*. Frankfurt a. M. 1991.

Nye, Andrea: *Feminist Theory and the Philosophies of Man*. London 1988.

Opitz, Claudia: *Weiblichkeit oder Feminismus?* Weingarten 1984.

Ostner, Ilona und Klaus Lichtblau(HgInnen): *Feministische Vernunftkritik*. Frankfurt a. M. 1992.

Pauer-Studer, Herlinde: Rezension "Chris Weedon: Wissen und Erfahrung" und "Linda Nicholson: Feminism/Postmodernism". In: *Die Philosophin* 4(1991), 62-67쪽.

___Dies.: Interview mit Sandra Harding. In: *Die Philosophin* 4(1991), 47-50쪽.

Pellikaan-Engel, Maja: *Against Patriarchal Thinking*. Amsterdam 1992.

Philosophinnen. Von wegen ins 3. Jahrtausend. Jahrbuch 1. der IAPh. Mainz 1982.

Pieper, Annemarie: *Aufstand des stillgelegten Geschlechts.* Freiburg 1993.

Postl, Gertrude: *Weibliches Sprechen. Feministische Entwürfe zu Sprache & Geschlecht.* Wien. 1991.

Prokop, Ulricke: Ddie Konstruktion der idealen Frau. In: *Feministische Studien* 1(1989), 89-96쪽.

Pusch, Luise (Hgin): *Feminismus. Inspecktion der Herrenkultur.* Frankfurt a. M. 1983.

Pyne Addelson, Kathryn: *Impure Thoughts. Essays on Philosophy, Feminism and Ethics.* Philadelphia 1991.

Radcliffe Richards, Janet: *The Sceptical Feminist. A Philosophical Enquiry.* London 1980.

Ramming, Ulrike: Rezension "Diotima: Der Mensch ist zwei". In: *Feministische Studien* 1(1991), 173ff쪽.

Raymond, Janice: *Frauenfreundschaft. Philosophie der Zuneigung.* München 1987.

Rich, Adrienne: *Um die Freiheit schreiben. Beiträge zur Frauenbewegung.* Frankfurt a. M. 1990.

Rödig, Andrea: Geschlecht als Kategorie — Überlegunen zum philosophisch-feministischen Diskurs. In: *Feministische Studien* 1(1992), 105-113쪽.

Romero, Christiane Zehl: *Simone de Beauvoir.* 2. Aufl. Reinbek 1991.

Rossanda, Rossana: Zur Frage einer weiblichen Kultur. In: *Feministische Studien* 1(1989), 71-86쪽.

Ruddinck, Sara: Maternal Thinking. In: *Feminist Studies* 612(1980), 342-367쪽.

___Dies.: *Mütterliches Denken.* Frankfurt a. M. 1993.

Rumpf, Mechthild: Ein Erbe der Aufklärung. In: *Feministische studien* 2 (1989), 55-68쪽.

Schaef, Anne Wilson: *Weibliche Wirklichkeit. Frauen in der Männerwelt.* München 1985.

332

Schaeffer-Hegel, Barbara und Brigitte Wartmann(Hginnen): *Mythos Frau. Projektionen und Inszenierungen.* Berlin 1984.

Schaeffer-Hegel, Barbara und Barbara Watson-Franke(Hginnen): *Männer, Mythos, Wissenschaft.* Pfaffenweiler 1989.

Schlüter, Anne und Annette Kuhn(Hginnen): *Lila Schwarzbuch — Zur diskriminierung der Frauen in der Wissenschaft.* Düsseldorf 1986.

Schlüter, Anne und Ingeborg Stahr(Hginnen): *Wohin geht die Frauenforschung?* Köln 1990.

Schmidt, Uta C.: Zwischen Abscheu vor dem Paradies und Suche nach dem Absoluten. In: *Beiträge zur feministischen Theorie und Praxis* 24(1989), 15-25쪽.

Schmitz, Bettina: Rezension "Claudia Honegger: Die Ordnung der Geschlechter". In: *Die Philosophinnen* 4(1991), 73-77쪽.

Schröder, Andrea: Rezension "Herta Nagl-Docekal/ Herlinde Pauer-Studer: Denken der Geschlechterdifferenz". In: *Die Philosophin* 4 (1991), 73-77쪽.

Schwarzer, Alice: *Simone de Beauvoir heute.* 2. Aufl. Reinbek 1991.

Schüber, Susanne: Mitleid und Mitlust. In: *Die Philosophin* 4(1991), 35-46쪽.

Schuller, Marianne: Weibliche Intellektualität und Macht. In: Bagdadi und Bazinger(Hginnen): *Ewig lockt das Weib*, 19-28쪽.

Segal, Lynne: *Ist die Zukunft weiblich?* Frankfurt a. M. 1989.

Shiach, Morag: *Hélène Cixous. A Politics of Writing.* London 1991.

Showalter, Elaine(Hgin): *The New Feminist Criticism. Essays on Women, Literature and Theory.* New York 1985.

Sichtermann, Barbara: *Wer ist wie? Über den Unterschied der Geschlechter.* Berlin 1987.

Singer, Mona: Weibliches Subjekt und Moral. In: *Die Philosophin* 4 (1991), 7-23쪽.

Soden, Kristina von(Hgin): *Zeitmontage: Simone de Beauvoir.* Berlin

1989.

Stanley, Liz und Sue Wies(Hginnen): *Breaking Out. Feminist Consciousness and Feminist Research.* Boston 1983.

Tong, Rosemarie: *Feminist Thought. A Comprehensive Introduction.* Boulder/Col. 1989.

Ulmi, Marianne: *Frauenfragen — Männergedanken.* Dortmund 1988.

Wagner, Cornelia: *Simone de Beauvoirs Weg zum Feminismus.* 2. Aufl. Rheinfelden 1985.

Waithe, Mary Ellen(Hgin): *A History of Women Philosophers.* Band I-III. Dordrecht 1991.

Waniek, Eva: (K)ein weibliches Schreiben. In: *Die Philosophin* 5(1992), 45-59쪽.

Weedon, Chris: *Wissen und Erfahrung. Feministische Praxis und poststrukturalistische Theorie.* Zürich 1990.

Werlhof, Claudia von: *Männliche Natur und künstliches Geschlecht.* Wien 1991.

Whitbeck, Caroline: A Different Reality. In: Garry und Pearsall (Hginnen): *Women, Knowledge and Reality*, S.82.

Whitford, Margaret(Hgin): *The Irigaray Reader.* Oxford 1991.

___Dies.: *Luce Irigaray. Philosophy in the Feminine.* London 1991.

Wisselinck, Erika: *Frauen denken anders.* 6. Aufl. Straßlach 1988.

Zöhrer-Ernst, Ulla: Die Philosophin als 'feministisch interessierte Intellektuelle'. In: *Die Philosophin* 4(1991), 51-56쪽.

찾아보기

31

억압메커니즘 Unterdrückungsmechanismen 72

언어 Sprache 97-101, 107, 119, 174, 180, 189, 190

언어학 Linguistik 230

엑스터시 Ekstase 102

엘리스턴, F. A. Elliston, F. A. 18

엘슈타인, 진 Elshtain, Jean 85

엥겔스, 프리드리히 Engels, Friedrich 153

여성감각능력 Gynästhesie 112

여성동일시적[여성들이 일체된] frauen-identifiziert 31, 102, 104

여성들 간의 우정 Frauenfreundschaft 116, 275-279

여성 로봇 Fembot 110

여성물음 Frauenfrage 183

여성성 Weiblichkeit 18, 33, 43, 44, 46, 51, 60, 65, 76-78, 81, 84, 96, 110

여성심리 Psyche, weibliche 24

여성억압 Frauenunterdrückung 16, 27, 73, 86, 96

여성운동 Frauenbewegung 15, 16, 62, 63, 86, 102, 127

-- 제1세대[최초의] 여성운동 erste 15, 19, 22, 76

-- 제2세대[두 번째] 여성운동 zweite 16, 19

-- 현대 여성운동 moderne 15, 18, 25, 71, 76, 88

여성의 성의 말소 Gynozid 119

여성의식 Frauenbewußtsein 106

여성이단자 Dissidentin 64

여성임[여성존재] Frausein 50, 83, 231, 246

여성적 목소리 weibliche Stimme 282-296

여성적대성 Frauenfeindlichkeit 104

여성적[여성의] 본질 Wesen, weibliches 20, 229

여성적인 것, 여성성 Weibliche, das 17, 32, 34, 43, 46, 47, 56, 57, 140

여성정당 Frauenpartei 88

여성주의이론 Theorie, feministische 16, 26, 29, 34, 138, 149, 181, 271

여성중심적 frauenzentriert 24, 31, 108

여성학 Women Studies 36

여성해방 Frauenbefreiung 17, 26-28, 71, 80, 81, 84, 154

여성혐오증 Misogynie 111

여신 Göttin 106

역사 Geschichte 33, 35, 51, 108

역사학Geschichtswissenschaft 141

열정 Leidenschaft 34, 53, 120, 123, 278

영, 아이리스 마리온 Young, Iris Marion 85

영혼 Seele 47, 91, 107

예술 Kunst 230, 235

오버롤, 크리스틴 Overall, Christine 26

우줄라 I. 마이어　1961년 독일 출생. 철학, 고고학, 선사 및 고대사를 전공하였다. 여성주의철학을 중심으로 철학전공서를 펴내는 여성 출판인이자 저술가이다. 저서로『상징은 사유를 촉발한다』(1990),『대학철학교과 안내. 대학신입생들을 위한 길라잡이』(1993),『여성철학자 사전』(편집, 1994),『여성철학자들의 세계. 고대와 중세』(1995) 등이 있다.

송 안 정　1960년 서울 출생. 성균관대학교 및 동대학원 철학과를 졸업하고 독일 뮌스터대학에서 철학박사학위를 받았다. 성균관대, 국민대 강사를 역임하였다. 저서로『윤리적 담론에 있어서 유기체이론: 한스 요나스의 생명철학 연구』(2000)가 있고 논문으로「한스 요나스의 자유의 목적론」등이 있다.

여성주의철학 입문

·

2006년 1월 15일 1판 1쇄 인쇄
2006년 1월 20일 1판 1쇄 발행

지은이 / 우줄라 I. 마이어
옮긴이 / 송 안 정
발행인 / 전 춘 호
발행처 / 철학과현실사
서울시 서초구 양재동 338-10
전화 579-5908 · 5909
등록 / 1987.12.15.제1-583호

ISBN 89-7775-557-3　03160
값 15,000원